高等职业教育财经类技术技能人才培养系列教材

Logistics Management
物流管理

王 秦 编著

北京大学出版社
PEKING UNIVERSITY PRESS

图书在版编目(CIP)数据

物流管理 / 王秦编著. —北京:北京大学出版社,2017.2
(高等职业教育财经类技术技能人才培养系列教材)
ISBN 978-7-301-27703-4

Ⅰ. ①物… Ⅱ. ①王… Ⅲ. ①物流管理—高等职业教育—教材 Ⅳ. ①F252

中国版本图书馆 CIP 数据核字(2016)第 267629 号

书　　　名	物流管理 WULIU GUANLI
著作责任者	王　秦　编著
责 任 编 辑	周　莹
标 准 书 号	ISBN 978-7-301-27703-4
出 版 发 行	北京大学出版社
地　　　址	北京市海淀区成府路 205 号　100871
网　　　址	http://www.pup.cn
电 子 信 箱	em@pup.cn　　QQ: 552063295
新 浪 微 博	@北京大学出版社　　@北京大学出版社经管图书
电　　　话	邮购部 62752015　发行部 62750672　编辑部 62752926
印 刷 者	北京大学印刷厂
经 销 者	新华书店
	787 毫米×1092 毫米　16 开本　17 印张　305 千字 2017 年 2 月第 1 版　2017 年 2 月第 1 次印刷
印　　　数	0001—3000 册
定　　　价	32.00 元

未经许可,不得以任何方式复制或抄袭本书之部分或全部内容。
版权所有,侵权必究
举报电话:010-62752024　电子信箱:fd@pup.pku.edu.cn
图书如有印装质量问题,请与出版部联系,电话:010-62756370

高等职业教育财经类技术技能人才培养系列教材

作者简介

　　王秦,管理学博士,北京联合大学副教授,人力资源和社会保障部一级物流师,阿里巴巴全球速卖通大学院校讲师;曾参与教育部组织的全国中职院校电子商务专业骨干教师师资培训(2012年、2013年、2014年),担任电子商务与现代物流课程的主讲教师;主持和参加国家级、部级和局级科研项目10余项,以第一作者发表学术论文30余篇,其中,核心期刊论文21篇,EI检索论文3篇;出版学术专著1部,主编《网络商务技能》《网络信息编辑》等多部教材。

高等职业教育财经类技术技能人才培养系列教材

内容简介

　　本书共4篇17章,分为基础篇2章(物流概述、物流管理概述)、功能篇7章(运输管理、仓储管理、装卸搬运管理、包装管理、流通加工管理、配送管理、物流信息管理)、实务篇5章(物流组织管理、物流成本管理、物流质量管理、物流战略管理、物流标准化管理)和趋势篇3章(第三方物流与第四方物流、绿色物流与逆向物流、供应链管理)。

　　本书系统地阐述了物流管理的基本概念、基本理论与基本方法,强调理论与案例、计算的有机结合。理论上,立足最新物流学术前沿,在对物流及物流管理的基本概念与原理进行简要概述的基础上,介绍了运输、仓储、配送、信息管理等基本物流活动要素及其合理化的方法,探讨了物流成本管理、物流库存管理、物流战略管理、第三方物流、绿色物流、供应链管理等物流管理的主要领域;案例上,每个章节均设置导入案例、讨论案例,让学生能够进行自主学习,正确理解物流的基本原理;计算上,介绍运输合理化(图上作业法和表上作业法)、仓储仓容计算、库存管理(经济订购批量)、配送中心选址(中心法)及配送路线选择(节约里程法)等,引导学生运用数学方法解决现实中的物流问题。

　　本书主要作为高等职业院校电子商务专业、物流管理专业、市场营销专业及其他经济管理类专业的本科教材,也可作为 MBA 或物流工程硕士的参考教材。

目 录

第1篇 基础篇

第一章 物流概述 …………………………………………………………… 3
  1.1 物流的产生及发展 ……………………………………………………… 5
  1.2 物流的基本概念 ………………………………………………………… 9
  1.3 物流的主要分类 ………………………………………………………… 11
  1.4 物流的地位和作用 ……………………………………………………… 13

第二章 物流管理概述 ……………………………………………………… 19
  2.1 物流管理的基本概念 …………………………………………………… 21
  2.2 物流管理的主要内容 …………………………………………………… 22
  2.3 物流管理的主要特征 …………………………………………………… 24

第2篇 功能篇

第三章 运输管理 …………………………………………………………… 31
  3.1 运输概述 ………………………………………………………………… 33
  3.2 运输管理概述 …………………………………………………………… 39
  3.3 运输合理化 ……………………………………………………………… 41

第四章 仓储管理 …………………………………………………………… 51
  4.1 仓储概述 ………………………………………………………………… 53
  4.2 仓储作业流程 …………………………………………………………… 59

  4.3 库存管理 …… 62

  4.4 库存管理的基本方法 …… 65

第五章 装卸搬运管理 …… 75

  5.1 装卸搬运概述 …… 76

  5.2 装卸搬运的主要设备 …… 77

  5.3 装卸搬运合理化 …… 82

第六章 包装管理 …… 87

  6.1 包装概述 …… 88

  6.2 包装的主要材料和技术 …… 90

  6.3 包装合理化 …… 93

第七章 流通加工管理 …… 97

  7.1 流通加工概述 …… 98

  7.2 流通加工合理化 …… 101

第八章 配送管理 …… 104

  8.1 配送概述 …… 106

  8.2 配送中心 …… 110

  8.3 配送合理化 …… 117

第九章 物流信息管理 …… 129

  9.1 物流信息管理概述 …… 130

  9.2 物流信息技术 …… 133

第 3 篇 实务篇

第十章 物流组织管理 …… 151

  10.1 物流组织的产生与发展 …… 152

  10.2 物流组织结构 …… 154

  10.3 物流组织设计 …… 157

  10.4 物流组织变革 …… 160

第十一章 物流成本管理 …… 167

  11.1 物流成本概述 …… 170

11.2　物流成本管理概述 …………………………………………………………… 174
　　11.3　物流成本核算 ………………………………………………………………… 177
　　11.4　物流成本控制 ………………………………………………………………… 182

第十二章　物流质量管理 ……………………………………………………………… 185
　　12.1　物流质量的概念 ……………………………………………………………… 187
　　12.2　物流质量管理的定义及特点 ………………………………………………… 188
　　12.3　物流质量管理的主要指标 …………………………………………………… 189
　　12.4　提高物流质量管理的主要途径 ……………………………………………… 189

第十三章　物流战略管理 ……………………………………………………………… 193
　　13.1　物流战略概述 ………………………………………………………………… 195
　　13.2　物流战略管理的定义 ………………………………………………………… 196
　　13.3　物流战略管理的内容 ………………………………………………………… 196

第十四章　物流标准化管理 …………………………………………………………… 203
　　14.1　物流标准化概述 ……………………………………………………………… 204
　　14.2　物流标准化体系与种类 ……………………………………………………… 206
　　14.3　物流标准化的方法 …………………………………………………………… 210

第4篇　趋势篇

第十五章　第三方物流与第四方物流 ………………………………………………… 219
　　15.1　第三方物流 …………………………………………………………………… 221
　　15.2　第四方物流 …………………………………………………………………… 226

第十六章　绿色物流与逆向物流 ……………………………………………………… 231
　　16.1　绿色物流 ……………………………………………………………………… 233
　　16.2　逆向物流 ……………………………………………………………………… 239

第十七章　供应链管理 ………………………………………………………………… 244
　　17.1　供应链概述 …………………………………………………………………… 246
　　17.2　供应链管理概述 ……………………………………………………………… 249

参考文献 ………………………………………………………………………………… 259

高等职业教育财经类技术技能人才培养系列教材

第 1 篇

基 础 篇

第一章　物流概述
第二章　物流管理概述

第一章 物流概述

知识目标

了解物流的产生与发展历程；

熟悉物流的基本概念和主要分类；

熟悉现代物流的主要特点；

掌握物流的经济价值；

掌握物流是第三方利润的源泉。

技能目标

分析现代物流发展中的热点问题。

引导案例

认知物流企业

在国际上，物流业被认为是国民经济发展的动脉和基础产业，其发展程度已成为衡量一国现代化程度和综合国力的重要标志之一。20世纪90年代后期，伴随着我国的经济改革和市场开放，物流的重要性逐渐被认识，不同形式的物流企业开始出现，包括由传统运输仓储货代转型的企业、新兴第三方物流企业，以及专门从事运输、仓储的企业。

图1-1到图1-6所示是国内外部分知名物流企业的标志。

图1-1 UPS

图1-2 FedEx

图 1-3　DHL

图 1-4　CIMC

图 1-5　SINOTRANS

图 1-6　COSCO

图 1-1 代表联合包裹服务公司（United Parcel Service，UPS）。1907 年，UPS 成立于美国，是世界上最大的快递承运商与包裹递送公司，也是专业的运输、物流、资本与电子商务服务的领导性提供者。UPS 每天都在世界上 200 多个国家和地区管理着物流、资金流与信息流。通过结合物流、资金流和信息流，UPS 不断开发供应链管理、物流和电子商务的新领域，如今已发展成为拥有 300 亿美元资产的大公司。

图 1-2 代表联邦快递公司（Federal Express，FedEx）。FedEx 是一家国际性速递集团，提供隔夜快递、地面快递、重型货物运送、文件复印及物流服务，总部设于美国田纳西州。FedEx 设有环球航空及陆运网络，通常只需 1—2 个工作日，就能迅速运送时限紧迫的货件，而且确保准时送达，并且设有"准时送达保证"。自 2013 年 4 月 1 日起，联邦快递中国有限公司实施 GDS（全球分销系统）中国区全境覆盖计划，在武汉设立中国区公路转运中心，正式将武汉作为全国公路转运枢纽，承担武汉至西安、郑州、长沙、南昌、上海、重庆、成都、广州 8 条公路干线，16 个往返班次的货物分拨与转运业务。

图 1-3 代表敦豪速递公司，公司的名称 DHL 由三位创始人姓氏（Dalsey，Hillblom and Lynn）的首字母组成。1969 年，DHL 开设了第一条从旧金山到檀香山的速递运输航线。2002 年开始，德国邮政把旗下的敦豪航空货运公司、丹沙公司（Danzas）以及欧洲快运公司整合为新的敦豪航空货运公司。2003 年和 2005 年，德国邮政分别收购了美国的空运特快公司（Airborne Express）和英国的英运公司（Exel plc），并把它们整合到敦豪航空货运公司里。至此，敦豪航空货运公司速递公司拥有了世界上最完善的速递网络之一，可以到达 220 个国家和地区的 12 万个目的地。2007 年 1 月 26 日，DHL 宣布正式启动在中国国内的货物空运业务。

图 1-4 代表中国国际海运集装箱（集团）股份有限公司（简称中集集团，CIMC）。中

集集团于1980年1月创立于深圳,是世界领先的物流装备和能源装备供应商。公司致力于如下主要的业务领域:集装箱、道路运输车辆、能源和化工装备、海洋工程、物流服务、空港设备等,提供高品质与可信赖的装备和服务。就市场占有率而言,中集集团有10多个产品持续多年保持全球第一。作为一家为全球市场服务的跨国经营集团,中集集团在亚洲、北美、欧洲、大洋洲等地区拥有200余家成员企业,客户和销售网络分布在全球100多个国家和地区。2013年,6.4万名中集集团员工创造了578.7亿元的销售业绩,净利润21.1亿元。

图1-5代表中国对外贸易运输(集团)总公司(简称中国外运,SINOTRANS),是中国外运长航集团有限公司的前身,成立于1950年,是以海、陆、空国际货运代理业务为主,集海上运输、航空运输、航空快递、铁路运输、国际多式联运、汽车运输、仓储、船舶经营和管理、船舶租赁、船务代理、综合物流于一体的国际化大型现代综合物流企业集团。中国外运是中国最大的国际货运代理公司、最大的航空货运和国际快件代理公司、第二大船务代理公司和第三大船公司。

图1-6代表中国远洋运输(集团)总公司(简称中远集团,COSCO),成立于1961年4月27日,是中华人民共和国中央人民政府直管的特大型中央企业之一。中远集团成立之初是一个仅有4艘船舶、2.26万载重吨的小型船运公司。发展至2012年,中远集团已经成为以航运、物流码头、修造船为主业的跨国企业集团,已经确立起在国际航运、物流码头和修造船领域的领先地位,稳居《财富》世界500强之列。2012年,中远集团在《财富》世界500强企业中排名第384位。

资料来源:王磊.物流基础[M].北京:中国铁道出版社,2009.

思考

国内外知名的物流企业还有哪些?

1.1 物流的产生及发展

1.1.1 物流的产生

物流最原始、最根本的含义是物资的实体流动。物流概念的提出可以追溯到20世纪初,1901年,格罗威尔在美国政府的《工业委员会关于农场产品配送的报告》中,第一次论述了对农产品配送成本产生影响的各种因素,人们开始认识物流。1918年,英国联合利华公司的利费哈姆勋爵成立了"即时送货股份有限公司",公司的宗旨是在全国范围内把

商品及时送到批发商、零售商以及客户的手中。1921年,美国经济学家阿奇·萧在《市场流通中的若干问题》一书中提出"物流是与创造需求不同的一个问题",销售过程的物流指的是时间和空间的转移,并提到"物资经过时间和空间的转移,会产生附加价值"。此时的物流指销售过程中的物流,是为了配合销售而进行的相关运输与仓储活动,即实体配送(Physical Distribution,PD)。

第二次世界大战期间,根据军事上的需要,美国在军火的战时供应中首先采用了Logistics Management(后勤管理)这一概念,对军火的运输、补给、调配等进行全面管理,对战争的胜利起到了保障作用。Logistics原意为"后勤",即当时的"军事后勤学",就是对战争中物资的生产、采购、运输和分配等一系列活动进行统一部署与管理,使战争中的供给及时、迅速并且费用低。这一思想不断发展,在战争结束后被逐步应用到生产企业和零售企业,被西方国家广泛采用,特别是第二次世界大战后,随着工业化进程的加快,西方国家的企业进入大量生产和大量销售时期,如何降低生产和销售中的成本、提高经济效益,成为它们共同追求的目标。因此,Logistics被赋予了新的含义,它包括生产领域的原材料采购、生产和销售过程中物资实体的流动等问题,其含义已经超越了"PD"的概念,成为现代物流。现代物流是独立于其他行业之外,联合和涵盖交通运输业、仓储业、配送业等行业,为各种客户提供库存决策、订货采购、运输装卸、分装储存、配送发出等一站式服务,能够提高流通效率、降低企业成本。

早在1962年,美国管理学者彼得·德鲁克就在《经济的黑暗大陆》一文中指出,消费者支出的商品价格中约50%是与商品流通活动有关的费用,物流是降低成本的最后领域。目前,物流被视为"第三方利润源泉",对物流各项功能活动的管理由过去的分散管理开始向系统化、集成化方向转变。由此可见,物流不再仅仅是伴随着物资流动而发生的各种活动的总称,而是在对这些活动的相互关系作出调整,作为一个有机整体和一个系统进行管理的必要性得到充分认识的基础上产生的概念。

1.1.2 物流的发展

20世纪50年代末,PD概念被介绍到日本,国内的"物流"一词是日语中"物的流通"的简称。60年代初,以日本效率协会为中心的一些专家对将PD作为"流通技术"理解提出了不同意见,认为这样偏离了PD的原意。到60年代中期,PD被正式翻译成"物的流通",70年代初又简称为"物流"。对"物的流通"最一般的理解是,物流是商品流通的一个侧面,与其相对应的概念是商流,二者共同构成商品的流通活动。商流的任务是完成商品所有权从卖方到买方的转移,而物流的目的是完成商品实体从卖方到买方的转移,克服商品生产、消费之间存在的空间和时间距离,创造空间效用和时间效用。物流最初仅指销售物流,即站在个别企业的角度看物资的流动,限制在销售领域。随着物流业务的发展,逐步扩展到采购供应和生产物流。

随着物流概念使用范围的不断扩大,其内涵也在不断更新。首先,信息技术的不断提高和物流意识的增强,由最初的只有以大企业为中心开展物流系统化,转向中小企业也开始追求物流的效率化,进而在国民经济宏观领域也引入了物流的概念,出现在物流规划、物流基础设施建设、物流法规等方面;此外,物流的整合范围由原来的只限于销售领域扩展到企业生产经营的其他领域,进而扩展到供应链上的所有上下游企业。伴随着物流整合范围的扩大,反映物流系统概念的词汇由 PD 转变为 Logistics。Logistics 的原意是后勤学,主要指与军事物资运输、野营宿舍安置,以及食品、武器、衣物用品的配给、补给等后勤活动相关的管理运营技术,第二次世界大战时在美国陆军中被广泛采用。战后,这些管理技术逐步应用到企业管理活动中,被称为 Business Logistics,其目标是在合适的时间以期望的服务水准、最低的成本将原材料和产成品配送到指定地点。Logistics 的特征是依据企业的经营战略,将存在于企业生产经营全过程的物资流动作为一个有机整体加以管理,以实现经营效益的最大化,其包括从采购、制造到销售过程中所有相关的物的流动和保管问题,已经包含了 PD 的含义。但是,从物流发展的过程来看,Logistics 和 PD 还是存在区别的:第一,PD 局限在对销售领域物流活动的管理,没有包括采购物流;第二,PD 将物流合理化的范围停留在物流部门内部,与生产和采购部门缺乏沟通及联系,物流与生产和销售活动没有实现一体化管理。而 Logistics 包括了从原材料采购、在制品移动到产成品销售全过程的物资流通活动,物流合理化不仅仅限于物流部门内部,而且扩展到生产和销售部门。Logistics 将物流活动从被动、从属的地位上升到企业经营战略的高度,成为企业经营的重要组成部分。

对于企业而言,物流发展主要分为三个阶段:第一阶段为降低成本阶段,通过物流活动的效率化可以降低物流成本,从而增加企业的利润;第二阶段为促进企业收益增长的阶段,通过向客户提供满意的物流服务,带动销售收入的增长;第三阶段为列入企业的长远目标和经营战略阶段,建立起战略物流的新理念,将物流作为提高企业竞争能力的战略资源。

随着物流的发展,传统物流开始向现代物流转变。现代物流包括运输合理化、仓储自动化、包装标准化、装卸机械化、加工配送一体化、信息管理网络化等,主要是利用现代信

息化技术和网络手段,通过在计算机网络上的自动采集、处理、储存、传输和交换,实现物流信息资源的充分开发和普遍共享,以降低物流成本、提高物流效益。现代物流采用的信息技术主要是条码技术(Bar Code)、电子数据交换(Electronic Data Interchange,EDI)、全球卫星定位跟踪系统(Global Positioning System,GPS)及智能交通管理系统(Intelligent Traffic System,ITS)。现代物流的主要特点是:

(1)反应快速化。物流服务提供者对上游、下游的物流、配送需求的反应速度越来越快,前置时间越来越短,配送间隔越来越短,物流配送速度越来越快,商品周转次数越来越多。

(2)功能集成化。现代物流侧重于将物流与供应链的其他环节进行集成,包括物流渠道与商流渠道的集成、物流渠道之间的集成、物流功能的集成、物流环节与制造环节的集成等。

(3)服务系列化。现代物流强调物流服务功能的恰当定位与完善、系列化。除了传统的储存、运输、包装、流通加工等服务外,现代物流服务在外延上向上扩展至市场调查与预测、采购及订单处理,向下延伸至配送、物流咨询、物流方案的选择与规划、库存控制策略建议、货款回收与结算、教育培训等增值服务;在内涵上则提高了以上服务对决策的支持作用。

(4)作业规范化。现代物流强调功能、作业流程、作业、动作的标准化与程式化,使复杂的作业变成简单的易于推广与考核的动作。物流规范化可方便物流信息的实时采集与追踪,提高整个物流系统的管理和监控水平。

(5)目标系统化。现代物流从系统的角度统筹规划一个企业的各种物流活动,处理好物流活动与商流活动及企业目标之间、物流活动与物流活动之间的关系,不求单个活动的最优化,但求整体活动的最优化。

(6)手段现代化。现代物流使用先进的技术、设备与管理为销售提供服务,生产、流通、销售规模越大、范围越广,物流技术、设备及管理越现代化。计算机技术、通信技术、机电一体化技术、语音识别技术等得到普遍应用。

(7)组织网络化。为了保证对产品促销提供快速、全方位的物流支持,现代物流需要有完善、健全的物流网络体系,网络上点与点之间的物流活动保持系统性、一致性,这样可以保证整个物流网络有最优的库存总水平及库存分布,运输与配送快速、机动,既能铺开又能收拢。

1.2 物流的基本概念

1.2.1 物流的基本概念

中华人民共和国国家标准《物流术语》(GB/T 18354-2006)将物流定义为:"物品从供应地向接收地的实体流动过程。根据实际需要,将运输、储存、采购、装卸搬运、包装、流通加工、配送、信息处理等基本功能进行有机结合。"

1. "物"的概念

物流中的"物"指一切可以进行物理性位置移动的物资资料和物流服务。物资资料包括物资、物料和货物,物流服务包括货物代理和物流网络服务。

2. "流"的概念

物流中的"流"是物的实体位移,包括短距离的搬运、长距离的运输和全球物流。

1.2.2 物流的经济价值

物流主要创造时间价值和场所价值,有时也创造流通加工的附加价值。

1. 时间价值

物从供应者到需求者之间有一段时间差,通过改变这一时间差所创造的价值是时间价值。通过物流活动获取时间价值的方式有三种:

(1) 缩短时间创造价值。从全社会物流的总体来看,加快物流速度,缩短物流时间,可起到减少物流损失、降低物流消耗、增加物的周转、节约资金等积极作用,这是物流必须遵循的一条经济规律。

(2) 弥补时间差创造价值。经济社会中,供给与需求之间普遍存在时间差,物流以科学、系统的方法弥补和改变这种时间差,以实现其"时间价值"。

(3) 延长时间差创造价值。在某些具体的物流活动中,存在着人为地、能动地延长物流时间创造价值的现象,如常说的陈年美酒就是通过延长物流时间差而提高酒的价值。

2. 场所价值

物从供应者到需求者之间有一段空间差,改变这一场所的差别而创造的价值称为"场所价值"。物流创造的场所价值是由现代社会产业结构、社会分工决定的,主要原因是供给和需求之间存在空间差。商品在不同地理位置上有不同的价值,通过物流将商品由低价值区转到高价值区,便可获得价值差,即"场所价值"。场所价值有以下三种形式:

（1）从集中生产场所流入分散需求场所创造价值。产品通过物流活动实现从集中生产场所流入分散需求场所，从而实现价值的提高。例如：山西省大量生产的煤炭，通过物流活动运到京津等煤炭需求大于生产的城市，价格就会提升。

（2）从分散生产场所流入集中需求场所创造价值。产品通过物流活动实现从分散生产场所流入集中需求场所，也会创造价值。例如：飞机、汽车等的零配件来自世界各地，在集中地组装后实现其使用价值，创造了价值。

（3）从低价值地生产流入高价值地需求创造场所价值。在经济全球化的浪潮中，国际分工和全球供应链的构筑，一个基本选择是在成本最低的地区进行生产，通过有效的物流系统和全球供应链，在价值最高的地区销售，使物流得以创造价值，得以增值。

3. 流通加工附加价值

有时，物流也可以创造流通加工附加价值。加工是生产领域常用的手段，并不是物流的本来职能。但是，现代物流的一个重要特点就是根据自己的优势从事一定的补充性加工活动，也称为流通加工活动。这种加工活动不是创造商品的主要实体，形成商品的主要功能和使用价值，而是带有完善、补充、增加的性质，这种活动必然会形成劳动对象的流通加工附加价值。

1.2.3 物流是"第三方利润源泉"

1. "第一方利润源泉"——自然资源的开发

最初靠对廉价原材料、燃料的掠夺性开采和利用获得利润，其后是依靠科技进步，减少物资资源消耗，综合利用乃至大量人工合成资源获得高额利润。这种降低物资资源消耗获得利润的方式以先进的科学技术为条件，受科学技术发展程度的限制。

2. "第二方利润源泉"——技术资源的开发

依靠科技进步提高劳动生产率，降低人力资源消耗，或采用机械化、自动化等技术革新降低劳动耗用，从而降低成本，增加利润，形成"第二方利润源泉"。随着生产的机械化、自动化程度不断提高，生产工艺过程不断程序化、规范化，"第二方利润源泉"的空间越来越小。

3. "第三方利润源泉"——物流活动的开发

在前两个利润源泉潜力越来越小的情况下，物流领域的潜力逐渐被人重视。当今大多数产品的制造成本已不足总成本的10%，产品的加工时间只占总时间的5%，储存、搬运、运输、销售、包装等物流作业占了95%的时间。继降低物资消耗、提高劳动生产率之后,物流成为使企业获得利润的"第三方利润源泉"。通过物流的合理化降低物流成本,已经成为企业提高竞争力的重要手段。

1.3 物流的主要分类

1. 按照物流在社会再生产中的作用分类

(1) 宏观物流。宏观物流指社会再生产总体的物流活动,是从社会再生产总体角度认识和研究的物流活动。这种物流活动的参与者是构成社会总体的大产业、大领域。宏观物流的主要研究内容是物流的总体构成、物流与社会之间的关系及在社会中的地位、物流与经济发展的关系、社会物流系统和国际物流系统的建立与运作等。

(2) 微观物流。在一个小地域空间范围内发生的具体物流活动属于微观物流,在整个物流活动中,其中一个局部、一个环节的具体物流活动属于微观物流。微观物流的特点是具体性和局部性,更贴近具体企业。

宏观物流和微观物流的联系表现在:宏观物流为微观物流的计划管理提供基础和环境,微观物流的管理对宏观物流的发展形成需求。

2. 按照物流活动的空间范围分类

(1) 国际物流。国际物流是伴随着国际间经济交往、贸易活动和其他国际交流所发生的物流活动。由于近年来国际间贸易的急剧扩大,国际分工日益明显,世界经济逐步走向一体化,国际物流正成为现代物流的研究重点之一。

(2) 区域物流。相对于国际物流而言,一个国家范围内的物流、一个城市间的物流、一个经济区域内的物流处于同一法律、规章、制度之下,受相同文化和社会因素的影响,处于基本相同的科技水平和装备水平之中,因而都有其独特的区域特点。区域物流研究的重点是城市物流。城市经济区域的发展有赖于物流系统的建立和运行。

3. 按照物流系统的性质分类

(1) 社会物流。社会物流指超越企业物流,以社会为范畴的物流活动。这种社会性质很强的物流是由专门的物流服务供应商承担的。社会物流的研究对象包括:社会再生产过程中随之发生的物流活动,国民经济中的物流活动,如何形成服务于社会、面向社会又在社会环境中运行的物流,以及社会中物流体系的结构和运行规律,因此具有综合性和广泛性。

(2) 行业物流。行业物流指同一行业中物流企业的物流活动。同行业中的企业是市场竞争的对手,但在物流领域中常常相互协作,共同促进行业物流系统的合理化。以日本的建设机械行业为例,它提出的行业物流系统化的具体内容包括:各种运输手段的有效利用;建设共同的零部件仓库,实行共同配送;建立新旧设备及零部件的共同流通中心;建立技术中心,共同培训操作和维修人员;统一建设机械的规格等。

（3）企业物流。企业物流指在企业经营范围内由生产或服务活动所形成的物流系统,运用生产要素,为各类客户从事各种后勤保障活动(即流通和服务活动),依法自主经营、自负盈亏、自我发展,并具有独立法人资格的经济实体。例如:一个制造企业要购进原材料,经过若干道工序的加工、装配,形成产品销售出去;一个物流企业要按照客户要求将货物输送到指定地点。

4. 按照物流过程分类

（1）供应物流。供应物流指为生产企业提供原材料、零部件或其他物品时,物品在供应者与需求者之间的实体流动,即从物资生产者、持有者至使用者之间的物流。对于生产领域而言,它指生产活动所需要的原材料、备品备件等物资的采购、供应活动产生的物流;对于流动领域而言,它指交易活动中从买方角度出发的交易行为中发生的物流。供应物流不仅要实现保证供应的目标,而且要在低成本、少消耗、高可靠性的限制条件下组织其活动。为保证良好的供应物流,必须有效地解决供应网格问题、供应方式问题、零库存问题等。供应物流的严格管理及合理化对于企业的成本有着重要影响。

（2）生产物流。生产物流指生产过程中,原材料、在制品、半成品、产成品等在企业内部的实体流动。生产物流是制造产品的工厂企业所特有的,它和生产流程同步;原材料、半成品等按照工艺流程在各个加工点之间不停顿地移动、流转形成了生产物流。生产物流合理化对工厂的生产秩序、生产成本有很大的影响。生产物流均衡稳定,可以保证在制品的顺畅流转,缩短生产周期。在制品库存的压缩、设备负荷的均衡化,也都与生产物流的管理和控制有关。

（3）销售物流。销售物流指生产企业、流通企业出售商品时,物品在供应方和需求方之间的实体流动。对于生产领域而言,销售物流指售出产品;而对于流通领域而言销售物流指交易活动中,从卖方角度出发的交易行为中的物流。通过销售物流,企业得以回收资金,进行再生产的活动。销售物流的效果关系到企业的存在价值是否被社会承认,销售物流活动的成本在商品的最终价值中占有一定的比例,因此,为了增强企业的竞争力,必须重视销售物流的合理化。

（4）回收物流。回收物流指不合格物品的返修、退货以及周转使用的包装容器从需求方返回到供应方所形成的物品实体流动。企业在生产、供应、销售的活动中总会产生各种边角余料和废料,这些东西的回收通常伴随着物流活动。如果回收物品处理不当,往往会影响整个生产环境,甚至影响产品的质量。

(5) 废弃物物流。废弃物物流指将经济活动中失去原有使用价值的物品,根据实际需要进行搜集、分类、加工、包装、搬运、储存等,并分送到专门处理场所时所形成的物品实体流动。

1.4 物流的地位和作用

1.4.1 物流在国民经济中的地位

2006 年 3 月,第十届全国人民代表大会第四次会议通过了《中华人民共和国国民经济和社会发展第十一个五年规划纲要》,"大力发展现代物流业"单独列为一节,使现代物流的产业地位得以确立。2009 年,物流业被国家进一步列为十大振兴产业,足见物流业在国民经济中的地位之重。物流业是重要的服务业,融合了运输业、仓储业、货代业和信息业等,是国民经济的重要组成部分。物流产业涉及的领域非常宽广,吸纳了大量就业人口,在国民经济中起到促进生产和拉动消费的重要作用,在促进产业结构调整、转变经济发展方式和增强国民经济竞争力等方面也发挥了重要作用,其发展水平成为衡量一个国家现代化程度和综合国力的重要标志之一。

1. 物流产业对国民生产总值的贡献

物流在国民经济中的价值可以体现在物流产业对国民生产总值的贡献上。物流产业对国民生产总值的贡献程度,可通过物流产业创造的产值占国民生产总值的比例来衡量。从国外物流产业实现的产值来看,这一比例越大,该产业的贡献就越大。一个国家或地区物流产业的产值占国民生产总值比重的高低,与该国的商品与服务的市场化程度以及中间需求率有关。商品与服务的市场化程度越高,中间需求率越高,物流产业对国民生产总值的贡献率越大。

2. 物流产业对调节和平衡市场供需方面的贡献

在市场经济条件下,商品流通将成为国民经济健康正常运行的调节器,物流产业促使经济运行和商品流通的调节与平衡更加合理化,它不仅对生产及国民经济的运行具有调节作用,而且还加速了商品流通领域中相关产业如金融业、交通运输业、商品零售和批发业等行业的增长方式的转变,同时也是国家赖以进行经济调控的重要领域。物流产业的

社会职能正在悄然改变着生产、流通、消费领域的发展格局,市场供需正由粗放型发展模式向集约型发展模式转变。国民经济运行过程中政府的宏观调控,一方面通过财政、税收和货币等政策手段对市场供求进行总量控制;另一方面以流通部门为载体对流通领域的市场物价水平进行调控。物流产业在加速商品流通、降低商品流通费用、减少流通环节、调节市场供求等方面有着显著效果。

3. 物流产业对市场发育和完善的贡献

物流产业的市场贡献表现在推动市场范围扩张、促进市场体系发展和完善等方面。物流产业的发展,尤其是物流活动中出现的技术创新、各环节职能的整合(仓储、保管、流通加工、装卸、包装、运输及信息服务等)、组织形式与运作方式的创新(社会化与产业化物流组织的产生),大大地降低了商品交易费用。物流产业的触角延伸至国民经济发展的各个产业部门,不仅提高了国民经济发展的总体效益和效率,促使商品交换的市场逐步扩大,同时也促进了国民经济各产业部门间产业链和价值链的建立及进一步的加固。物流活动表现出的这种强劲的增长势头,有效地满足了经济发展过程中生产领域、流通领域及消费领域迅速增长的物流服务需求。更为重要的是,物流产业的扩张导致交换与贸易活动的地域范围越来越广,规模日趋扩大,加速了地区之间、企业之间在更为广阔的区域中进行分工与协作,同时也促进了全球统一市场的形成和世界经济全球化的进程。

4. 物流产业对满足社会消费需求的贡献

为满足社会的整体需求,一方面,生产部门按照消费需求进行生产,以流通领域的引导和消费需求信息的反馈组织生产;另一方面,将生产转变为社会的实际消费必须通过生产资料和生活资料的顺利流通实现。传统的商品流通中,商流、物流、信息流及资金流四位一体,由批发或零售商业组织独立完成。随着现代物流产业的诞生,商流和物流的职能分离,提高了流通领域的运作效率,突出了专业化的物流地位和职能,同时借助于现代科技,加速了信息流和资金流的流转速度。不仅如此,物流活动还可以作为生产领域和流通领域中的企业组织开展市场营销活动的有效工具与手段,对消费结构、消费方式及消费倾向产生积极影响,可不断满足社会对商品品种范围、商品购销便利等方面的需求,并进一步引导需求、改变需求理念甚至创造需求。

1.4.2 物流的作用

在商品流通中,物流是商品交换过程中要解决的物质变换过程的具体体现。物流能力的大小,包括运输、包装、装卸、储存、配送等能力的大小,直接决定着商品流通的规模和速度。商品流通状况直接影响着市场的商品供应状况,并且直接制约着人民群众消费需求的满足程度。商品流通的效率和成本还决定了一个企业的市场竞争能力和国家的商品竞争能力。在当前市场经济条件下,用于物流的费用支出已越来越大,越来越成为决定生产成本和流通成本高低的主要因素。

1. 有利于促进生产力的发展

物流直接制约着生产力要素能否合理流动,直接制约着资源的利用程度和利用水平,影响着资源的配置。如果物流不畅,即便拥有资源优势,也会由于物流条件的限制而无法转化为商品优势进入流通过程,最终成为制约生产发展和产品商品化程度的因素之一。物流服务需求集中于家电、日用化工、烟草、医药、汽车、连锁零售等行业,是这些产业取得高速发展的保障因素之一。国内钢材、煤炭、矿石等大宗物资物流发展相对滞后,是这些产业发展的制约瓶颈之一。

2. 有利于优化生产力布局和资源配置,促进经济结构调整

物流业是国民经济各个产业门类中的重要组成,与经济总体发展息息相关。中国经济的增长离不开物流规模持续增长的经济条件。随着工业化推进带动的产业结构升级,物流外包的规模越来越大。随着中国工业化从中期向中后期推进,大宗能源、原材料和主要商品的大规模运输方式在逐步朝小批量、多频次、灵活多变的物流需求转变,物流产业的外在需求也在不断变化。从微观上来看,发展现代综合物流,还可以使千千万万家企业节省在物流上的人力、运力、财力等巨大投入,使物流资源向专业化、规模化方向配置,杜绝"家家建仓库、户户搞运输"的物流市场各自分割的低效浪费现象。

3. 有利于改善投资环境

扩大开放是我国的基本国策。顺应世界经济一体化的趋势,与国际经济接轨,开放国内市场,大力改善投资环境,吸引国外资本,是扩大开放的重要举措。经济发达国家,特别是美国、日本、新加坡等国的投资者在选择投资区域时,会把物流的整体发展状况作为一个十分重要的考核条件,以判断资源获得和商品销售的成本与效率,判断项目投资的效益。

4. 现代综合物流是提高企业经济效益的主要途径

在传统的物流运作方式下,企业自行采购、自行运输、自行储存、自行管理,人力、物力、财力大量投入,而物流批次多、数量少且单向运输,无法形成经济规模;回程运力放空,造成采购成本高,人员和运力利用率较低,导致我国物流成本占 GDP 的比重高达 20%,而美国、日本仅占 10% 和 14%。企业物流费用平均占商品价格的 40%,最高达 60%—70%,

物流过程占用的时间几乎占整个生产过程的90%；而美国的物流费用平均只占商品价格的10%—20%,最高为32%；英国平均为14.8%,最高为25%。现代综合物流通过集中采购、集中运输、集中储存、集中管理等专业化、规模化服务,可以有效地降低采购成本,极大地提高人员和车辆、仓库等物流设备与设施的利用率,从而减少企业物流支出,提高经济效益。

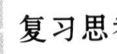

本章小结

物流活动作为物资资料的流通活动,伴随着商品经济的产生而产生,同时随着商品经济的发展而飞速发展。在经济全球化和信息技术高度发达的今天,现代物流作为"第三方利润源泉"和提高企业竞争力的主要手段,受到了广泛关注。本章介绍了物流的产生和发展,阐述了物流的基本概念、创造的价值和主要分类,分析了物流的地位和作用,以加强对物流的认识,从而全面地了解和应用物流功能,帮助企业提高竞争力。

复习思考

1. 简述物流的概念并举例说明物流创造的价值。
2. 简述物流从不同角度应如何分类。

案例讨论

"十三五"期间推动现代物流加快发展

物流业是支撑经济社会发展的基础性、战略性产业。"十二五"时期,按照中央的决策部署,国家发展改革委积极会同有关部门,综合施策、多措并举,加强规划政策引导,大力开展试点示范工作,着力破解制约物流业发展的体制、机制障碍,积极营造行业发展良好环境,物流业保持了中高速增长。2015年,中国社会物流总额预计可达220万亿元,"十二五"时期年均增长8.7%。社会物流总费用与GDP的比率约为15%左右,比2010年的17.8%有较大幅度的下降,对稳增长、调结构、惠民生发挥了重要的支撑和保障作用。

"十三五"期间,国家发展改革委将按照引领经济新常态、贯彻发展新理念的要求,进一步把物流业降本增效和服务国家的重大战略,作为降成本、补短板,推进供给侧结构性改革的重点任务,着力推动物流业的创新发展。

具体措施为:一是做好规划政策引导,打造行业发展的良好环境。2010年,国家发展改革委牵头编制了《农产品冷链物流发展规划》,明确了中国农产品冷链物流发展的重点,着力推动提升冷链物流服务水平。2011年,报请国务院印发《关于促进物流业健康发展政策措施的意见》,从土地、税收等方面提出一系列促进物流业发展的政策建议。2013年,会同有关部门联合印发《全国物流园区发展规划》,确定园区布局的总体思路,明确主要任务和保障措施。2014年,会同有关部门研究编制并报请国务院印发《物流业发展中长期规划(2014—2020年)》,制订《促进物流业发展三年行动计划(2014—2016年)》,提出今后一段时期物流业的发展目标、发展重点、主要任务、重点工程和保障措施。此外,还会同有关部门陆续出台了《鼓励和引导民间投资进入物流领域的实施意见》《关于进一步促进冷链运输物流企业健康发展的指导意见》等,进一步优化了物流业的发展环境。

二是加强重要节点和薄弱环节基础设施建设,加大物流业"补短板"的力度。"十二五"期间,累计安排中央预算内投资超过55亿元、专项建设基金200多亿元,加大对重要节点和薄弱环节物流基础设施项目建设的支持力度。特别是2015年,经报请国务院批准,国家发展改革委发布了《关于加快实施现代物流重大工程的通知》,重点加强多式联运工程、物流园区工程、农产品物流工程、制造业物流与供应链管理工程、城乡物流配送工程、物流标准化工程、物流信息平台工程等十大领域项目建设。同时,通过建立部门间工作协调机制,着力推动解决制约物流业发展的体制、机制障碍,引领社会资本重点投向服务于"一带一路"、京津冀协同发展、长江经济带以及自贸区建设等国家战略的物流工程,促进沿带、沿路、沿江和京津冀等重点区域物流基础设施水平的提高。

三是开展现代物流试点示范,推动行业创新发展。通过试点示范打破制约物流业发展的体制、机制障碍,发挥典型带动作用,引导中国物流业健康有序发展,提升物流业发展的整体水平。2015年,国家发展改革委会同有关部门联合开展物流园区示范工作,鼓励城市合理规划布局物流园区,建立物流用地保障机制,提高物流集聚发展水平,解决园区发展"融资难"等问题,逐步形成可复制、可推广、符合中国实际的物流园区建设运营模式。同时,组织开展现代物流创新发展城市试点,调动各方面的积极性,着力解决现代物流发展中面临的突出问题,完善政府物流管理体制、机制,推动现代物流在重点区域的突破创新和率先发展。

四是强化物流标准、统计等方面的工作,夯实行业的发展基础。在做好与物流业国家

标准衔接的基础上,国家发展改革委组织行业协会和专家深入开展行业标准制定和修订工作,下达了数十项行业标准制定计划,并发布了一批物流行业标准,推动和提升物流标准化水平。同时,进一步完善社会物流统计制度,积极指导行业协会加强物流科技、学术理论研究,深入开展产学研合作。

资料来源:国家发展改革委."十三五"期间推动现代物流加快发展.中国新闻网,http://www.chinanews.com/cj/2016/03-08/7788479.shtml,2016.3.

案例分析题

试分析国家"十三五"期间发展物流业的具体对策。

第二章 物流管理概述

知识目标

了解物流管理的主要特征；

熟悉物流管理的基本概念和基本内容；

掌握物流管理的主要目标。

技能目标

分析物流管理的基本活动。

引导案例

青岛海尔企业集团成为中国首家物流示范基地

中国海尔创立于1984年，经过30多年的创业创新，从一家资不抵债、濒临倒闭的小厂发展成为全球家电第一品牌，其生产所需的原材料和产成品物流遍布世界各地。

海尔企业集团自1999年以来，在物流整合与建设的过程中，重新规划了企业内部的物流组织，成立了物流推进本部，将原来分散在采购部门、生产部门和销售部门的物流管理职能集中起来，建立了专业化的物流公司，建设了以立体仓库为核心的企业内部零配件供应物流管理系统，重新调整了各地区销售公司的物流流程；通过建立企业内部的ERP信息管理系统和推进物流器具的单元化、标准化形成了物流运作系统和独特的物流管理系统，提升了海尔发展的核心竞争力。2000年3月，海尔正式启用了坐落在海尔开发区工业园的国际物流中心，其采用了世界上最先进的激光导引技术无人运输车系统、巷道堆垛机、机器人、穿梭机等，全面实现了现代物流的自动化和智能化，尤其是海尔物流"一流三网"的管理模式十分引人注目,被中国物流与采购联合会评为中国首家物流示范基地。"一流"是以订单信息流为中心;"三网"分别是全球供应链资源网络、全球客户资源网络和计算机信息网络。"三网"同步进行,为订单信息流的增值提供支持,实现了以下四个主要目标:

(1) 为订单而采购,减少或消灭库存。海尔实施过站式物流管理模式,所有采购与制造必须按单进行,使得呆滞物资降低90%,仓库面积减少88%,库存资金减少63%。海尔国际物流中心立体仓库建成于1999年8月,占地面积7 200平方米,使用面积5 400平方米,仓库高16米,货架高13米,共有9 618个货位,为国内同类型第一大仓库。该仓库相当于8万平方米的平面库,仅仓储费用一项每年可节约1 500万元。立体仓库全部采用机械化叉车搬运,极大地提高了工作效率。过去同规模的平面仓库至少需要200人,现在的立体仓库只需28人,管理效率大大提高。同时,海尔加强物流管理,建设的现代化、自动化国际物流中心一年时间内将库存占压资金和采购资金从15亿元减少到7亿元,节省了8亿元开支。

(2) 全球供应链资源网的整合使海尔获得了快速满足客户需求的能力。海尔通过整合内部资源、优化外部资源,使供应商由原来的2 200多家优化至721家,建立起强大的全球供应链网络,有力地保障了海尔产品的质量和交货期。

(3) 以三个JIT①的速度实现同步流程。海尔采用BBP(原材料网上采购系统)采购平台,所有供应商均在网上接单,并通过网上查询计划与库存,及时补货,实现JIT采购;客户下了订单后,根据看板管理2—3小时送料到工位,实现JIT生产;产品产出后,通过海尔全球配送网络将满足客户个性化需求的定制产品送达客户手中,实现JIT配送。海尔在中心城市实现了8小时配送到位,区域内24小时配送到位,全国4天以内到位,形成了全国最大的分拨物流体系。

(4) 计算机网络连接新经济速度。在企业外部,海尔通过CRM(客户关系管理系统)和BBP电子商务平台的应用实现了与客户的零距离。目前,海尔100%的采购订单由网上下达,这使采购周期由原来的平均10天降到3天;网上支付已达到总支付额的80%,并实现以信息代替库存,达到零营运资本的目的。

海尔以订单信息流为中心,建立和利用全球供应链资源网络、全球客户资源网络和计算机信息网络,实现"三个零"目标,即零库存、零距离、零资本运营。

通过对海尔案例的研究,可以得出结论:现代物流已经成为各国企业的"第三方利润

---

① JIT,指 Just In Time。三个 JIT,指 JIT 采购、JIT 生产和 JIT 配送。

源泉",是企业降低成本、获得经济效益、取得竞争优势的重要来源。

资料来源:韦克俭.现代物流管理基础[M].北京:电子工业出版社,2012.

思考

海尔企业集团为什么十分重视其物流管理?

2.1 物流管理的基本概念

2.1.1 物流管理的基本概念

中华人民共和国国家标准《物流术语》(GB/T 18354-2006)对物流管理的定义为:"为了以最低的物流成本达到客户所满意的服务水平,对物流活动进行的计划、组织、协调与控制。"换句话说,物流管理是对原材料、半成品和成品等物资资料在企业内外流动的全过程所进行的计划、实施、控制等活动。这个全过程指物资资料经过的包装、装卸、搬运、运输、储存、流通加工、物流信息等物流运动的全部过程。

从宏观上来讲,物流管理指在社会再生产过程中,根据物资资料实体流动的规律,应用管理的基本原理和科学方法,对物流活动进行计划、组织、指挥、协调、控制和监督,使各项物流活动实现最佳的协调与配合,以降低物流成本,提高物流效率和经济效益。现代物流管理建立在系统论、信息论和控制论的基础上。

从企业经营的角度讲,物流管理是以企业的物流活动为研究对象,以最低的成本向客户提供令其满意的物流服务,对物流活动进行的计划、组织、协调和控制。

2.1.2 物流管理的主要目标

1. 服务目标

物流系统是"桥梁、纽带"作用的流通系统的一部分,它具体地连接着生产与再生产、生产与消费,因此要求有很强的服务性。物流系统采取送货、配送等形式,就是其服务性的体现。在技术方面,近年来出现的准时供货方式、柔性供货方式等,也是其服务性的表现。

2. 快捷目标

快捷不但是服务性的延伸,也是流通对物流提出的要求。快速、及时既是一个传统目标,更是一个现代目标。随着社会大生产的发展,这一要求更加强烈。在物流领域采取的

诸如直达物流、联合一贯运输等管理和技术,就是这一目标的体现。

3. 节约目标

节约是经济领域的重要规律。在物流领域中,由于流通过程消耗大而又基本上不增加或提高商品使用价值,所以,通过节约降低投入,是提高相对产出的重要手段。

4. 规模优化目标

以物流规模作为物流系统的目标,即追求"规模效益"。生产领域的规模生产早已为社会所承认。由于物流系统比生产系统的稳定性差,因而难以形成标准的规模化格式。在物流领域,以分散或集中等不同方式建立物流系统,研究物流集约化的程度,就是规模优化这一目标的体现。

5. 安全性目标

物流系统的各环节都应坚持"安全第一,预防为主"的方针,以避免货运事故给企业和客户带来损失。

2.2 物流管理的主要内容

2.2.1 物流基本活动管理

1. 运输管理

运输管理指产品从生产者到中间商再到消费者的运送过程的管理,包括运输方式选择、时间与路线的确定及费用的节约。其实质是对铁路、公路、水运、空运、管道等5种运输方式的运行、发展和变化进行有目的、有意识的控制与协调,实现运输目标的过程。

2. 仓储管理

仓储管理指对仓储货物的收发、结存等活动的有效控制,其目的是保证仓储货物的完好无损,确保企业生产经营活动的正常进行,并在此基础上对各类货物的活动状况进行分类记录,以明确的图表方式表达仓储货物在数量、质量方面的状况,以及目前所在的地理位置、部门、订单归属和仓储分散程度等情况的综合管理。

3. 装卸搬运管理

装卸搬运管理指对在同一地域范围内进行的,以改变物品的存放状态和空间位置为主要内容和目的的活动的管理。装卸是改变"物"的存放、支撑状态的活动,主要指物体上下方向的移动;而搬运是改变"物"的空间位置的活动,主要指物体横向或斜向的移动。

4. 包装管理

包装管理指对产品的包装进行计划、组织、指挥、监督和协调的工作。包装管理必须根据企业的具体情况,用最经济的方法保证产品的包装质量,降低包装成本,促进产品销售。

5. 流通加工管理

从本质上讲,流通加工管理同生产领域的生产管理一样,是在流通领域中的生产加工作业管理。两者之间不同的是,流通加工管理既要重视生产的一面,更要着眼于销售的一面,后者是其加工的主要目的。

6. 配送管理

配送指在经济合理区域范围内,根据客户要求,对物品进行拣选、加工、包装、分割、组配等作业,并按时送达指定地点的物流活动。配送管理是物流中一种特殊的、综合的活动形式,是商流与物流的紧密结合,既包含了商流活动和物流活动,也包含了物流中的若干功能要素。

7. 物流信息管理

物流信息管理指运用计划、组织、指挥、协调、控制等基本职能对物流信息搜集、检索、研究、报道、交流和提供服务的过程,并有效地运用人力、物力和财力等基本要素以期达到物流管理的总体目标的活动。

2.2.2 物流基本职能管理

1. 物流战略管理

物流战略管理指通过物流战略设计、战略实施、战略评价与控制等环节,调节物流资源、组织结构等最终实现物流系统宗旨和战略目标的一系列动态过程的总和。

2. 物流计划管理

物流计划管理就是物流计划的编制、执行、调整、考核的过程。它是用物流计划组织、指导和调节物流企业的一系列经营管理活动的总称。

3. 物流组织管理

物流组织指专门从事物流经营和管理活动的组织机构。物流组织管理包括物流组织的构建、物流组织形式的选择、物流组织结构的设计等,可有效保证组织的效率。

4. 物流运作监控

物流运作监控是物流管理者根据物流实际运作情况与预期目标之间的差异,通过信息反馈进行实时调整。物流运作监控的对象包括客户服务、运作质量和运作成本,在物流运作监控中,可以根据客户需求和企业经营需要设计、选择可测量的有关指标进行统计、分析,并借助综合物流信息网络进行实时监控,为决策和运营提供依据。

2.2.3 物流基本要素管理

1. 物流人力资源管理

物流人力资源管理指在管理学"人本思想"的指导下,通过招聘、甄选、培训等管理形式对物流企业人力资源进行有效的运用,满足企业当前及未来发展的需要,保证企业目标实现的一系列活动的总称。

2. 物流技术管理

物流技术管理指对物流活动中的技术问题进行科学有效的管理。物流技术在发展过程中形成了物流硬技术和物流软技术这两个既相互关联又相互区别的技术领域。

3. 物流设施管理

物流设施管理指随着科学技术的进步,对物流设施的规划、新建、改建、扩建、维修和运用,以及对各类物流设施的协调、配套管理,以提高物流设施利用率的一系列管理活动的总称。

4. 物流成本管理

物流成本管理是对物流相关费用进行的计划、协调与控制。物流成本管理是通过成本去管理物流,即管理的对象是物流而不是成本。物流成本管理可以说是以成本为手段的物流管理方法。

2.3 物流管理的主要特征

从物流的定义可以看到,物流是实现从原材料市场到消费市场价值增值的重要环节。正是在增值市场的驱动下,物流才变得越来越紧凑、稳定和高效。物流管理的主要特征表现在以下几个方面:

1. 以实现客户满意为第一目标

现代物流是基于企业经营战略,从客户服务目标的设定开始,进而追求客户服务的差别化。其通过物流中心、信息系统、作业系统和组织构成等综合运作,提供客户期望的服务,在追求客户满意度最大化的同时,寻求自身的不断发展。

2. 以整体最优为目的

物流企业既不能单纯追求单个物流功能的最优,也不能片面追求各局部物流的最优,而应实现企业整体最优。

3. 以信息为中心

信息技术的发展带来了物流管理的变革,无论是条码、电子数据交换(Electronic Data Interchange,EDI)等物流信息技术的运用,还是快速反应(Quick Response,QR)、有效客户反应(Efficient Customer Response,ECR)等供应链物流管理方法的实践,都建立在信息基础上,信息已经成为现代物流管理的中心。

4. 重效率,更重效果

现代物流不仅重视效率方面的因素,更强调整个物流过程的效果,即若从成果角度看,有的活动虽然使成本上升,但它有利于整个企业战略目标的实现,则这种活动仍然可取。

本章小结

物流管理以企业的物流活动为研究对象,以最低的成本向客户提供令其满意的物流服务,对物流活动进行计划、组织、协调和控制。本章介绍了物流管理的基本概念和主要目标,从物流基本活动管理、物流基本职能管理和物流基本要素管理三个方面阐述了物流管理的主要内容,据此分析了物流管理的主要特征。

复习思考

1. 简述物流管理的概念并举例说明物流管理的主要目标。
2. 简述物流管理的主要内容。

案例讨论

苏宁电器——中国最大的家电连锁经营企业如何发展物流业?

苏宁电器股份有限公司(以下简称苏宁电器)于1990年创立,总部位于江苏省南京市,是中国3C(家电、IT、消费类电子)连锁零售企业的领先者,是商务部重点培育的"全国15家大型商业企业集体"之一。2004年7月,苏宁电器股票在深圳证券交易所上市(股票

代码 002024）。截至 2011 年年底，苏宁在中国 300 多个城市开设了近 1 700 家连锁店。2011 年销售额达到 1 562.23 亿元，目前员工 17 万人，是中国最大的连锁家电企业。

苏宁电器很重视物流的发展，公司董事长张近东认为，苏宁虽身处零售业，但本质是一个物流公司，从 1990 年创立至今，苏宁电器大致经历了三代物流模式。

1. 第一代物流模式

20 世纪 90 年代，苏宁电器采用的是"前店后库"的传统物流模式（第一代物流模式），客户当场试机，公司立即开车送货，主要物流范围是门店与门店之间，尚未形成物流基地的概念。随着产品过剩时代的来临，苏宁电器开始在卖场之外的地方设立仓库，销售时也不在现场试机，客户同意购买后只需在家中等候，就会有专门的配送车送货上门。

2. 第二代物流模式

21 世纪初，苏宁电器在考察学习了发达国家先进的物流管理模式后，逐步构建了全国性的连锁零售门店，发展起第二代物流模式，在全国 90 多个城市搭建了物流运输配送网络，提出了包含信息化购物、数字化配送、科技化管理，更为强调服务的职能，开始形成真正的物流基地。与第一代物流模式相比，第二代物流模式不再是人工配送，而是通过半自动化、半人工的方式，将各类商品从区域大库分拨运送到二级城市销售门店，再配送给客户。

3. 第三代物流模式

2007 年以来，因季节性差异、节假日需求、销售网络庞大等因素对家电连锁经营的物流体系提出了高投入的要求，苏宁电器提出建设第三代物流基地的计划。第三代物流模式与第二代的区别在于规模的扩大、机械化程度的提高以及全部实行货架储存。第三代物流模式由物流基地（中心）采用二级运输配送方式，在全国形成了长途运输到市、短途配送到店、零售配送到户的一体化运作模式，实现对客户"优质、快速、满意"的物流服务。

第三代物流模式采用全自动、机械化的立体仓储系统集成方案，苏宁电器通过库内立体化仓库系统、机械运输系统、WMS（仓库管理软件）以及 TMS（运输管理软件）等信息系统实现物流体系的运作和发展。通过 WMS 系统，苏宁电器实现了订单管理、库存管理、收货管理、拣选管理、盘点管理、移库管理，以及管理条码化和仓库作业的实时监控；通过 TMS 系统，加快了运输配送服务响应时间，提高了车辆资源的利用率，实现了准时运输配送。第三代物流模式的信息可实现对产品流向的控制。在仓库内，配送单经过仓管员的仔细核对后，家电产品由库房搬运、装卸至车辆上，全程机械化可大大提高装运效率。

苏宁电器物流始终以"以合理的时间、在合适的地点，将正确的货物以合理的方式送到正确的收货地点"为最终目标,不断为客户提供优质、快捷的运输配送服务。目前,苏宁电器已在南京、北京、天津、杭州、成都、广州等地共建立了15个物流基地(中心),将在全国建设60个左右的大型现代化物流基地(中心),不断提高物流管理的水平。

资料来源:韦克俭.现代物流管理基础[M].北京:电子工业出版社,2012.

案例分析题

作为中国最大的连锁家电企业,苏宁电器发展物流的主要经验有哪些?

第 2 篇

功 能 篇

第三章　运输管理
第四章　仓储管理
第五章　装卸搬运管理
第六章　包装管理
第七章　流通加工管理
第八章　配送管理
第九章　物流信息管理

第三章　运输管理

知识目标

了解运输的定义及主要作用；

熟悉各种运输方式的特点；

熟悉运输管理的主要原则。

技能目标

分析运输方式选择的因素；

运用图上作业法和表上作业法解决运输的合理化问题。

引导案例

沃尔玛通过物流运输的合理化节约成本

沃尔玛是世界上最大的商业零售企业，在物流运营过程中，尽可能地降低成本是其经营的哲学。

沃尔玛运输货物的形式包括空运、船运以及公路运输。在中国，沃尔玛多数情况下采用公路运输，所以，如何降低公路运输成本，是沃尔玛物流管理面临的一个重要问题，为此它主要采取了以下措施：

（1）沃尔玛使用一种尽可能大的卡车，配上约16米长的加长的货柜，比集装箱运输卡车更长或更高。沃尔玛把卡车装得非常满，产品从车厢的底部一直装到最高，这样非常有助于节约成本。

（2）沃尔玛的车辆都是自有的，司机也是公司的员工。沃尔玛车队大约有 5 000 名非司机员工，有 3 700 多名司机员工，车队每周每次运输里程可达 7 000—8 000 千米。沃尔玛知道，公路运输是比较危险的，有可能会出现交通事故。因此，对于运输车队来说，保证安全是节约成本最重要的环节。沃尔玛的口号是"安全第一、礼貌第一"，而不是"速度第一"。在运输过程中，卡车司机都非常遵守交通规则。沃尔玛会定期在公路上对运输车队进行调查，卡车上都带有公司的号码，如果看到司机违章驾驶，调查人员就可以根据车上的号码向公司报告，以便对其进行惩处。沃尔玛认为，卡车不出事故，就是节省公司的费用，就是最大限度地降低物流成本。由于狠抓了安全驾驶，运输车队已经创造了 300 万千米无事故的纪录。

（3）沃尔玛采用全球定位系统对车辆进行定位，因此，在任何时候，调度中心都可以知道车辆在什么地方、离商店有多远、还需要多长时间才能运到商店，这种估算可以精确到小时。沃尔玛通过精确地定位车辆，就可以提高整个物流系统的效率，有助于降低成本。

（4）沃尔玛连锁商场的物流部门 24 小时工作，无论白天还是晚上，都能为卡车及时卸货。另外，沃尔玛运输车队还利用夜间进行运输，从而做到了当日下午进行集货，夜间进行异地运输，翌日上午即可送货上门，保证在 15—18 个小时内完成整个运输过程，这是沃尔玛在速度上取得优势的重要措施。

（5）沃尔玛的卡车把产品运到商场后，商场可以整个装卸，而不用逐个检查每个产品，这样可以节省很多时间和精力，加快了沃尔玛物流的循环过程，从而降低了成本。这里有一个非常重要的先决条件，就是沃尔玛的物流系统能够确保商场得到的产品是与发货单完全一致的产品。

（6）沃尔玛的运输成本比供货厂商自己运输产品的成本要低。所以，厂商也使用沃尔玛的卡车运输货物，从而做到把产品从工厂直接运送到商场，大大降低了产品流通过程中的仓储成本和转运成本。沃尔玛的集中配送中心把上述措施有机地组合在一起，做出了一个最经济、合理的安排，从而使沃尔玛的运输车队能以最低的成本高效率地运行。

资料来源：许应楠.电子商务与现代物流[M].北京：人民邮电出版社，2015.

思考

如何从综合物流系统的角度降低运输成本？

3.1 运输概述

3.1.1 运输的概念

中华人民共和国国家标准《物流术语》(GB/T 18354-2006)对运输的定义为:"用专用的运输设备将物品从一地点向另一地点运送,其中包括集货、分配、搬运、中转、装入、卸下、分散等一系列操作。"运输是物流的重要职能之一,同时贯穿于产品的整个流通过程之中。

1. 运输是物流的主要功能要素之一

物流是"物"的物理性运动,它包含物的时间状态和空间状态的改变。运输是改变空间状态的主要手段,运输再配以搬运、配送等活动,能够圆满地完成改变空间状态的全部任务。

2. 运输是社会物质生产的必要条件之一

运输是生产过程的继续,这一活动连接着生产与再生产、生产与消费的环节,连接着国民经济各部门、各企业,连接着城乡,连接着不同国家和地区。在生产过程中,运输是生产的直接组成部分;没有运输,生产内部的各环节就无法连接。

3. 运输可以创造"场所价值"

由于空间场所不同,同种"物"的使用价值的实现程度也有所不同。例如:在沿海地区很廉价的海产品,在内陆地区的价格却很高。由于改变场所而更大地发挥使用价值,最大限度地提高了产出投入比,这被称为"场所价值"。通过运输,将"物"运到场所效用最高的地方,就能发挥"物"的潜力,实现资源的优化配置。从这个意义上来讲,这相当于通过运输提高了物的使用价值。

4. 运输是物流创造"第三方利润源泉"的重要部分

运输要借由大量的动力消耗才能实现。运输承担了大跨度空间转移的任务,时间长、距离长、消耗大。消耗的绝对数量大,其节约的潜力也大。综合分析计算社会物流费用,运输费用占总物流费用的比例接近50%,有些产品的运输费用甚至高于生产费用。通过体制改革和运输合理化,可大大降低运输费用,从而获得更多的"利润"。

5. 合理的运输能够降低物流费用,节约物流成本

运输费用是物流费用的主要组成部分,在物流费用中占有很大的比例,是我国物流成本居高不下的主要原因。国家统计局《2015年全国物流运行情况通报》数据显示:2015

年,社会物流总费用 10.8 万亿元,其中,运输费用 5.8 万亿元,同比增长 3.1%,占社会物流总费用的比重为 53.3%。因此,可以通过合理组织运输,缩短运输里程,提高运输工具的运用效率,从而降低运输费用,进而达到降低物流费用、节约物流成本的目的。

6. 合理的运输能够加快资金周转速度,减少资金占用时间,提高物流的经济效益和社会效益

从宏观的角度讲,合理的运输能促使物流建设的加快,减少物品的库存量,加快资金的周转,节约资金的占用。这也将相应地提高社会产品的使用效率,以及物流的经济效益和社会效益。

3.1.2 运输方式

运输是物流系统最为重要的构成要素,也是物流的核心环节。按照运输设备及运输工具的不同,可以分为六种不同的运输方式:铁路运输、公路运输、水路运输、航空运输、管道运输和联合运输。

1. 铁路运输

铁路运输指铁路货车运送货物的一种方式(见图 3-1),由于货车具有运量大、运程长、运输成本低等特点,所以,铁路运输主要用来运送大批量、少品种的货物,同时,由于铁路运输必须在固定线路上实现,很难实现门到门运输,缺乏灵活性,因此,铁路运输一般不适合短距离运输。据经济学家测算,铁路运输的经济里程一般在 200 千米以上,根据不同的实际情况,一般为 200—600 千米时选用铁路运输都比较经济。

(1)整车运输。它指主要用于大批量货物,根据规定批量按整车货物办理承托手续、组织运送和计费的运输方式。这种运输方式在铁路运输中所占比重最大,主要用于有铁路专用线的大的工厂、料厂或货物由原产地大量外运的情况,利用这种运输方式,可以直接到车站或通过联业者办理。

(2)集装箱运输。它指将货物装入集装箱,再将集装箱作为一个单元装载到货车上的运输方式。这种运输方式便于实现公铁联运和门到门服务,同时也有利于机械化装卸搬运作业和安全防盗管理。

(3)零担运输。它指主要用于小件零散货物,根据规定批量按零担货物办理承托手续、组织运送和计费的运输方式。

铁路运输的不同方式主要根据运输货物数量的多少确定。从成本和环保等角度来看,铁路运输在未来还会占有很重要的地位。

图 3-1 铁路运输

2. 公路运输

公路运输主要指使用汽车在公路上进行货运的运输方式(见图 3-2)。近年来,随着汽车的普及、高速公路的开通、大型货车的功能的增强,以及汽车具有的灵活、能实现门到门服务等特点,公路运输得到了快速的发展。

(1) 普通货运。它是以非特定的众多的货主为对象的公路运输形式。

(2) 特定货运。它是为适应特定货主的需要在一定范围内运输货物的公路运输形式。

(3) 无偿货运。它是免费的公路运输形式,机场、车站、饭店等免费运送客户行李、托运物品等,都属于这种形式。

公路运输还可以根据运输距离的长短分为:近距离运输、中长距离运输、长距离运输、线路运输、区域运输及配送等。其中,近距离运输指运距 100 千米以内的公路运输,这一距离是汽车最能发挥其机动灵活性和便利性特点的范围,在公路运输中占有主要地位。中长距离运输指运距在 101—300 千米的公路运输。在这一距离范围内,汽车在时间性和经济性上具有很重要的优势。长距离运输指运距在 301—600 千米的公路运输,在这一距离范围内,由于公路运输成本较高,所以不具优势。但是随着物流服务要求的提高、道路网的发达,特别是高速公路的发展,长距离汽车运输的比重在逐步提高,公路的运输距离可以延长到 800—1 000 千米,有时为了实现优质物流服务,在公路条件允许的情况下,距离还可以更长。

图 3-2 公路运输

3. 水路运输

水路运输指利用船舶进行货物运输的方式(见图3-3)。水路运输的最大特点是成本低廉,适合大批量、长距离的运输,但是由于水路运输速度慢、安全性差,受港口、水位、季节、气候等影响较大,所以,水路运输未被广泛推广和运用。水路运输主要包括以下几种形式:

(1)内河运输。它是利用船舶、排筏和其他浮运工具,在陆地上的江、河、湖、川等水道进行货物运输的形式,主要使用中小型船舶。

(2)沿海运输。它是利用船舶通过大陆附近沿海航道运送货物的一种运输方式,主要使用中小型船舶。

(3)近海运输。它是利用船舶通过大陆临近国家海上航道运送货物的运输形式,一般使用中型船舶。

(4)远洋运输。它是利用船舶在国际航道上进行货物的远距离运输,主要使用大型船舶,运量较大。

沿海运输、近海运输和远洋运输由于都是利用海洋进行的运输形式,因此又统称为海上运输。

图 3-3　水路运输

4. 航空运输

航空运输是利用飞机和其他航空器运送人员或货物的运输方式(见图3-4)。航空运输最大的特点是速度快、时间短,同时具有对包装要求低、运输中损伤少、服务好、不受地面地形的限制等优点,但由于长期以来成本高、价格贵,所以主要用于紧急货物、贵重货物和生鲜产品的运输。近年来,随着工业的发展、经济的快速增长以及时间价值的提高,航空运输的数量显著增加,种类也在不断扩大。航空运输可分为定期航空运输和不定期航空运输。

(1)定期航空运输。它是为了适应需要,使用飞机在一个地点和另一个地点之间的固定航线,定期进行有偿货物运输的航空运输方式。如航空公司进行的定期、定航线的班机运输就属于这类运输。

(2)不定期航空运输。它是按临时需要决定的非规定地点间及非规定日期进行的航空运输方式。这种航空运输方式常用的是包机运送方式。

5. 管道运输

管道运输指依靠物体在管道内顺着压力方向循序移动而实现的利用管道进行气体、液体、粉状或颗粒状物体运送的运输方式(见图3-5)。管道运输最大的特点是运量大、安全性高、维修费用低,同时可以实现连续大量运送货物而在运输中几乎没有散失、丢失等损失,为此近年来管道运输得到了广泛的应用。有专家已在研究利用沙壶球原理以使管道运送小体积固体货物,从而减轻地面运输的拥堵压力。管道运输按照输送对象的不同,可以分为输油管道运输、天然气管道运输和固体料浆管道运输三种。

(1)输油管道运输。输油管道一般用于原油或成品油的长距离运输,它主要由输油站和输油管线两部分组成,是连接油田、炼油厂、油库或其他用油单位的管道。

(2)天然气管道运输。通过管道,采用高压方法运输天然气。

(3)固体料浆管道运输。用管道输送各种固体物料的一般方法是将待输送的固体物料破碎为粉粒状,与适量的液体配置成可泵送的浆液,通过管道将这些浆液输送到目的地后,再将固体物料从液体中分离出来。

图3-4 航空运输

图3-5 管道运输

6. 联合运输

联合运输简称联运,指使用两种或两种以上的运输方式,完成货物运输任务的综合运输方式。联合运输是随着现代化社会生产规模的日益扩大和专业化大分工而出现的一种新兴的运输方式,在各种运输方式和产、供、运、销以及集、疏运等"结合部"和"枢纽"中起衔接配合、协作服务的作用。

联运的方式很多,仅前五种运输方式两两结合,就有十种联运方式,其中最常见的是公铁联运、公航联运、水航联运等。联运是对各种运输方式的综合组织和运用,因此可以提高运输效率、简化业务手续,同时使社会运力得到有效的调节,对形成综合运输网络、发挥综合运输优势、促进工农业生产、加快商品流通、提高社会经济效益具有深远的影响。图 3-6 为联合运输示例。

(a)公航联运

(b)水航联运

图 3-6 联合运输示例

表 3-1 总结了五种运输方式的优缺点。

表 3-1　五种运输方式的比较

运输方式	优点	缺点	分类
铁路运输	(1)运量大 (2)运输费用低(适合大批量、长距离) (3)安全性好 (4)运输地域广,范围大 (5)受自然条件影响小	(1)短距离运输费用高 (2)运输时间不确定,到货时间不准确 (3)运输缺乏灵活性 (4)管理机制不灵活,不适合紧急运输	(1)整车运输 (2)集装箱运输 (3)零担运输
公路运输	(1)运量小,适合小而轻的货运 (2)可以实现门到门的运输 (3)短距离费用低 (4)管理灵活,可以满足客户的多种需求	(1)长距离运输费用高 (2)运量小,不适合大批量货物运输 (3)运输货物单位体积、重量都受限制	(1)普通货运 (2)特定货运 (3)无偿货运
水路运输	(1)运输费用低 (2)运量大,适合体积大、重量大的货物运输	(1)速度慢 (2)受天气影响大 (3)安全性差 (4)港口装卸费用高 (5)受地理环境限制	(1)内河运输 (2)沿海运输 (3)近海运输 (4)远洋运输
航空运输	(1)速度快(适合保鲜货物运输) (2)货物不易受损 (3)不受地形限制	(1)运输费用高 (2)货物重量、体积受限制 (3)受地理位置限制	(1)定期航运 (2)不定期航运
管道运输	(1)运输成本低 (2)占地少 (3)运输效率高,安全可靠	(1)只适合气体、液体和少量固体运输 (2)受地理位置限制	(1)输油管道运输 (2)天然气管道运输 (3)固体料浆管道运输

3.2　运输管理概述

3.2.1　运输管理的概念

运输管理指产品从生产者手中到中间商手中,再到消费者手中的运送过程的管理,包括运输方式的选择、时间与路线的确定及费用的节约。其实质是对铁路、公路、水路、航空、管道五种运输方式的运行、发展和变化,进行有目的、有意识的控制与协调,实现运输目标的过程。

运输管理的意义主要表现在：

1. 运输管理能够保证劳动过程顺利进行，从而提高劳动生产效率

物流企业或运输企业的管理就是对整个运输过程的各个环节——运输计划、发运、接运、中转等活动中的人力、运力、财力和运输设备，进行合理组织，统一使用，调节平衡，监督完成，以求用同样的劳动消耗（活劳动和物化劳动），运输较多的货物，提高劳动效率，取得最优的经济效益。

2. 运输费用所占比重大，是影响物流费用的重要因素

我国用于运输的费用占物流费用的40%左右，运输费用在物流费用中所占的比重最大。因此，在物流各环节中，如何搞好运输工作，积极开展合理运输，不仅关系到物流时间的问题，也关系到物流费用的问题。物流企业只有千方百计地节约运输费用，才能有效地降低物流费用，以及整个商品流通费用，提高企业的经济效益。

3.2.2 运输方式的选择

每种运输方式各有其优缺点，在实际运送货物中选择哪种运输方式最合理，要具体问题具体分析。影响运输方式选择的因素有很多，但在一般情况下应主要考虑以下几个因素：

1. 货物性质

货物性质主要指货物的形状、体积、密度、危险性、易燃易爆性等物理、化学性质，应根据不同的性质确定可能的运输方式。

2. 运输量

单次运输量的大小影响着运输方式的选择，如大批量、少品种的货物一般用铁路运输或水路运输，而小批量、多品种的货物一般用公路运输或航空运输。

3. 运输距离

货物运输距离的长短直接影响到运输方式的选择，一般长距离运输采用铁路、水路或航空运输形式，而中短距离运输选择公路运输较为经济。

4. 运输的时间

运输的时间取决于货物的特点和货主的交货要求。易变质货物或货主对交货时间要求较高的货物选择航空运输或公路运输较为适合。

5. 运输费用

运输费用在运输方式的选择中是很重要的因素，它直接影响到运输的效益。在其他

因素不变的情况下,运输费用的高低直接决定着运输方式的选择,不管是物流企业还是货主,都希望在满足其他条件的情况下尽可能使运输费用降至最低。

物流企业在选择运输方式时考虑的最重要的内容是运输费用,但是由于运输费用只是物流费用的一部分,物流费用还包括包装费用、库存费用、装卸费用和保险费用等,运输费用与这些费用之间存在效益背反关系,所以,在选择运输方式时,应综合考虑使物流费用最低。

实际的运输方式的选择,一般还会受到具体环境的影响,没有固定的标准和方法,必须从实际出发,具体问题具体分析,综合考虑所有因素,从而选择合理的运输方式。

3.2.3 运输管理的原则

运输是物流活动的核心功能,做好运输管理工作是保证高质量物流服务的重要环节,组织运输管理必须把握和贯彻"及时、准确、经济、安全"这四个原则。

1. 及时

依据产、供、销的实际需要,及时将货物送达指定地点,尽可能缩短货物的在途时间。

2. 准确

在运输中避免可能出现的各种差错,准确无误地将货物送达收货地点。

3. 经济

合理地选择运输方式和运输路线,有效地利用各种运输工具和设备,合理降低运输费用,提高运输经济效益。

4. 安全

在运输过程中,防止发生碰撞、挤压、残损及丢失等情况,保证货物的完整无损。

3.3 运输合理化

3.3.1 运输合理化的概念及作用

运输合理化指从物流系统的总体目标出发,按照货物流通规律,运用系统理论以及系统工程原理和方法,选择合理的运输路线和运输工具,以最短的路径、最少的环节、最快的速度和最少的劳动消耗,组织好货物的运输与配送,以获取最优的经济效益。

运输合理化的重要作用可归结为:

(1)有利于加速社会再生产的进程,促进国民经济的持续、稳定和协调发展。按照市

场经济的基本要求,运输合理化可以使物质产品迅速地从生产地向消费地转移,加速资金周转,促进社会再生产过程的顺利进行,保持国民经济的稳定和健康发展。

(2)有利于节约运输费用,降低物流成本。运输费用是构成物流费用(成本)的主要部分。物流过程的合理运输就是通过运输方式、运输工具和运输路线的选择,进行运输方案的优化,实现运输合理化。运输合理化必然会缩短运输里程,提高运输工具的运用效率,从而达到节约运输费用、降低物流成本的目的。

(3)有利于缩短运输时间,加快物流速度。运输时间的长短决定了物流速度的快慢。运输合理化可使被运输货物的在途时间尽可能地缩短,达到到货及时的目的,从而降低库存商品的数量,加快物流速度。

(4)有利于节约运力,缓解运力紧张的状况,以及节约能源。运输合理化克服了许多不合理的运输问题,从而节约运力,提高货物的通过能力。同时,由于货物运输的合理性,运输中的能源消耗降低了,能源利用率提高了。

3.3.2 运输合理化的主要方法

运输合理化不仅仅是把某种商品从若干个生产地运至若干个消费地而使总运输费用最低的问题。从更广义上讲,合理化运输除了需要选择合理的运输方式,还需要确定合理的调运量和最佳运输路线,使运输量最大、运输成本最小、运输距离最短。因此,运输问题是具有一定模型特征的线性规划问题,其中,图上作业法和表上作业法是处理运输合理化问题的常用方法。

1. 图上作业法

图上作业法就是利用商品生产地和消费地的地理分布及交通线路示意图,采用科学规划的方法,制订出合理的商品运输方案,以求得商品运输吨千米数最小的方法。图上作业法适用于交通路线为线状、圈状,而且对生产(消费)地点的数量没有严格限制的情况。

与运输距离、路线有关的不合理现象有两种:一种是对流现象,另一种是迂回现象。所谓对流,就是在同一路线上有同一种物资往返运输(即同一段路线上,两个方向都有流向)。当交通图成圈状时,如果流向图中内圈流向的总长或外圈流向的总长超过整个圈长的一半,就称为迂回运输。

图上作业法的内外圈流向箭头,要求达到重叠且各自之和都小于或等于全圈总长度的一半,这时流向图就是最佳调运方案。

例题 3-1

某商品供应地和需求地各有 3 个,位于环状的路网上,各供应地和需求地的距离及供应地的供应量、需求地的需求量如图 3-7 所示。问:如何规划运输方案才能使运输的吨千米最小?最小吨千米为多少?

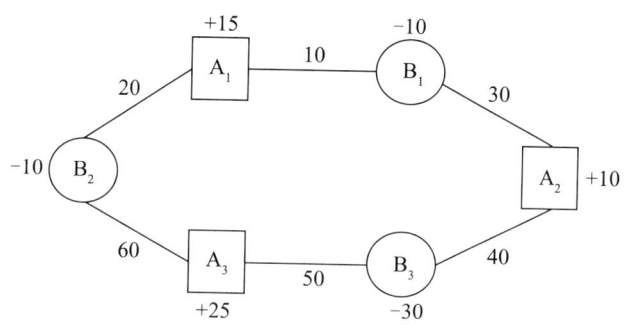

图 3-7 某商品供应地和需求地网络图

【求解】

(1)画出产销平衡表,如表 3-2 所示。

表 3-2 产销平衡表(1)

需求地 供应地	B_1	B_2	B_3	产量
A_1				15
A_2				10
A_3				25
需要量	10	10	30	

(2)规划初始流向图,根据"各站供应就近调拨"的原则进行调运,即可得到初始运输流向路线图,如图 3-8 所示(注意:所有调拨流向箭头都统一画在路线的右边)。

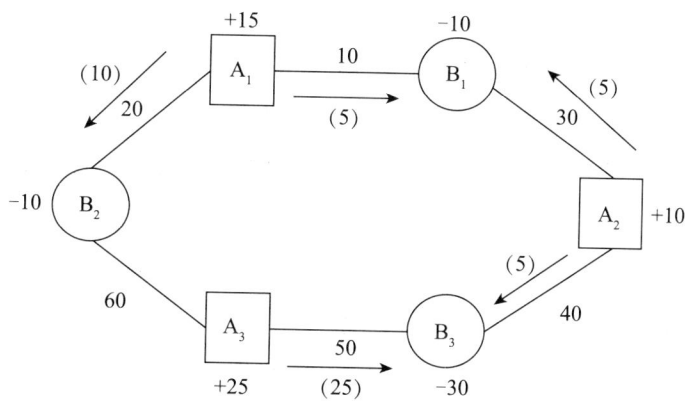

图 3-8 初始流向图

(3) 检验初始流向图有无迂回现象。检查里、外圈流向线长,看是否超过全圈(封闭回路线)总长的 1/2:如果超过就表明有迂回现象,需要进行优化调整;如果不超过,就表明无迂回现象,为最佳方案。

$$总长\ d = 10+20+30+40+50+60 = 210$$
$$d_{内} = 10+40 = 50 < d/2$$
$$d_{外} = 20+50+30 = 100 < d/2$$

所以,初始流向图为最佳流向图,此方案为最佳方案。

(4) 绘制产销平衡表,如表 3-3 所示。

表 3-3 产销平衡表(2)

需求地 供应地	B_1	B_2	B_3	产量
A_1	5	10		15
A_2	5		5	10
A_3			25	25
需要量	10	10	30	

此时,总运输吨千米 = 10×20+5×10+5×30+5×40+25×50 = 1 850(吨千米)

2. 表上作业法

表上作业法是用列表求解线性规划问题中的运输模型的计算方法。它是根据建立的供需模型,把物资调运最优方案的确定过程在物资调运平衡表上进行调运的一种方法。

表上作业法的基本步骤为:

(1) 确定初始基本可行解(即确定一个初始调运方案),按最小元素法制订初始运输方案。最小元素法的基本思想就是就近供应,即从单位运价表中按"最低运价优先供应"的原则开始确定产销关系,并以此类推,直到给出初始运输方案为止。

(2) 根据一个判定法则,求检验数并判定是否得到最优解。判别的方法是计算非基变量即空格的检验数,因运输问题的目标函数是要求实现最小化,所以当所有的非基变量检验数全都大于等于 0 时为最优解。

这里介绍运用"闭回路法"计算空格检验数。在给出初始调运方案的计算表上,从每一空格出发,找一条闭回路。它是以空格为起点,用水平线或垂直线向前划,每碰到一个数字格就转 90°后继续前进,直到回到起始空格处为止。

闭回路具有三个性质:①每个顶点都是转角点且有运量数字;②闭合回路是一条封闭

回路折线;③每一行(列)若有闭合回路的顶点,必定是两个。

(3)调整基变量,进行换基迭代,得到新的基本可行解(当判定初始调运方案不是最优方案时,利用换基迭代法对方案进行调整,得到新的调运方案,新方案通常比调整前的方案运输费用要少)。

(4)重复第(2)、(3)两步,调整,直至得到最优解。

(5)对于非最优解的调整,可以采用"闭回路法"和"位势法"。(限于篇幅,本书仅介绍"闭回路法")

例题 3-2

设某种产品有 A_1、A_2、A_3 三个供应地,以及 B_1、B_2、B_3、B_4 四个需求地,其供应量、需求量及单位产品运输费如表 3-4 所示。试求运输费用最低的合理调运方案。

表 3-4 某种产品的供应量、需求量及单位产品运输费用

供应地	需求地				供应量
	B_1	B_2	B_3	B_4	
A_1	3	11	3	10	7
A_2	1	9	2	8	4
A_3	7	4	10	5	9
需求量	3	6	5	6	20

【求解】

1.运用最小元素法求初始可行解

(1)找出最低运价,确定供求关系,采取就近最大量的供应,如表 3-5 和 3-6 所示。

表 3-5 最低运价

供应地	需求地				供应量
	B_1	B_2	B_3	B_4	
A_1	3	11	3	10	7
A_2	①	9	2	8	4
A_3	7	4	10	5	9
需求量	3	6	5	6	20

表 3-6 最低运价就近最大供应

供应地	需求地				供应量
	B_1	B_2	B_3	B_4	
A_1	3	11	3	10	7
A_2	①(3)	9	2	8	4
A_3	7	4	10	5	9
需求量	3	6	5	6	20

（2）划掉已满足要求的行或列数字，表示该行或列的需求已满足，不需要继续调运，如表 3-7 所示。

表 3-7 划掉运量满足的需求部分

供应地	需求地				需求量
	B_1	B_2	B_3	B_4	
A_1		11	3	10	7
A_2	①(3)	9	2	8	4
A_3		4	10	5	9
需求量	3	6	5	6	20

（3）在剩余的运价表中第一次重复（1）、（2）两个步骤，如表 3-8 所示。

表 3-8 运价就近最大供应

供应地	需求地				供应量
	B_1	B_2	B_3	B_4	
A_1		11	3	10	7
A_2	1(3)		②(1)		4
A_3		4	10	5	9
需求量	3	6	5	6	20

（4）在剩余的运价表中最后一次重复（1）、（2）两步，直到得到初始可行解，如表 3-9 所示。

表 3-9 调运的初始可行解

供应地	需求地				供应量
	B_1	B_2	B_3	B_4	
A_1			3(4)	10(3)	7
A_2	1(3)		2(1)		4
A_3		4(6)		5(3)	9
需求量	3	6	5	6	20

最终在产销平衡表上就可以得到一个初始调运方案。

初始方案的总运输费用为 $= 3×1+6×4+4×3+3×10+1×2+3×5 = 86$(元)

2. 运用"闭回路法"求空格检验数

(1) 画闭回路求 A_2、B_4 空格的检验数,如表 3-10 所示。

表 3-10 闭回路

供应地	需求地				供应量
	B_1	B_2	B_3	B_4	
A_1			3(4)	10(3)	7
A_2	1(3)		2(1)		4
A_3		4(6)		5(3)	9
供应量	3	6	5	6	20

首先对闭回路的各顶点标号,凡奇数顶点为正,偶数顶点为负,然后以各顶点的"单位运价"计算非基变量(即空格)的检验数。

根据上述规则,计算:$A_2B_4 = 8-10+3-2 = -1$;$A_1B_1 = 3-3+2-1 = 1$;$A_3B_1 = 7-5+10-3+2-1 = 10$;$A_1B_2 = 11-4+5-10 = 2$;$A_2B_2 = 9-4+5-10+3-2 = 1$;$A_3B_3 = 10-5+10-3 = 12$。

(2) 换基。当非基变量的检验数出现负值时,则表明当前的基本可行解不是最优解。在这种情况下,应对基本可行解进行调整,即找到一个新的基本可行解使目标函数值下降,这一过程通常称为换基。

经过上面的计算,$A_2B_4 = 8-10+3-2 = -1$,因此需要换基(所谓换基就是对基础调运方案进行调整)。换基方法如下:先选负检验数中最小者,作为进基变量进行换基。调整量大小等于偶数次拐点上的最小运输量,为了保证产销平衡,应使偶数次拐点的减少量等于奇数次拐点的增加量,如表 3-11 所示。

表 3-11 换基

供应地	需求地				供应量
	B_1	B_2	B_3	B_4	
A_1			3(4)	10(3)	7
A_2	1(3)		2(1)		4
A_3		4(6)		5(3)	9
需求量	3	6	5	6	20

具体调整方案是将 A_2B_3 处的调运量 1 调整到 A_2B_4 处,再从 A_1B_4 处以同等调运量调运到 A_1B_3 处,如表 3-12 所示:

表 3-12 调运的最终解

供应地	需求地				供应量
	B_1	B_2	B_3	B_4	
A_1			3(5)	10(2)	7
A_2	1(3)			8(1)	4
A_3		4(6)		5(3)	9
需求量	3	6	5	6	20

3. 计算调整后的空格检验数

运用"闭回路法"计算 $A_2B_3=2-8+10-3=1$;$A_1B_1=3-1+8-10=0$;$A_1B_2=11-4+5-10=2$;$A_2B_2=9-4+5-10=0$;$A_3B_1=7-5+8-1=9$;$A_3B_3=10-5+10-3=12$。所有空格检验数都大于或等于零。

4. 计算调整后的运输费用,确定最佳运输方案

如表 3-10 所示,调整后的运输费用 $=5\times3+2\times10+1\times3+8\times1+6\times4+3\times5=85$(元)。新方案的运输费用(85)小于初始方案的运输费用(86),所以新方案为最优方案。

最后的运输方案为:A_1 给 B_3 的供货数量为 5,给 B_4 的供货数量为 2;A_2 给 B_1 的供货数量为 3,给 B_4 的供货数量为 1;A_3 给 B_2 的供货数量为 6,给 B_4 的供货数量为 3。

本章小结

运输管理指产品从生产者手中到中间商手中,再到消费者手中的运送过程的管理,包括运输方式的选择、运输时间与路线的确定及运输费用的节约。本章首先介绍了运输的基本概念,重点分析了各种运输方式的优缺点;其次,在介绍运输管理基本概念的基础上,分析了运输方式选择的主要因素,总结了运输管理的八字原则;最后,运用图上作业法和表上作业法处理运输的合理化问题。

复习思考

1. 简述运输的主要方式,并对各种运输方式进行比较。
2. 简述运输管理的主要原则。

3. 计算题

• 图上作业法

某地区物资供应情况如图 3-9 所示,其中,○表示发运站(销货地),□表示目的地(接收货物地),线路间括号中的数字表示销货地与接货地之间的距离(单位:千米)。现要求确定物资调运最优方案。

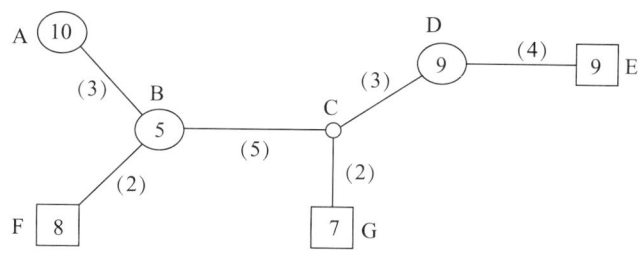

图 3-9 某地区物资供应情况

• 表上作业法

某种商品有三个产地,每天的供应量分别为:P_1 的供应量为 7 吨,P_2 的供应量为 4 吨,P_3 的供应量为 9 吨。要将这种商品分别运往四个地区销售,各地区每天的需求量为:M_1 的需求量为 3 吨,M_2 的需求量为 6 吨,M_3 的需求量为 5 吨,M_4 的需求量为 6 吨。各供应地和销售地的单位运价如表 3-13 所示。

表 3-13　单位运价表

单位:万元/吨

销售地 供应地	M_1	M_2	M_3	M_4
P_1	3	11	3	10
P_2	1	9	2	8
P_3	7	4	10	5

问:如何规划运输方案才能使运输费用最低?最低总运输费用是多少?

 案例讨论

某省中烟工业公司下辖两个独立法人的生产企业,它们分布在三个城市。经过整合,该省中烟公司的采购中心、技术中心、营销中心、生产中心的模式初步建立,并对原来企业的相关职能进行了规划,对供应物流、生产物流、销售物流进行了初步整合,实行统一管理。

经过调研得知,目前该省中烟公司的运输管理情况如下:

各个分厂的车辆管理权已经集中到物流中心,但是还由各个分厂自行管理,同时车辆的调度分属于不同的生产环节物流中心,各中心只进行车辆的基本管理,并没有从根本上掌握车辆具体的行驶状况。

运输的规划以满足生产为主,按照不同的运输功能设定不同的运输小组,如成品的运输专门安排成品运输组,但还没有达到按需制订车辆运输计划。

原材料的运输仍以各个分厂为主,缺少信息的沟通,车辆的返程空载现象十分普遍。

公司和各直属企业均具有较高的信息化水平,但物流信息系统的功能不够完善,数字化仓储、GPS运输调度等经典物流软件还没有使用;同时,各分厂的很多信息系统为不同的厂家所开发,各系统间相对独立。

资料来源:中国就业培训技术指导中心.国家职业资格二级(第2版)[M].北京:中国劳动社会保障出版社,2013.

案例分析题

请根据上述情况,指出某省中烟公司在运输管理方面存在的主要问题,并提出解决思路。

第四章　仓储管理

知识目标

了解仓储的定义及主要作用；

了解仓储的主要设备、设施；

熟悉仓储的作业流程和原则；

熟悉库存管理的主要任务。

技能目标

运用 ABC 分类法进行仓储管理；

运用经济订购批量解决订购问题。

引导案例

一汽大众的"零库存"

一汽大众汽车有限公司(以下简称"一汽大众")于 1991 年 2 月 6 日成立,是由中国第一汽车集团公司和德国大众汽车股份公司、奥迪汽车股份公司及大众汽车(中国)投资有限公司合资经营的大型乘用车生产企业。经过多年的不断发展,一汽大众在长春和成都共有两大生产基地,包括轿车一厂、轿车二厂、轿车三厂(成都分公司)和发动机传动器厂。

"零库存"是现代物流中的管理理念,其实质是在保证供应的前提下,实现库存费用最低的一种管理方式,最终实现整体物流成本最小化的目标。降低库存水平并非降低供应保证程度,而是运用各种技术手段,实现更高水平的准时供应。

一汽大众"零库存"的主要实现方法包括进货的"零库存"处理和在制品的"零库存"

管理。

1. 进货的"零库存"处理流程

一汽大众的零部件的送货形式有三种：

第一种是电子看板，即公司每月把生产信息用扫描的方式通过电脑网络传送到各供货厂，对方根据这一信息安排自己的生产，然后公司按照生产情况发出供货信息，对方则马上用自备车辆将零部件送到公司各车间的入口处，再由入口处分配到车间的工位上。

第二种叫做"准时化"，即公司按整车顺序把配货单传送到供货厂，对方也按顺序装货直接把零部件送到工位上，从而取消了中间仓库环节。

第三种是小批量进货，供货厂每月分批量地把那些不影响大局又没有变化的小零部件送1—2次。过去仓库里堆放着大量的零部件，货架之间只有供叉车勉强往来的过道，大货车根本开不进来，不仅每天上架、下架、维护、倒运需要消耗大量的人力、物力和财力，而且储存、运送过程中总要造成一定的货损货差。现在每天平均2个小时要进一次货，零部件的存储时间一般不超过1天。订货、生产零件、运送、组装等全过程都处于小批量、多批次的有序流动当中。

2. 在制品的"零库存"管理

一汽大众很注重在制品的"零库存"管理，在该公司流行着这样一句话：在制品是万恶之源，用以形容大量库存带来的种种弊端。在生产初期，捷达车的品种比较单一，颜色也只有蓝、白、红三种。公司生产全靠大量的库存来保证。随着市场需求的日益多样化，传统的生产组织方式面临着严峻的挑战。

在整车车间，生产线上每辆车的车身上都贴着一张生产指令表，零部件的种类及装配顺序一目了然。计划部门控装车顺序通过电脑网络向各供货厂下计划，供货厂按照顺序生产、装货，生产线上的工人按顺序组装，一伸手拿到的零部件保证就是他正在操作的车上的。物流管理就这样使原本复杂的生产变成了简单而高效的"傻子工程"。令人称奇的是，整车车间的一条生产线过去仅生产一种车型，其生产现场已经拥挤不堪，如今在一条生产线上同时组装2—3种车型的混流生产线，却不仅做到了及时、准确，而且生产时间比原先节约了近10%。此外，零部件的存储减少了，公司每年节约的成本达六七亿元人民币，同时，供货厂也减少了30%—50%的在制品及成品储备。

资料来源：李岩琼.浅析一汽大众公司的零库存模式[J].东方企业文化，2014(15).

思考

结合案例阐述一汽大众"零库存"的成功经验。

4.1 仓储概述

4.1.1 仓储的概念

中华人民共和国国家标准《物流术语》(GB/T 18354—2006)对仓储的定义为:"利用仓库及相关设施设备进行物品的入库、存贮、出库的作业。""仓"即仓库,是存放、保管、储存物品的建筑物和场地的总称,它可以是房屋建筑、洞穴、大型容器或特定的场地等,具有存放和保护物品的功能;"储"即储存、储备,表示收存以备使用,具有收存、保管、交付之意。因此,仓储通常指通过仓库等相关设施、设备对物品的储存与保管。

4.1.2 仓储的作用

与运输一样,仓储是物流过程中最主要的增值活动之一,具有十分重要的地位。

1. 仓储的正作用

(1) 仓储是物流的主要功能元素之一,承担着改变物品时间状态的重任。时间效用指同种"物"由于时间状态不同,其价值发挥到最佳水平,进而最大限度地提高产出的投入。通过仓储,"物"在效用最高的时候发挥作用,就能充分发挥其潜力,实现时间的优化配置。总而言之,仓储可以借由改变物品的时间状态来创造时间价值。在现代物流中,这一点在仓储具有的调节供需功能、投机性购买、规避风险的购买等作用中得以体现。

(2) 仓储是整个物流业活动的必要环节之一。这具体体现在以下三个方面:①仓储在生产物流中具有重要作用。生产的过程总是一道工序接着一道工序,其间,必然有停顿。以生产原材料的准备为例,半成品总要达到一定批量之后,才能经济合理地送到下一道工序,而下一道工序为了保持持续增长也总要有一些储备,于是仓储就成为使生产正常化的必要条件。②衔接生产与消费的时间上的背离。生产与消费之间有着一定的时间间隔。在绝大多数情况下,今天生产的商品,不可能马上就被卖掉。而有的商品生产与消费的时间跨度更大,如:空调的生产是在春秋冬季,为空调使用的淡季,而销售的旺季是在夏季。此时,仓储便发挥了储存成品、调节生产和消费时间背离的作用。③克服生产与消费地理上的差异。与"生产和消费的时间背离"相似,生产和消费之间也存在地理上的差异。多数商品的生产为了达到资源的最佳配置分散在各地,而消费可能不都在产地。因此,仓储发挥了克服生产与消费地理上的差异的作用。

2. 仓储的逆作用

仓储在现代物流中具有双面性,既可发挥正作用,同时也有逆作用,主要表现在资金的占用与停滞上。①固定费用和可变费用的支出。仓储要求企业在仓库建设、管理、仓库工作人员工资即福利等方面支出大量费用,从而大大增加了物流成本,这样一来物流成本支出就如同大海中的冰山一般,显露出来的只是其中一角,往往很容易被忽视。②机会损失。储存的物资并非流动物资,所以涉及资金的占用。如果这些资金及利息被用于其他方面,或许有更大的收益。③仓储作业费。包括进货、验货、保管、发货、搬运等工作花费的费用等。④仓储与物流运输环节的矛盾。众所周知,物流由运输、储存、装卸搬运、包装、流通加工、配送、信息处理等基本功能组成,各环节相互联系、相互影响。一般来说,仓储环节与运输环节的效率曲线不是同向的。仓储货物的数量越多,则效率越高;而对运输而言,要想其效率越高,就要保证每次运送的货物越多。但实际情况是,如果仓储货物的数量多、效率高,相应的运输量就必然减少,效率也会下降。如此一来,两者之间就必然存在矛盾。

4.1.3 仓储的主要设备设施

1. 仓库

仓库是储存保管货物的建筑物和场所的总称。仓库最基本的功能是储存货物,并对储存的货物实施保管和控制。

(1) 按照仓库的用途进行分类。按照仓库在商品流通过程中所起的作用可以分为以下几种:①批发仓库。批发仓库主要是用于储存从采购供应仓库调进或在当地收购的商品,此类仓库一般靠近商品销售市场,规模同采购供应仓库相比一般要小一些,它既从事批发供货,也从事拆零供货业务。②采购供应仓库。采购供应仓库主要用于集中储存从生产部门收购的和供国际进出口的商品,此类仓库一般设在商品生产比较集中的大、中城市,或商品运输枢纽的所在地。③加工仓库。具有产品加工能力的仓库一般被称为加工仓库。④中转仓库。中转仓库处于货物运输系统的中间环节,用于存放那些等待转运的货物,货物一般在此仅作临时停放。此类仓库一般设置在公路、铁路的场站和水路的港口码头附近,以方便货物的装运。⑤零售仓库。零售仓库主要用于为商业零售业作短期储货,一般是提供店面销售。此类仓库的规模较小,所储存物资周转速度快。⑥储备仓库。此类仓库一般由国家设置,以保管国家应急的储备物资和战备物资。货物储存时间一般比较长,并且储存的物资会定期更新,以保证物资的质量。⑦保税仓库。保税仓库指为满足国际贸易的需要,设置在一国国土之上,但在海关关境以外的仓库。外国企业的货物可以免税进出这类仓库来办理海关申报手续,而且经过批准后,可以在保税仓库内对货物进行加工、存储等作业。

（2）按照仓库的构造进行分类:①单层仓库。单层仓库是最常见的,也是使用最广泛的一种仓库建筑类型,如图4-1所示。这种仓库只有一层,其主要特点是:设计简单,投资少;搬运、装卸货物比较方便;使用和维护较方便等。②多层仓库。多层仓库一般占地面积较小,其一般建在人口稠密、土地使用价格较高的地区,由于是多层结构,因此,一般使用垂直输送设备搬运货物,如图4-2所示。多层仓库的主要特点是:仓库布局比较灵活;有利于库房的安全和防火;建筑成本可以控制在有效范围内等。多层仓库一般经常用来储存城市日常用的高附加值的小型商品。③立体仓库。立体仓库又称高架仓库,如图4-3所示。它也是一种单层仓库,但同一般的单层仓库的不同之处在于它利用高层货架储存货物,而不是简单地将货物堆积在库房地面上。在立体仓库中,由于货架一般较高,所以,货物的存取需要采用与之配套的机械化、自动化设备,在存取设备自动化程度较高时也将这样的仓库称为自动化仓库。④筒仓。筒仓是用于存放散装的小颗粒或粉末状货物的封闭式仓库,如图4-4所示。这种仓库一般被置于高架上,经常用来存储粮食、水泥和化肥等。⑤露天堆场。露天堆场是用于在露天堆放货物的场所,一般存储大宗原材料,或者不怕受潮的货物。

图4-1 单层仓库

图4-2 多层仓库

图 4-3　立体仓库　　　　　　　　图 4-4　筒仓

（3）按保管货物的特性进行分类：①原材料仓库。原材料仓库是用来储存生产所用的原材料，此类仓库的面积一般较大。②产品仓库。产品仓库的作用是存放已经加工完成的产品，但这些产品尚未进入流通区域，此类仓库一般附属于产品生产工厂。③冷藏仓库。冷藏仓库用来储藏需要进行冷藏储存的货物，一般多为农副产品、药品等对于储存温度有要求的物品。④恒温仓库。和冷藏仓库一样，恒温仓库也是用来储存对于储藏温度有要求的产品。⑤危险品仓库。顾名思义是用于储存危险品的，危险品由于可能对人体以及环境造成危险，因此在此类物品的储存方面一般会有特定的要求，例如许多化学用品就是危险品，对于它们的储存都有专门的条例。⑥水面仓库。对于像圆木、竹排等能够在水面上漂浮的物品来说，它们可以储存在水面上。

（4）按照仓库的隶属关系进行分类：①自用仓库。自用仓库指某个企业建立的供自己使用的仓库，此类仓库一般由企业自己进行管理。②公用仓库。这是一种专业从事仓储经营管理的、面向社会的、独立于其他企业的仓库。

2. 货架

在仓库设备中，货架是专门用于存放成件物品的保管设备。货架在仓库中占有非常重要的地位，随着现代工业的迅猛发展、物流量的大幅度增加，为实现仓库的现代化管理以及改善仓库的功能，不仅要求货架数量多，而且要求其具有多功能，并能实现机械化、自动化。

（1）按照货架结构进行分类：①横梁式仓库货架。此类货架存取快捷、方便，保证任何物品都先进先出，无叉车类型的限制，取货速度较快，空间利用率为30%—50%（由叉车的类型决定），如图4-5所示。②通廊式仓库货架。此类货架为高密度储存，物品为先进后出，部分按单取货，20%—30%可选，取货的速度一般，储货净空间可达整个仓库的

60%,如图4-6所示。③重力式仓库货架。此类货架是高密度、高效率地储存货物的理想之选,采用自由出入式设计,存货流转率极高,按单取货,取货快捷,具有良好的地面利用率,储货净空间占整个仓库的60%,如图4-7所示。④阁楼式仓库货架。阁楼式货架是用货架做楼面支撑,可设计成多层楼层(通常为2—3层),设置有楼梯和货物提升电梯等,适用于库房较高、货物轻小、人工存取的状况。储货量大的情况下多使用提升机和液压升降平台,如图4-8所示。⑤悬臂式仓库货架。此类货架适用于储存长而不规则的物件,如各类管道软管及钢材钢板等,如图4-9所示。⑥电控移动型货架。每一组货架均可由电力(机械)驱动单独地在轨道上移动,用一条通道能解决6、8、10组或更多货架的作业。启动按钮即可驱动货架,并开启所需的通道,如图4-10所示。

图4-5 横梁式仓库货架

图4-6 通廊式仓库货架

图4-7 重力式仓库货架

图 4-8　阁楼式仓库货架

图 4-9　悬臂式仓库货架

图 4-10　电控移动型货架

（2）按照货架载重进行分类：①轻型仓库货架（参见图4-11）。此类货架是插接组合式结构，标准组插件，不用一颗连接螺栓，拆装方便快捷，超强型闭口钢层板结构，层高可调整，调距为50毫米，每层最大载重150—250千克。②中型仓库货架（参见图4-12）。此类货架采用横梁与层板结合的结构形式，可承载300—500千克。横梁有多种规格的断面，结构件均可自由装拆，层高可调整，调距为50毫米。③重型仓库货架（参见图4-13）。此类货架采用横梁与立柱相结合的结构形式，单层随重可达1—3吨，可存放托盘，也可配置层板使用，货架可自由拆装，层高可调整，调距为75毫米。

图 4-11　轻型仓库货架

图 4-12　中型仓库货架

第四章　仓储管理　59

图 4-13　重型仓库货架

4.2　仓储作业流程

4.2.1　仓储作业流程

按照作业过程来划分,仓储的作业流程主要包括物品入库、物品保管保养和物品出库三个阶段。

1. 物品入库

物品入库指仓储管理人员根据入库凭证或供货合同的规定,接收承运单位或供货商运到仓库的物品,并对货物进行验收、记账及建立货物档案。物品入库工作是进行仓储过程管理的基础,主要由接运、验收和入库交接三个环节构成,具体流程如图 4-14 所示。

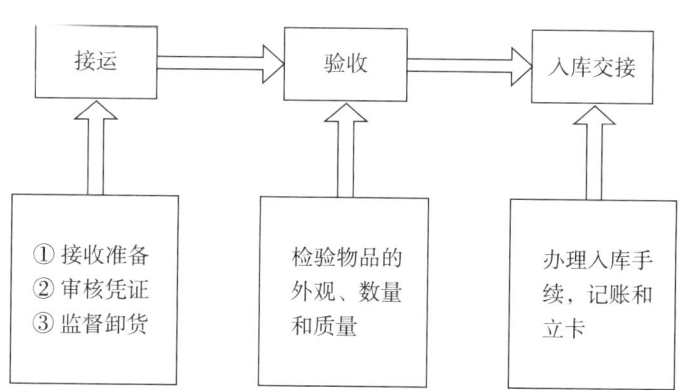

图 4-14　物品入库作业流程

2. 物品保管保养

物品保管保养指仓储管理人员对验收合格的物品进行科学储存规划、堆码苫垫、清仓盘点、维护保养等作业的过程。物品保管保养阶段的关键作业是制定物品分类储存规划和对不同性质的物品采取有效的保管保养措施。做好物品保管保养工作,对于物品的合理储存,提高仓库利用率和作业效率,确保物品数量准确、质量完好有着十分重要的意义。物品保管保养的作业流程如图4-15所示。

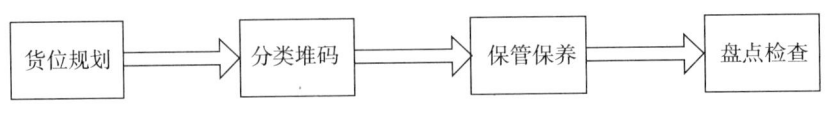

图 4-15　物品保管保养作业流程

3. 物品出库

物品出库指仓储管理人员根据货主或者业务部门的出库指令(如提货单等),对物品进行备料、复核、包装和发货等作业过程。物品出库的作业流程如图4-16所示。

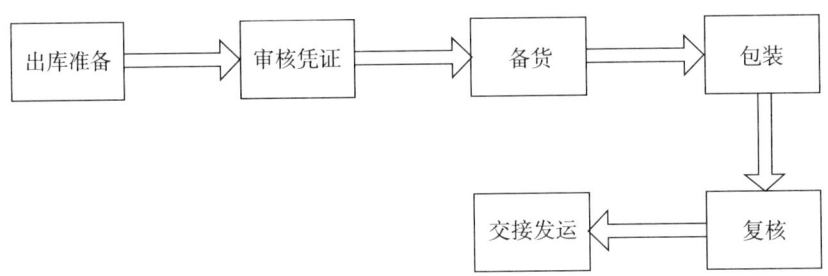

图 4-16　物品出库作业流程

4.2.2　仓储作业原则

仓储作业是一个综合复杂的过程,如何使仓储合理化,保证仓储货物的质量,提高仓储效率,是物流研究很重要的一个内容。一般认为仓储作业必须遵循保证质量、讲究科学、提高效益、预防为主等原则,还具体包括以下十大原则。

1. 面向通道原则

为使货物出入库方便,同时便于管理者上架存放和取出物品,提高仓储效益,货物在仓库的码放、货架的朝向都应面对通道,这个原则同图书馆的书架、藏书都必须面向通道存放是一个道理。

2. 高层堆码原则

为了有效利用仓库容积,提高仓库的仓容利用率,应尽可能地将货物向高处码放。遵循这一原则必须考虑货物的重量、包装的抗压能力及仓库地面的承受力,一般为了保障安全,会尽可能地采用货架保管货物。

3. 先入先出原则

为了防止货物因保管时间过长而发生变质、破损、老化等,应遵循先入库货物先出库的原则,加快库存的周转速度。特别是随着商品多样化、个性化的增强,以及更新换代的速度加快,贯彻这一原则更为重要。

4. 回转对应原则

根据货物出库的频率选定在仓库的存储位置,即将出货和进货频率高的物品放在靠近仓库出入口处,便于作业。流动性较差的物品如耐用品放在距离仓库出入口稍远的地方。季节性物品依据季节特性选定放置的场所,如电风扇等夏季用品在春夏两季放在离仓库出入口较近的位置,而在秋冬季就可以和电暖气交换位置,放在离仓库出入口较远的位置。

5. 同一性原则

为了提高仓储作业的效率和保管的便利性,相同品种的货物尽可能放在同一仓库、同一区域保管。由于管理人员熟悉物品位置,从而能够缩短出入库时间,提高效率。

6. 类似性原则

将类似物品放在相邻近的地方存储,以便货物的准确分类,从而提高仓储效益,如日用品应尽量放在一个库内或邻近库内。

7. 重量特性原则

根据物品重量安排存储的位置。一般是将重的货物放在下边,轻的放在上边。还可以根据货物重量的特性,选择货物存放的高度,较轻的货物存放在人体腰部以上的高度最方便拿取。

8. 形状特性原则

依据形状安排货物的仓储方式,标准的形状一般可以向高处码放,或放在标准货架上,而非标准的形状,需要根据具体的形状决定码放方式。

9. 位置标示原则

为了便于货物的查找,提高出入库效率,存放货物的场所需要有明确的标识,在国外常采用不同颜色进行标示,以有序放置和有效区分,灵活利用不同货架、货仓的位置。

10. 关联性原则

根据货物出入库记录,预测出入库货物的关联性,将相关联的货物存放在邻近的区域内。

在仓储作业中除了遵循上述基本原则,还必须根据货物的特点及本身的物理、化学性质,确定仓储的方式并采取必要的养护手段,因为仓储商品即使不使用也会产生损耗。按损耗的原因可分为异常损耗和自然损耗。所谓异常损耗是指由于非正常原因,如对商品存储不善、装卸搬运不当、管理制度不严所造成的;自然损耗是商品在仓储过程中,由于自然因素的影响,本身发生物理和化学变化,造成不可避免的自然减量,主要表现为:干燥、风化、挥发、黏结、散失、破碎等。为此,物流仓储活动需要研究商品的质量变化,了解商品质量变化的规律及其影响因素,确保商品安全,防止和减少商品各种损耗或损失的发生。

4.3 库存管理

4.3.1 库存管理的概念

库存管理指在物流过程中对企业存货的计划、组织、协调与控制。库存管理的内容主要包括两个方面,即库存信息管理和在此基础上的决策与分析。库存信息管理既包括库存货物本身的信息,如存货的种类、名称、数量、质量等,也包括存货有关的业务信息,如存货的收发、盘点、运输等。存货决策包括存货购进和发出的时间、地点、存货的种类、数量、质量等。

库存管理的重要性主要体现在:

(1) 组织合理库存,可以减少国家财富的占用。处于库存过程的物资是无法增加价值的;相反,它是对用于生产的财富的一种扣除。这种库存过程占用的物资越多,用于生产的财富就越少。所以,进行合理库存,可以相对减少库存过程中的资金积压,从而增加用于生产的资金。

(2) 组织合理库存,可以缩短物资流通的周期,从而加速再生产的过程。由于流通时间是社会再生产时间的一个组成部分,而社会再生产时间等于生产时间和流通时间之和,所以,组织合理库存能够相对缩短物资在流通领域内停滞的时间,加快物资周转,从而加速整个社会再生产的过程。

(3) 组织合理库存,可以减少费用支出,为国家积累资金。组织合理库存可以加快物资周转速度,减少流通资金占用,从而节约银行利息支出;还可以减少库存数量和时间,降低库存过程中的保管费和损耗,有利于降低物流费用,提高经济效益。

(4) 组织合理库存,可以减少不必要的中转环节,避免迂回倒流运输。

4.3.2 库存管理的任务

组织物资库存对生产和流通领域都是非常重要的。对生产部门来说,就是要有足够的生产资料储备,以保证生产的连续进行。对流通部门来说,就是要适当储备一些商品,以保证市场供应不致中断,及时满足人民的生活需要。库存应以保证商品流通和社会再生产的需要为限度,只有这样,库存才是正常的。库存量并不是越多越好,也不是越少越好,多了会造成积压,少了又会脱销,影响生产和人民生活,因此要求进行合理的库存管理。

1. 合理库存的基本内容

(1) 合理的库存量。合理的库存量指在新的商品(或生产资料)到来之前,能保证在此期间商品(或生产资料)正常供应的数量。合理的库存量必须以保证商品流通的正常进行为前提。影响合理库存量的主要因素如下:①市场需求量。库存量与市场需求有直接关系,为了满足消费的需要,要求有相应数量的商品,随时可投放市场。在其他条件不变的情况下,库存量与市场需求量成正比。②商品再生产时间。库存量必须与再生产时间相适应。在其他条件不变的情况下,库存量与再生产周期成正比。③交通运输条件。商品从生产领域进入消费领域,需要借助运输工具,耗费运输时间,交通运输发达的地区和不发达的地区,其在途中的时间往往相差很大。④管理水平和设备条件。库存量的大小也受企业本身条件的限制,除管理水平和设备条件外,进货渠道、中间环节、进货时间等,都会影响商品库存量。

(2) 合理的库存结构。合理的库存结构指商品的不同品种、规格之间库存量的比例关系。社会对商品的需求不仅包括供应总量的满足,还要有品种、规格的多样性,同时其要求的结构也处在不断变化之中。所以,在确定合理库存数量的同时,还必须考虑不同商品品种、规格在库存中的合理比例关系,以及市场变化的情况,以便确定合理的商品库存结构。

(3) 合理的库存时间。一方面,库存时间受商品销售时间的影响。商品销售得快,库存时间就短;商品销售得慢,库存时间就长,甚至积压在库。所以,物流部门要随时了解生产、销售情况,促进生产、扩大销售、加速周转。另一方面,库存时间还受物品的物理、化学、生物性能的影响。超过物品本身自然属性所允许的库存时限,物品会逐渐失去其使用价值。因此,库存的时间还必须以保证物品安全,减少损失、损耗为前提。

(4) 合理的库存网络。仓库网点的合理布局,也是合理库存的一个重要条件。就流通领域而言,在商品流通过程中,商业批发企业和零售企业为了完成销售任务,会分别存放一定数量的商品。由于批发企业和零售企业的经营特点与供应范围不同,对批发环节和零售环节的库存要求也有所不同。批发企业一般担负着经济区的供应任务,它要依靠一定的库存来调剂市场,起到"蓄水池"的作用。所以,批发环节的库存要大,要合理设置库存网点。零售企业处于流通渠道末端,网点分散,销售量小,因而在零售环节一般附设

小型仓库,勤进快销,加速周转。就生产领域而言,物资主要是分散储存在各工厂的仓库里,库存应适量,不宜过多,以免造成原材料大量积压。

2. 库存不合理的原因

库存不合理的原因主要包括:

(1) 营业部门对于订货的预测出现偏差,如对未来经济变动预测不准确造成的订货变更、延期或中止;

(2) 组织设计管理部门计划不准确,如设计技术的不成熟、不准确,造成对需求数量的把握出现偏差;

(3) 库存管理方法落后,管理水平低下,人员素质低等;

(4) 采购部门业务组织不严谨,时间把握不准确;

(5) 制造管理组织不周或工艺有问题,造成半产品或原材料的积压;

(6) 由于进出货时间不准确,生产计划粗糙,导致库存不合理。

由此可见,库存增加不仅是库存管理部门的原因,与企业其他部门也有密切的联系。因此,组织合理化库存,降低物流成本需要企业所有部门的协调配合。

3. 库存管理的目的

通过对导致库存不合理的因素进行分析,库存管理的主要目的可以归纳为:

(1) 有效地运用资金;

(2) 以最小的库存量促进销售活动;

(3) 准确把握库存现状,合理组织进货,防止生产中缺货;

(4) 节约库存费用;

(5) 缩短进货时间;

(6) 改善物料搬运活动;

(7) 做好库存管理工作,有效利用库存空间。

4. 库存管理的评价指标

库存管理的评价指标用库存周转率表示,指一定期间内(一年或半年)库存周转的次数。库存周转率是衡量库存管理水平的重要指标,某种意义上讲,企业的利益是由库存周转率控制的。库存周转率高,则同样的资金可以获得更高的利润率;但过高的库存周转率,会增加缺货机会,加大采购成本和理货成本。因此,在提高库存周转率的同时,应避免单纯追求过高的库存周转率。

库存周转率的表示方式:

库存周转率＝年销售额/年平均库存额＝年销售额×2/(年初库存+年末库存)

库存周转率＝一定期间内出库的金额/一定期间内平均库存额

＝一定期间内库存金额×2/(期初库存额+期末库存额)

库存周转速度可以用周转率(次/年)表示，也可以用周转期间(月数)表示，两者的关系是：库存周转期间(月数)＝12/年库存周转率

提高库存周转率对加快资金周转、提高资金利用率有积极的作用。企业可以通过重点控制年耗用高的物品、及时处理过剩物料、合理确定进货批量和削减滞销存货等措施提高库存周转率。

4.4 库存管理的基本方法

4.4.1 分类法

ABC分类库存控制法(Activity Based Classification，以下简称"ABC分类法")是库存管理中常用的分析方法，其将物品按品种和占用资金的多少分为特别重要的库存(A类)、一般重要的库存(B类)和不重要的库存(C类)三个等级，然后针对不同等级分别进行管理与控制。

ABC分类法包括两大步骤：一是如何进行分类，二是如何进行管理。

1. 分类

对库存物资通常按库存物资所占总库存资金的比例和所占总库存品种数量的比例这两个指标分类。表4-1反映了A、B、C这三类物资占总库存资金和总库存品种数量比例的一般情况。

表4-1 ABC分类的库存结构

单位：%

类别	所占总库存资金的比例	所占总库存品种数量的比例
A	60—80	5—20
B	10—15	20—30
C	0—15	60—70

2. 管理

在上述分类的基础上，对不同级别的库存实行不同的管理和控制。对三类库存物资的管理和控制要求具体如表4-2所示。

表4-2 ABC分类的库存管理

项目/级别	A	B	C
控制程度	严格控制	一般控制	简单控制
库存量计算	依库存模型详细计算	一般计算	简单计算或不算
进出记录	详细记录	一般记录	简单记录
库存检查频率	密集	一般	较低
库存量	低	较大	大量

ABC分类法通过分析将"关键的少数"找出来,并确定与之适应的管理方法。这就使人们更容易排除假象而认识到事物的本质,更容易排除主观随意性而客观地认识问题。从实践来看,在库存管理中应用ABC分类法取得了以下成效:一是压缩了总库存;二是大大减少了被占用的资金;三是使库存合理化;四是节约了管理资源。

例题 4-1

某企业现有10种商品的库存,有关资料如表4-3所示,为了对这些库存商品进行有效的控制和管理,该企业打算根据商品的投资大小进行分类。

（1）请根据ABC分类法将这些商品分为A、B、C三类。

（2）请说明A类库存物资的管理方法。

表4-3 某企业的商品库存

商品编号	单价（元）	库存量（件）
a	4.00	300
b	8.00	1 200
c	1.00	290
d	2.00	140
e	1.00	270
f	2.00	150
g	6.00	40
h	2.00	700
i	5.00	50
j	3.00	2 000

【求解】

（1）根据ABC分类法的分类规则,确定三类商品的相关数据。

A类:资金金额占总库存资金总额的60%—80%,品种数量占总库存品种数量的5%—20%;

B类:资金金额占总库存资金总额的10%—15%,品种数量占总库存品种数量的20%—30%;

C类:资金金额占总库存资金总额的0—15%,品种数量占总库存品种数量的60%—70%;

根据已知数据,按照商品所占金额从大到小的顺序排列(首先要把10种商品各自的金额计算出来),计算结果如表4-4所示。

表4-4 某企业的商品库存及占比情况

商品编号	单价(元)	库存量(件)	金额(元)	金额累计(元)	占全部金额的累计比例(%)	占全部品种的累计比例(%)
b	8.00	1 200	9 600	9 600	48.4	10
j	3.00	2 000	6 000	15 600	78.7	20
h	2.00	700	1 400	17 000	85.7	30
a	4.00	300	1 200	18 200	91.8	40
f	2.00	150	300	18 500	93.3	50
c	1.00	290	290	18 790	94.8	60
d	2.00	140	280	19 070	96.2	70
e	1.00	270	270	19 340	97.5	80
i	5.00	50	250	19 590	98.8	90
g	6.00	40	240	19 830	100	100

根据以上表格的计算结果,按照ABC分类法,可以对此企业的10种商品库存进行如下分类,如表4-5所示。

表4-5 某企业商品库存的ABC分类

分类	每类金额(元)	库存品种数量百分比(%)	占用金额百分比(%)
A类:b,j	15 600	20	78.7
B类:h,a	2 600	20	13.1
C类:f,c,d,e,i,g	1 630	60	8.2

(2)对于A类库存,即对b和j两种商品,企业需对它们定期进行盘点,详细记录及经常检查分析货物使用、存量增减和品质维持等信息,加强进货、发货、运送管理,在满足企业内部需求和客户需求的前提下,维持尽可能低的经常库存量和安全库存量;同时加强与供应链上下游企业的合作来控制库存水平,既要降低库存,又要防止缺货,并加快库存周转。

4.4.2 定量订货法

1. 定量订货法的含义

定量订货法是指当库存量下降到预定的最低库存量(订货点)时,按规定数量(一般以经济订购批量为标准)进行订货补充的一种库存控制方法。因此,实施定量订货法需要确定两个控制参数:一个是订货点,即订货点库存量;一个是订货数量,即经济订购批量。

- 订货点的确定

影响订货点的因素有三个:订货提前期、平均需求量和安全库存。

(1) 在订货提前期和平均需求量确定的情况下,不需要设安全库存,这时订货点:

$$R = \text{LT} \times D / 365 \qquad (4-1)$$

式(4-1)中,R 是订货点的库存量;LT 是订货提前期,即从发出订单至该批货物入库间隔的时间;D 是该商品的年需求量。

例题 4-2

某仓库每年出库商品 18 000 箱,订货提前期为 10 天,试计算订货点。

【求解】

$R = \text{LT} \times D / 365 = 10 \times 18\ 000 / 365 \approx 493(箱)$

(2) 在订货提前期和平均需求量不确定的情况下,需要设安全库存,这时订货点:

$$R = \text{LT} \times D / 365 + S \qquad (4-2)$$

式(4-2)中,R 是订货点的库存量;LT 是订货提前期,即从发出订单至该批货物入库间隔的时间;D 是该商品的年需求量;S 是订货周期加提前期内的需求变动的标准差。

- 订货批量的确定

在定量订货中,对每一个具体的品种而言,每次订货批量都是相同的,所以对每个品种都要制定一个订货批量,通常以经济订购批量作为订货批量。

所谓经济订购批量(Electronic Ordering Quantity,EOQ),指库存总成本最小时的订货量。

下面以理想状态下物资最佳订货批量模型为例,说明经济订购批量的确定方法。假设每次订货的订货量相同,订货提前期固定,需求固定不变,则在不允许缺货,也没有数量折扣等因素影响的情况下,应有如下公式:

库存物资的年度总费用(TC) = 采购成本(DP) + 订购成本(DC/Q) + 库存保管费用(QK/2) $\qquad (4-3)$

若要使 TC 最小,则应对式(4-3)中的 Q 求导:$0 = 0 - DC/Q^2 + K/2$

得出经济订购批量 $EOQ = \sqrt{2DC/K}$ 或 $EOQ = \sqrt{2DC/PF}$ (4-4)

式(4-4)中:D 是某库存物品年需求量(件/年);Q 是每次订货批量;P 是单位采购成本(元/件);K,PF 是单件库存的平均年库存保管费用(元/件年);DC 是单位订货成本(元/件);F 是单件库存保管费用与单件库存平均成本之比。

例题 4-3

某公司某种物品库存的有关信息如下:年需求数量 3 600 吨,购买价格为 25 元/吨,年储存费率为 16%,每次订购费用 50 元,公司设定的安全库存量为 200 吨,订货提前期 10 天。

计算:(1) 此种物品的经济订购批量;

(2) 应为存货准备的资金;

(3) 订货间隔周期(注:每年按 360 天计算)。

【求解】

(1) $EOQ = \sqrt{2DC/K} = \sqrt{2 \times 3\ 600 \times 50 / 25 \times 0.16} = 300$(吨)

(2) 需求资金量 =(采购批量+安全库存)×单价

              = (300+200)×25

              = 12 500(元)

(3) 每年订货次数 = 3 600/300 = 12(次)

订货间隔周期 = 360/每年订货次数 = 360/12 = 30(天)

2. 定量订货法的优缺点

(1) 定量订货法的优点有:①控制参数一经确定,则实际操作就简单多了,实际操作中经常采用"双堆法""三堆法"进行处理;②当订货量确定后,商品的验收、入库、保管和出库业务可以利用现有规格化方式进行计算,可有效节约搬运、包装等方面的作业量;③充分发挥经济批量的作用,可降低库存成本,节约费用,提高经济效益;④能够经常掌握库存动态,需要时就及时订货,不易出现缺货的状况。

(2) 定量订货法也有其缺点,主要有:①必须不断地核查库存量,占用了一定的人力和物力;②订货时间不能预先确定,难以编制周密的采购计划,不利于对人员、资金、工作业务实行计划安排;③受单一订货的限制,很难实现多品种联合订货,也无法得到合并订货的折扣。

4.4.3 定期订货法

1. 定期订货法的含义

定期订货法是按预先确定的订货时间间隔按期进行订货,以补充库存的一种库存控制方法。其决策思路是:每隔一个固定的时间周期检查库存项目的储备量。根据盘点结果与预定的目标库存水平的差额确定每次订购批量。

实施定期订货法需要确定两个控制参数:一是订货周期,二是目标库存水平。

(1) 订货周期。订货周期一般根据经验确定,主要考虑制订生产计划的周期时间,常取月或季度作为库存检查周期,但也可以借用经济订货批量的计算公式确定使库存成本最小的订货周期。

$$订货周期 = 1/订货次数 = Q/D \quad (4-5)$$

式(4-5)中,Q 为每次订货量,D 为需求量。

(2) 目标库存水平。目标库存水平是满足订货周期加上提前期的时间内的需求量。它包括两部分:一部分是订货周期加提前期内的平均需求量,另一部分是根据服务水平保证供货的保险储备量。

$$Q_0 = (T+L) \times r + Z \times S_2 \quad (4-6)$$

式(4-6)中,T 为订货周期;L 为订货提前期;r 为平均日需求量;Z 为服务水平保证的供货概率,查正态分布表对应的 t 值;S 是订货周期加提前期内的需求变动的标准差。若给出需求的日变动标准差 S_0,则 $S_2 = S_0\sqrt{T+L}$。

依据目标库存水平可得到每次检查库存后提出的订购批量:

$$Q = Q_0 - Q_t \quad (4-7)$$

式(4-7)中,Q_t 是在第 t 期检查时的实有库存量。

例题 4-4

某货品的需求率服从正态分布,其日均需求量为 200 件,标准差为 25 件,订购的提前期为 5 天,要求的服务水平为 95%,每次订购成本为 450 元,年保管费率为 20%,货品单价为 1 元,企业全年工作 250 天,本次盘存量为 500 件,经济订货周期为 24 天。请计算目标库存水平与本次订购批量。

【求解】

$(T+L)$期内的平均需求量 $=(24+5)\times 200=5\ 800$（件）

$(T+L)$期内的需求变动标准差 $=S_0\sqrt{T+L}=25\sqrt{29}\approx 135$（件）

目标库存水平 $Q_0=5\ 800+1.96\times 135\approx 6\ 065$（件）

订购批量 $Q=6\ 065-500=5\ 565$（件）

2. 定期订货法的优缺点

（1）定期订货法的优点主要有：①可以多种物资合并订货，降低订货及运输费用；②无需每日盘点，到期才盘点；③有了订货周期，方便根据该周期制订计划。

（2）定期订货法的缺点主要有：①储备定额不一定经济；②若需求量变动大，如某个阶段商品很畅销，很快就卖完了，但还没到订货周期，此时就可能出现缺货的状况。

4.4.4 定量订货法和定期订货法的区别

定量订货法和定期订货法的区别主要表现在以下几个方面：

1. 提出订购请求的时点标准不同

定量订货法提出订购请求的时点标准是，当库存量下降到预定的订货点时，即提出订购请求；而定期订货法提出订购请求的时点标准则是，按预先规定的订货间隔周期，到了时点即提出订购请求。

2. 请求订购的商品批量不同

定量订货法每次请求订购商品的批量相同，都是事先确定的经济批量；而定期订货法每到规定的请求订购期，订购的商品批量都不相同，可根据库存的实际情况计算后确定。

3. 库存商品管理控制的程度不同

定量订货法要求仓库作业人员对库存商品进行严格的控制、精心的管理，经常检查、详细记录、认真盘点；而用定期订货法时，对库存商品只要进行一般的管理、简单的记录，不需要经常检查和盘点。

4. 适用的商品范围不同

定量订货法适用于品种数量少、平均占用资金大、需重点管理的 A 类商品；而定期订货法适用于品种数量大、平均占用资金少、只需一般管理的 B 类、C 类商品。

本章小结

仓储管理指对仓储货物的收发、结存等活动的有效控制。本章首先介绍了仓储的定义、主要作用及设备设施;其次,重点分析了仓储作业的三大流程,提出了仓储作业的主要原则;最后,在简要介绍库存管理概念、重要性和任务的基础上,分析了库存管理的三种方法:ABC 分类法、定量订货法和定期订货法,阐述了如何利用这三种方法有效地进行库存管理。

复习思考

1. 简述仓储作业的流程。

2. 简述仓储作业的主要原则。

3. 简述库存管理的任务。

4. 简述 ABC 分类法。

5. 简述定量订货法和定期订货法的优缺点。

6. 利用 ABC 分类法进行库存商品分类。

某企业有 9 种商品的库存,有关资料如表 4-6 所示,为了对这些库存商品进行有效的控制和管理,该企业打算根据商品的投资大小进行分类。

(1) 请依据 ABC 分类法将这些商品分为 A、B、C 三类。

(2) 请阐述 A 类库存物资的管理方法。

表 4-6 某企业库存的商品

商品编号	单价(元)	库存量(件)
a	5.00	200
b	2.00	100
c	4.00	125
d	1.40	200
e	1.00	140
f	7.50	1 000
g	3.00	120

(续表)

商品编号	单价(元)	库存量(件)
h	1.00	120
i	0.70	100

7. 计算题

● 定量订货法和定期订货法

某种物料的订货周期为10天,每日需用量为20吨,保险储备定额为200吨。

(1) 若采用定量订购方式,求订货点;

(2) 若采用定期订货方式,每30天订货一次,订购日的现有库存量为450吨,已经订购但尚未到货的数量为45吨,求订购批量。

● 经济订购批量

某电子商务企业每年需要购进A商品10 000件,商品的单位购进成本为5元,每次的订购成本为6元,单位储存成本为12元。问:A商品的经济批量、年库存总成本和年订购次数各为多少?

 案例讨论

青岛啤酒仓储的"新鲜度管理"

1997年,青岛啤酒的年产量不过30多万吨,但是库存就高达1/10,维持在3万吨左右。这么高的库存,引发了几个问题:①占用了相当大的流动资金,资金运作的效率低;②需要相当数量的仓库储存这些库存,而当时的仓库面积达7万多平方米;③库存数量大,库存分散,经常出现局部仓库爆满、局部仓库空闲的问题,同时无法完全实现先进先出,这使部分啤酒的储存期过长,新鲜度下降甚至变质。

1998年第一季度,青岛啤酒企业集团提出了以"新鲜度管理"为系统目标的物流仓储管理思路。集团首先成立了仓储调度中心,重新规划全国的分销系统和仓储活动,实现统一管理和控制。由提供单一的仓储服务,到进行市场区域分布/流通时间等全面的调整、平衡和控制,成立独立的法人资格的物流有限公司,以保证按规定的要求,以最短的时间、最少的环节和最经济的运行方式将产品送至目的地。这样一来,就实现了全国的订货,从生产厂直接运往港、站;省内的订货,从生产厂直接运到客户仓库。同时,对仓储的存量规

物流管理

定做了大幅度压缩,规定了存量的上限和下限,上限为 12 000 吨,低于下限则发出要货指令,高于上限则不再安排生产,这就使仓库成为生产调度的"平衡器"。

"新鲜度管理"的物流仓储管理目标提出:"让青岛人民喝上当周酒,让全国人民喝上当月酒。"具体内容包括:实施以提高供应链运行效率为目标的物流管理改革,建立集团与各销售点物流、信息流和资金流全部由计算机网络管理的快速信息通道和智能化配送系统。

资料来源:青啤的"新鲜度管理".中国物流与采购网.http://www.chinawuliu.com.cn/information/201210/24/188350.shtml,2012.10.

案例分析题:青岛啤酒的"新鲜度管理"是如何解决库存过高的问题的?

第五章　装卸搬运管理

知识目标

了解装卸搬运的定义及主要作业内容；

了解装卸搬运的主要设备；

熟悉装卸搬运的主要特点；

掌握装卸搬运合理化的方法。

技能目标

运用装卸搬运合理化的方法分析问题。

引导案例

联华公司先进实用的装卸搬运系统

联华公司创建于 1991 年 5 月，是上海首家发展连锁经营的商业公司。经过 20 多年的发展，它已成为中国最大的连锁商业企业之一。联华公司的快速发展，离不开高效便捷的物流配送中心的大力支持。目前，联华公司共有 4 个配送中心，分别是 2 个常温配送中心、1 个便利物流中心、1 个生鲜加工配送中心，总面积 7 万余平方米。

联华公司便利物流中心的总面积达 8 000 平方米，由 4 层楼的复式结构组成。为了实现货物的装卸搬运，配置的主要装卸搬运机械设备为：电动叉车 8 辆、手动托盘搬运车 20 辆、垂直升降机 2 台、笼车 1 000 辆、辊道输送机 5 条、数字拣选设备 2 400 套。在装卸搬运时，操作过程如下：卸下来货后，将其装在托盘上，由电动叉车将货物搬运至入库运载处，入库运载装置上升，将货物送上入库输送带。接到向第一层搬送货物指示的托盘在经

过升降机平台时,不再需要上下搬运,而是直接从当前位置经过一层的入库输送带自动分配到一层入库区等待入库;接到向二至四层搬送货物指示的托盘,将由托盘垂直升降机自动传输到所需楼层。当升降机到达指定楼层时,由各层的入库输送带自动搬送货物至入库区。货物下平台时,由电动叉车从输送带上取下托盘入库。出库时,根据订单进行拣选配货,拣选后的出库货物用笼车装载,由各层平台通过笼车垂直输送机送至一层的出货区,装入相应的运输车上。

先进实用的装卸搬运系统,为联华公司的发展提供了强大的支持,使联华公司的物流运作能力和效率大大提高。

资料来源:王磊.物流基础[M].北京:中国铁道出版社,2009.

思考

(1) 该物流中心装卸搬运系统设计对各平台间的搬送自动化进行了哪方面的考虑?

(2) 您认为该物流中心装卸搬运系统有改进的空间吗?假如有,应如何改进?

5.1 装卸搬运概述

5.1.1 装卸搬运的概念

中华人民共和国国家标准《物流术语》(GB/T 18354—2006)给装卸和搬运的定义为:"装卸指物品在指定地点以人力或机械装入运输设备或卸下;搬运指在同一场所内,对物品进行水平移动为主的物流作业。"

习惯上常用"装卸"或"搬运"代替"装卸搬运",即广义的"装卸"或"搬运"指"装卸搬运"。具体来说,装卸搬运包括物资的装载、卸货、移动、货物堆码上架、取货、备货、分拣等作业以及附属于这些活动的作业。装卸搬运和运输的区别主要在于活动范围不同,运输是物流节点之间的作业,装卸搬运则是物流节点内的作业。

装卸搬运活动在物流的每一个环节都存在,它将物流的各个环节有效地联结起来,使物流真正地流动起来,因此,装卸搬运在物流中发挥着联结功能,是物流活动不可或缺的环节。

5.1.2 装卸搬运的特点

装卸搬运贯穿于物流活动的各个环节,是物流活动得以进行的必要条件,但是同运输产生空间效益、保管产生时间效益不同,它本身并不产生任何价值,只是对物流成本、物流效益、物流质量和物流安全产生影响,从而间接影响物流活动,因此,其具有以下几个特点:

1. 伴生性

装卸搬运伴随着生产和流通的每个环节的开始和结束,它的目的总是和其他物流环节密不可分的,往往不是为了装卸而装卸、为了搬运而搬运,因此,相对于其他物流活动而言,装卸搬运具有伴生性的特点。

2. 保障性和服务性

装卸搬运贯穿物流各环节的始末,保障物流各环节的顺利进行,因此具有保障性;装卸搬运不产生时间价值和空间价值,也不大量占有流动资金,不产生有形的产品。表面上看,它具有为其他物流活动服务的特性,因此又具有服务性。

3. 桥梁作用

装卸搬运将物流的各阶段有机地连接成一个整体,在物流各阶段起到桥梁的作用,也称为联结功能。

4. 创造"隐含价值"

装卸搬运表面上不改变货物形态,不产生价值和使用价值,但由于它对物流成本、物流效益、物流质量和物流安全产生影响,所以如果忽视它就会使物流成本提高,从而影响生产和流通,因此,它被认为具有创造"隐含价值"的特点。

5.1.3 装卸搬运的主要作业内容

装卸搬运的主要作业内容包括:

(1) 装卸,指从运输设备上将物料装载或卸下,改变物流的存储状态。

(2) 搬运,使物料在短距离内移动,改变物料的空间位置。

(3) 堆码,将物料或包装货物进行码放、堆垛等。

(4) 取货,从保管场所将物料取出。

(5) 分类,将物料按品种、发货方向、客户需求等进行分类。

(6) 理货,将物品备齐以便随时装货。

5.2 装卸搬运的主要设备

装卸搬运设备是实现装卸搬运省力化和机械化的重要工具,也是体现装卸搬运现代化的重要标志。正确地选择和使用装卸搬运设备,是降低物流成本、提高物流效益的关键所在。

1. 起重机

起重机指在一定范围内垂直提升和水平搬运重物的多动作起重机械,又称吊车。起重机是一种循环、间歇运动的机械,用来垂直升降货物或兼作货物的水平移动,以满足货物的装卸、转载等要求。起重机的主要特点有:一般具有一个起升运动和一个或几个水平运动;工作特性基本相同;间歇重复;以装卸为主要功能,搬运功能较差,搬运距离很短。

按结构形式不同可将起重机分为轻小型起重设备、桥架式起重机(桥式、门式)、臂架式起重机(自行式、塔式、门座式、铁路式、浮船式、桅杆式起重机)和缆索式起重机。

(1)轻小型起重设备。它的特点是轻便,结构紧凑,动作简单,作业范围投影以点、线为主。轻小型起重设备一般只有一个升降机构,只能使重物作单一的升降运动。轻小型起重设备主要包括千斤顶、滑车、手(气、电)动葫芦、绞车等。电动葫芦常配有运行小车与金属构架以扩大作业范围,如图5-1所示。气动葫芦是电动葫芦的升级换代产品,已经广泛地应用于各行各业,承载范围根据型号不同从250千克到30吨,如图5-2所示。

图 5-1 电动葫芦

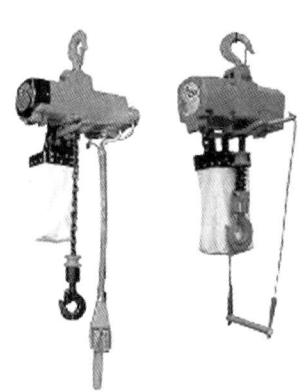
图 5-2 气动葫芦

(2)桥架式起重机。它可在长方形场地及其上空作业,多用于车间、仓库、露天堆场等处的物品装卸,主要包括桥式起重机和门式起重机等。桥式起重机是桥架在高架轨道上运行的一种桥架式起重机,又称天车,如图5-3所示。门式起重机一般根据门架结构形式、主梁形式、吊具形式进行分类,一般用于港口,如图5-4所示。

图 5-3 桥式起重机

图 5-4 门式起重机

(3) 臂架式起重机。它的特点与桥架式起重机基本相同,可在圆形场地及其上空作业,多用于露天装卸及安装等工作,主要包括门座起重机、浮游起重机、桅杆起重机、壁行起重机和甲板起重机等,如图 5-5 所示。

(4) 缆索式起重机。它主要指升降式起重机,俗称升降机,其特点是重物或取物装置只能沿导轨升降,如图 5-6 所示。

图 5-5　臂架式起重机

图 5-6　缆索式起重机

2. 叉车

叉车是工业搬运车辆,指对成件托盘货物进行装卸、堆垛和短距离运输作业的各种轮式搬运车辆。叉车通常可以分为三大类:内燃叉车、电动叉车和仓储叉车。

(1) 内燃叉车。内燃叉车又分为普通内燃叉车、重型叉车、集装箱叉车和侧面叉车。

普通内燃叉车一般采用柴油、汽油、液化石油气或天然气发动机作为动力,载荷能力为 1.2—8.0 吨,作业通道宽度一般为 3.5—5.0 米,如图 5-7 所示。考虑到尾气排放和噪音问题,通常用于室外、车间或其他对尾气排放和噪音没有特殊要求的场所。由于燃料补充方便,因此可实现长时间的连续作业,而且能胜任在恶劣环境下(如雨天)的工作。

重型叉车采用柴油发动机作为动力,承载能力为 10.0—52.0 吨,一般用于货物较重的码头、钢铁等行业的户外作业,如图 5-8 所示。

集装箱叉车采用柴油发动机作为动力,承载能力为 8.0—45.0 吨,如图 5-9 所示。集装箱叉车一般分为空箱堆高机、重箱堆高机和集装箱正面吊机,应用于集装箱搬运,如集装箱堆场或港口码头作业。

侧面叉车采用柴油发动机作为动力,承载能力为 3.0—6.0 吨,如图 5-10 所示。在不转弯的情况下,具有直接从侧面叉取货物的能力,因此,主要用来叉取长条形的货物,如木条、钢筋等。

图 5-7 普通内燃叉车

图 5-8 重型叉车

图 5-9 集装箱叉车

图 5-10 侧面叉车

(2)电动叉车。电动叉车以电动机为动力,以蓄电池为能源,其承载能力为1.0—8.0吨,作业通道宽度一般为3.5—5.0米,如图5-11所示。由于没有污染、噪音小,因此广泛应用于室内操作和其他对环境要求较高的情况,如医药、食品等行业。随着人们对环境保护的重视,电动叉车正在逐步取代内燃叉车。

(3)仓储叉车。仓储叉车主要是为仓库内货物搬运而设计的叉车,如图5-12所示。除了少数仓储叉车(如手动托盘叉车)采用人力驱动,其他都以电动机驱动,因其车体紧凑、移动灵活、自重轻和环保性能好而在仓储业得到普遍应用。在多班作业时,由电机驱动的仓储叉车需要备用电池。

图 5-11　电动叉车　　　　　　图 5-12　仓储叉车

3. 托盘

中华人民共和国国家标准《物流术语》(GB/T 18354-2006)将托盘定义为:"用于集装、堆放、搬运和运输的放置,作为单元负荷的货物和制品的水平平台装置。"作为与集装箱类似的一种集装设备,托盘已广泛应用于生产、运输、仓储和流通等领域,被认为是20世纪物流产业中两大关键性创新之一。托盘作为物流运作过程中重要的装卸、储存和运输设备,与叉车配套使用在现代物流中发挥着巨大的作用。

托盘主要有平托盘、柱式托盘、箱式托盘、轮式托盘和特种专用托盘。

(1) 平托盘。只要一提托盘,一般都是指平托盘,因为平托盘使用范围最广,使用数量最大,通用性最好,如图 5-13 所示。

(2) 柱式托盘。柱式托盘分为固定式和可卸式两种,其基本结构是托盘的四个角有钢制立柱,柱子上端可用横梁连接,形成框架型,如图 5-14 所示。柱式托盘的主要作用:一是利用立柱支撑重物,往高处叠放;二是可防止托盘上放置的货物在运输和装卸过程中发生塌垛现象。

(3) 箱式托盘。箱式托盘是四面有侧板的托盘,有的箱体上有顶板,有的没有,如图 5-15 所示。箱式托盘又可分为固定式、折叠式、可卸下式三种。

(4) 轮式托盘。轮式托盘与柱式托盘和箱式托盘相比,多了下部的小型轮子,如图 5-16 所示。轮式托盘显示出能短距离移动、自行搬运或滚上滚下式地装卸等优势,用途广泛,适用性强。

(5) 特种专用托盘。由于托盘作业效率高、安全稳定,因此在一些要求快速作业的场合,尤其突显了其重要性,图 5-17 展示了面粉货架专用托盘和烟草专用托盘。

图 5-13　平托盘 　　　　　　　　　图 5-14　柱式托盘

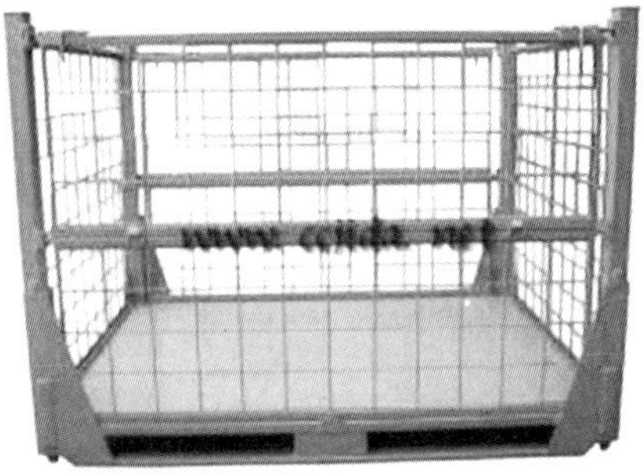

图 5-15　箱式托盘 　　　　　　　　图 5-16　轮式托盘

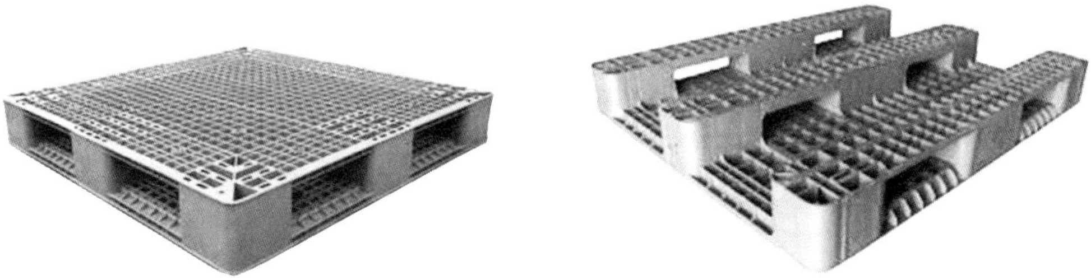

（a）面粉货架专用托盘　　　　　　（b）烟草专用托盘

图 5-17　特种专用托盘示例

5.3　装卸搬运合理化

装卸搬运作为物流的一个非常重要的功能,既不能改变货物的性质,也不能创造新的价值;但是由于它伴随着物流活动的每一个环节,每一次装卸搬运活动都会有劳动力的消耗,同时还伴有设备的投入和货物的损耗、损坏等,因此,必须严格管理装卸搬运的次数及作业质量,科学、合理地组织装卸搬运过程,尽量减少用于装卸搬运的劳动消耗,从而降低

物流成本。这就是我们所要研究的装卸搬运合理化。

1. 减少装卸搬运作业次数

装卸搬运作业次数指产品生产和流通过程中,发生装卸搬运作业的总次数。一般对企业物流而言,在产品生产过程中,从原材料进厂卸车到库,经生产流水线产品的生产到产成品入库待运,要发生很多次装卸搬运作业,产成品由生产领域到流通领域直至最终消费者也需要很多次的装卸搬运。如果不对装卸搬运次数进行严格管理和组织,物流作业的流程中就会出现不必要的装卸搬运,从而使装卸搬运费用增加,货物在搬运中的损耗增大。影响装卸搬运作业次数的因素很多,但主要是物流作业的组织和调度,因此,必须合理设计物流作业流程,安排合理的物流作业方式,同时根据货物的特性改善物流仓库的设计和布局安排,从而从根本上减少装卸搬运作业次数。

2. 提高装卸搬运的活性

货物的存放状态对装卸搬运作用的方便(或难易)程度,称为货物的"活性",也称为装卸搬运活性。活性可用活性指数进行衡量。

根据物品码放的不同状态,可以确定它的活性指数,基本原则如表5-1所示。

表5-1 装卸搬运活性指数

序号	货物码放的状态	活性指数
1	零散堆放在地面上	0
2	放入箱子里(集装)	1
3	堆码在托盘或搬运车上	2
4	装在台车或无篷货车上	3
5	集装码放在传送带上	4

由表5-1可知,活性指数越大,物品越便于装卸搬运,因此,在物流装卸搬运作业中,应尽可能提高活性指数,使物品便于装卸搬运,从而提高装卸搬运效率,减少劳动消耗,降低装卸搬运成本。在实际物流活动中,往往每一个环节都会伴随着装卸搬运作业活动,一个环节上的物品装卸搬运后存储状态的活性指数必须高于上一个环节,如:散装货物放到货架上必须考虑集装,集装货物搬运后最好一次放在托盘上或进行必要的支垫,以便于机械化搬运,依次放在搬运车上或传送带上,这样就更能提高装卸搬运效率,降低装卸搬运费用。因此,在装卸搬运作业活动中,要时刻考虑到下一步工序要比上一步的活性指数高,即"步步活化"。

3. 位移最小化

在装卸搬运活动中,应尽可能地缩短货物的位移,因为货物位移是劳动力消耗和设备能源消耗的主要原因,也是装卸搬运中时间的主要消耗源,因此,缩短位移就可以降低装卸搬运的成本,提高装卸搬运效率,使装卸搬运尽可能合理化。

4. 合理使用装卸搬运机械

在装卸搬运作业中,应尽可能地用机械作业替代人工作业,以提高装卸搬运效率,降低装卸搬运成本,这也是装卸搬运合理化的重要手段,主要表现在:

(1) 机械可以使人从繁重、费力、缓慢、低效的装卸搬运工作中解放出来,提高搬运速度,降低成本。

(2) 合理使用装卸搬运设备,使设备和人力有效地组合,从而降低物流成本。

5. 实现省力化作业

目前,随着物流的发展、机械化水平的不断提高,装卸搬运设备在物流作业中得到了广泛的使用,但是,大量的装卸搬运活动还是主要靠劳动力完成,因此,在装卸搬运合理化的过程中要考虑到利用物理学中力的原理,尽可能使作业活动省力化,从而减少劳动和能源的消耗,降低装卸搬运成本。

在装卸搬运中省力化的方法很多,常用的有以下几种:

(1) 利用货物本身的重力。它指的是借助货物本身的重力实现货物位移的作业,如:卸车时为了省力,使用滑板或滑槽将货物滑下,就是运用货物在斜面上力的分解,将其分解成一个水平的力和一个垂直的力,货物在斜面上发生位移,就是依靠货物本身的重力作为动力的一部分,从而减轻搬运中人力的消耗。

(2) 减少货物的垂直位移。货物的垂直位移是装卸搬运中最主要的耗力作业。为了省力,要设法减少货物的垂直位移。如:一般仓库、货栈的站台都和货车的货箱在同一水平位置,就是为了减少装车、卸车中的垂直位移。

(3) 劳动动作的受力分析。通过对装卸搬运工作人员劳动动作的受力分析,尽可能减少不必要的装卸搬运动作,使装卸搬运过程中人力的疲劳度降低。

6. 采用系统化方法

系统化方法就是将各个装卸搬运活动作为一个有机的整体。实施系统化管理,主要是运用系统化方法,使整个物流活动中装卸搬运的协调性提高,从而提高装卸搬运效率,使装卸搬运的总费用最低。

本章小结

装卸搬运管理指对在同一地域范围内进行的,以改变物品的存放状态和空间位置为主要内容和目的的活动的管理。本章首先介绍了装卸搬运的定义、特点及主要作业内容;其次,介绍了装卸搬运的主要设备——起重机、叉车和托盘;最后,重点阐述了装卸搬运合理化的主要方法。

复习思考

1. 简述装卸搬运的主要特点。
2. 简述装卸搬运的活性。
3. 简述装卸搬运合理化的方法。

案例讨论

双鹤医药装卸搬运的合理化举措

云南双鹤医药有限公司(以下简称"云南双鹤")是北京双鹤这艘医药航母部署在西南战区的一艘战舰,是一个以市场为核心、现代医药科技为先导、金融支持为框架的新型公司,是西南地区经营药品品种较多、较全的医药专业公司。

虽然云南双鹤已形成规模化的产品生产和网络化的市场销售,但其流通过程中物流管理严重滞后,造成物流成本居高不下,不能形成价格优势。这严重阻碍了物流服务的开拓与发展,成为公司业务发展的"瓶颈"。

装卸搬运活动是衔接物流各环节活动正常进行的关键,而云南双鹤恰好忽视了这一点,由于搬运设备的现代化程度低,只有几个小型货架和手推车,大多数作业仍处于人工作业为主的原始状态,工作效率低,且易损坏物品。另外,仓库设计的不合理,造成长距离的搬运。并且库内作业流程混乱,形成大量的重复搬运,大约有70%的无效搬运,这种过多的搬运次数损坏了商品,也浪费了时间。

针对这些问题,公司采取了以下举措:

(1) 减少装卸搬运环节。公司采取方法提高了装卸作业的机械化程度,尽可能地实现作业的连续化,从而提高了装卸效率,缩短了装卸时间,降低了物流成本。

(2) 防止和消除无效作业。公司通过尽量减少装卸次数、努力提高被装卸物品的纯度、选择最短的作业路线等方法防止和消除无效作业。

（3）提高物品的装卸搬运活性指数。公司在堆码物品时，会事先考虑装卸搬运作业的方便性，把分类好的物品集中放在托盘上，以托盘为单元进行存放，既方便装卸搬运，又能妥善保管好物品。

（4）积极而慎重地利用重力原则，实现装卸作业的省力化。由于公司目前装卸机械化水平还不高，许多作业尚需人工进行，劳动强度大，因此，公司在有条件的情况下利用重力进行装卸，将设有动力的小型运输带(板)斜放在货车、卡车上进行装卸，使物品在倾斜的输送带(板)上移动，这样就能降低劳动强度和减少能量的消耗。

（5）进行正确的设施布置。公司采用"L"形和"U"形布局，以保证物品单一的流向，既避免了物品的迂回和倒流，又减少了搬运环节。

资料来源：韦克俭.现代物流管理基础[M].北京：电子工业出版社，2012.

案例分析题：结合案例说明云南双鹤是如何解决装卸搬运业务发展的"瓶颈"的？

第六章　包装管理

知识目标

了解包装的定义及主要分类；

了解包装的主要材料和技术；

熟悉包装的主要功能；

掌握包装合理化的方法。

技能目标

运用包装合理化的方法分析问题。

引导案例

"保证"就在裹包中

性能出色的新设备减少了裹包包装时所使用的薄膜的数量，在无形中帮助企业极大地节约了成本。

Hiram Walker & Sons 公司使用的包装机器已不符合现行的薄膜预拉伸标准，有时候包装在运输过程中会发生改变。而公司生产的甜酒和 Kahlua® 牌咖啡酒远销于世界各地，确保产品完好无损地到达目的地至关重要。为了得到更结实可靠的包装货盘，使包装能够没有任何破损地到达目的地，同时也能更方便地存放到仓库中，Hiram Walker & Sons 公司对它那台差不多已有 20 年历史的自动拉伸裹包机进行了升级。

（1）精心挑选新设备。公司挑选的新设备主要包括 Orion Packaging Systems 出品的全自动 MA-55 旋转、支架式拉伸裹包机，它不仅能够对托盘进行紧密的拉伸裹包，还能够极大地节约拉伸裹包材料。这台看似笨重的、全钢结构的拉伸包裹机受到包装工厂工人

们的好评,因为生产任务繁重的工厂环境需要能够承受高使用强度的机器,结实的结构会更耐用。

(2)工作性能更出色。在使用MA-55裹包机对装在货盘上的产品进行拉伸裹包时,旋转裹包机启动,货盘被送到进料传送带上。当托盘被送往拉伸裹包机时,摄像眼一旦检测到货盘的出现,就会将安全门打开。当托盘进入工作区域后,安全门将被关闭以确保操作人员的安全。

为了增大系统的吞吐量,MA-55裹包机拥有一个三速的配置和一个直接制动系统,可以在一个旋转周期内完全停止。Hiram Walker & Sons公司每三分钟就要处理一车货,每天设两个班次,或者说每个班次要处理180车货。由于这台机器的设计专门考虑了包装材料的节约,在使用新设备之后,薄膜消耗量有了很大的降低。

包装过程的机械化、现代化是企业提高包装效率的重要手段,它有利于加快物流系统的装卸、搬运、保管等环节的作业速度,从而加快全物流过程的速度;有利于减少单位包装,节约包装材料,降低包装费用,提高货物的保护程度。

拉伸包装是20世纪70年代开始采用的一种新包装技术,它是依靠机械装置在常温下将弹性薄膜围绕被包装件拉伸、紧裹,并在其末端进行封合的一种包装方法。由于拉伸包装无需加热,因而消耗的能源只有收缩包装的1/20。拉伸包装可以捆包单件物品,也可用于托盘包装之类的集合包装。

资料来源:郭湖斌.现代物流管理基础[M].北京:化学工业出版社,2011.

思考

(1)包装的合理化是物流合理化的组成部分,包装不合理有哪些表现?

(2)Hiram Walker & Sons公司采用先进的包装机械对中国的包装企业有何启示?

6.1 包装概述

6.1.1 包装的概念

中华人民共和国国家标准《物流术语》(GB/T 18354-2006)将包装定义为:"为在流通过程中保护产品、方便储运、促进销售,按一定技术方法而采用的容器、材料及辅助物等的总体名称,也指为了达到上述目的而采用容器、材料和辅助物的过程中施加一定技术方法等的操作活动。"

在社会再生产过程中,包装处于生产过程的末端和物流过程的开头,因此,包装是生产的终点、物流的起点。传统的观点认为包装天然地是生产的终点,因而一直是生产领域的活动。包装的设计往往主要从生产终结的要求出发,因而常常不能满足流通的要求。

随着现代物流的发展,包装在运输、保管和流通中的作用逐步提高。现代物流认为,包装与物流的关系,较之与生产的关系,更加密切,其作为物流起点的意义较之作为生产终点的意义更大。

6.1.2 包装的主要功能

包装最基本的功能就是保护产品,产品经过生产领域被生产出来后,包装首先使其成为独立的单元,便于在数量和质量上统计,同时也得到了保护,具体体现在:一方面,可以免于潮湿、生锈、强光、发霉、虫蛀等;另一方面,可以免于在装卸搬运、运输过程中受损或破坏等。

包装在物流中的主要作用是便于高效率拆装和运输,特别是随着包装标准化的发展,包装使物流中运输和保管的效率提高,有效地利用了仓容和运输工具的容积,使物流成本大为降低。

包装作为产品的最小单元,还具有促进销售的功能。产品通过包装的外形、文字、图案、色彩等刺激客户的购买欲望,从而将潜在客户发展成为商品的现实客户,扩大了商品的销售。

从包装的定义和实际应用中可以看出,包装的三大主要功能就是保护产品、方便运输和促进销售。在物流领域中,包装最重要的作用是保护产品和方便运输。作为物流的起点,包装具有很重要的作用,提高物流效益、降低物流成本,绝不能忽视包装这一功能。

6.1.3 包装的主要分类

根据其功能、形态、用途、包装材料及内装物,可相应地对包装进行若干分类。目前,最常见的分类方式主要有以下几类:

1. 按包装功能分类

按包装功能分类主要有商业包装、工业包装、运输包装。商业包装是以促进商品销售为主要目的的包装,通过外包装的图案、文字、色彩等的美观,吸引消费者对产品的兴趣,从而使其做出购买产品的行为。工业包装是生产企业对单件商品进行包装,主要目的是保护产品,防止产品变质、变形、污染、侵蚀,同时避免其在搬运、运输中受损等。运输包装是为了满足产品运输要求而实施的包装,它具有保障产品的安全,方便储运装卸,加速交

接、点验等作用。考虑运输包装时,必须综合考虑包装费用和损失成本,如:玻璃等低价产品,允许有一定的损失率,没有必要为方便运输而投入过高的包装费用。

2. 按包装形态分类

按包装形态分类主要有逐个包装、内包装、外包装等。逐个包装指最终交到消费者手中的最小包装,这种包装一般突出包装的促销功能。内包装指包装货物的内部包装,主要是为了保护产品,防止产品受潮、受热或在运输中受损等。货物的外包装主要是为了便于运输、装卸和保管而对产品外部进行的装箱、捆绑等作业。

3. 按照包装技术分类

按照包装技术分类主要有防湿包装、防锈包装、缓冲包装、收缩包装、真空包装等,该分类同时体现了包装的不同目的。

4. 按照包装材料分类

按照包装材料分类主要有纸箱包装、木箱包装、玻璃瓶包装、塑料袋包装、金属包装等。

5. 按照商品的类别分类

按商品的类别分类主要有食品包装、药品包装、蔬菜包装、机械包装、危险品包装等。

包装的分类方法有很多,了解各类包装的特点,选择不同的包装材料,以满足商品销售和运输的包装需求,是物流研究中很重要的内容。

6.2 包装的主要材料和技术

6.2.1 包装的主要材料

包装材料不仅影响到包装的质量、被包装物的安全性,同时对物流成本也有很大的影响,因此,在考虑包装时,必须充分了解包装材料的性能、价格及被包装物的形态、流通方式、流通条件等,从而选定最适合的包装材料,使之既满足包装的要求,又不会造成不必要的浪费,进而降低物流成本。

一般的包装材料都有一定的吸湿、抗震、防光等性能,由于具有不同的物理、化学性能,不同的包装材料适用于不同用途的包装。目前,主要的包装材料有以下几种:

1. 纸及纸制品

纸及纸制品具有价格低廉、透气性好、化学性质稳定、无毒及本身重量较轻等特点,作为包装材料被广泛应用于各种货物的包装,但是由于纸及纸制品还存在着抗压性差、防潮性差、防火性差等缺陷，所以，它们常被用来与其他包装材料进行复合，以弥补其缺陷，制成性能良好的多功能包装材料，纸及纸制品一般包括以下几种：

（1）牛皮纸。具有一定的抗水性及韧性，主要用来包装书籍等。

（2）玻璃纸。一种半透明的纸制品，具有防油、防潮、防水等特性，主要用于油性物质的包装。

（3）植物羊皮纸。一种用硫酸处理过的纸制品，具有防潮、防湿、韧性强等特性。

（4）沥青纸、油纸、蜡纸。具有很强的抗油、防水、防潮等性能。

（5）瓦楞纸。具有抗震性、缓冲性，纸箱一般都是用瓦楞纸，以防止货物在运输中受到震动而损坏。

2. 塑料及塑料制品

作为包装材料，塑料的优势主要表现在：具有很好的抗拉、抗压等性能，可防潮，同时还具有良好的绝缘性和密封性，化学性质稳定，易于加工，价格低廉等。但是由于塑料的废弃物对环境会产生污染，所以通常被称为"白色垃圾"，而且有些塑料制品有毒，因此，在广泛使用塑料作为包装材料的同时也要考虑到废弃物的处理和有毒材料的应用范围。

目前，主要的塑料包装材料有以下几种：

（1）聚乙烯膜。一般的塑料薄膜，广泛用于各个领域的包装。

（2）聚丙烯编织袋。具有很好的抗拉性、韧性，且防水、防潮，主要用于石灰等建筑材料的包装。

（3）聚苯乙烯泡沫。具有很好的抗震性，一般用于货物的内包装，以防止货物在运输、搬运中受到震动而损坏。

（4）聚氯乙烯。一种有毒的塑料制品，但造价低廉，用于包装建筑材料等。

（5）钙塑材料。具有化学稳定性，耐高温，有良好的隔热性、耐水性，生活中放鸡蛋的盒子一般就是用钙塑材料制成的。

3. 木材及木制品

木材及木制品是长期以来最常用的包装材料，其优点是具有较强的抗冲击能力、易于加工、价格低廉、取材方便、不生锈、不易腐蚀、能够回收等，主要用于大型、重型商品的外包装和怕挤压的贵重物品的包装。木材及木制品由于资源消耗过多，容易造成资源浪费，同时易燃、易受虫蛀、干燥后易变形等，因此，近年来主要以人造板材等来取代纯木材和木制品作为包装材料，主要有胶合板、纤维板、密度板和复合木制板材等。

4. 金属材料

金属材料由于具有良好的机械强度和较强的抗冲击能力，可塑性和韧性都很好，因

此,其作为包装材料可以保护货物不受损坏。另外,金属材料作为外包装材料,具有一定的光泽度,延伸均匀,所以外观也很漂亮。但是金属的加工工艺要求较高,又具有一定的导电和导热性,价格昂贵,因此,一般只有在特定情况下才被用做包装材料。如:铝合金由于重量轻而被广泛用于航空货物的包装,航空集装箱也是由铝合金制成的。再如:镀锡薄板(即马口铁),由于其密封性较好、重量轻,所以被广泛用于饮料等食品的外包装。

5. 玻璃和陶瓷

玻璃和陶瓷的优点包括无毒无味、防渗透、防变味、防串味、绝缘性好、造价较低、易于加工等,因此它们被广泛用于调料、酒类、药类等食品的包装;陶瓷兼具很好的耐酸、耐碱性,因此,它还被广泛用于化工原料、建筑材料的包装。但是由于二者都容易破碎,且体积、重量较大,不便于装卸搬运,因此在包装中也受到很大的局限,一般除特殊需要,应尽量避免采用这两种材料对体积大、批量大的货物进行包装。

6. 复合包装材料

由两种或两种以上不同特性的包装材料复合而成,取各自的优点,制成一种性能更好的新型包装材料。这样的包装材料由于充分考虑到节约资源、降低成本等问题,因此具有很好的发展前景。

6.2.2 包装的主要技术

包装的目的是保护货物、方便运输和促进销售,因此在选用包装的技术时,必须满足能够保护被包装物品、方便客户购买和商品流通中的物流活动、选用适宜的包装材料等条件。目前,包装的主要技术有:

1. 固定缓冲包装技术(也称防震保护技术)

这一技术是为了防止货物在运输、装卸过程中受冲压、震动、重压等而受到损坏,对货物实施的包装技术。固定缓冲包装技术一般需要将货物固定在容器或货台上,以缓冲受到的外力。

2. 危险品包装技术

对有毒、有腐蚀性、易燃、易爆的货物,采用一定的包装技术,以保证货物包装、运输的安全性。如:对带有"有毒标志"的物品,必须绝对密封;对有腐蚀性的物品,要采用防腐材料作为包装材料,同时绝对密封;对易燃、易爆物品则必须采用安全阀,以密封、低温、防震等包装技术为保证。

3. 防湿包装技术

为防止物流过程中物品吸收湿气而变质所采用的包装技术。防湿包装技术主要由两部分构成:其一,必须对物品采用防湿材料密封,防止湿气侵入;其二,必须在物品内加入干燥剂(装袋)吸收容器内部的湿气和透过防湿材料而进入的湿气。只有采用双重的包装技术,才能做到使物品确实防湿。

4. 其他包装技术

还有很多包装技术,如防锈包装、防水包装等,应根据货物的特性,采取相应的技术达到包装的要求。在具体货物的包装中,要充分考虑到被包装货物的物理、化学性质,以及包装材料的特性和需要的包装技术,从而使货物的包装更为合理。

6.3 包装合理化

包装合理化是物流合理化的基础和前提。由于包装的目的不同,包装所考虑的问题也不同;工业包装主要以大批量、简约化和经济化为主要目标;商业包装主要以方便消费者购买、方便流通企业陈列及促进销售等为前提;而运输包装则主要以单元化、标准化、方便机械化装卸搬运为目的。因此,包装合理化涉及很多方面的内容。随着现代物流包装技术的不断发展,包装合理化正朝着包装尺寸标准化、包装作业机械化、包装单元化、节省包装材料及降低包装成本的方向发展。

1. 包装尺寸标准化

传统货物的包装尺寸一般是由保护被包装物品不受损坏、便于人工装卸搬运、节约包装材料等因素决定的,很少考虑生产线作业的顺畅连接及同物流其他功能的衔接。现代物流系统中货物的包装尺寸应建立在物流系统各环节有效衔接的基础上,考虑物流系统的整体合理化,使物流各环节实现共同标准化的目标。

包装尺寸的标准化涉及两个很重要的概念:

(1) 包装模数。为实现包装合理化而制定的包装尺寸的系列。

(2) 包装模数尺寸。用包装模数确定的"容器长度×容器宽度"的组合尺寸。包装模数尺寸的基础数值(即包装模数)是根据托盘的尺寸,以托盘高效率承载包装物为前提确定的,以此来保证物流各个环节的有效衔接。按包装模数尺寸设计的包装箱就可以按照一定的堆码方式合理且高效率地码放在托盘上。

2. 包装作业机械化

包装作业机械化是提高包装作业效率、减轻人工包装作业强度,实现高效化、省力化的关键。包装作业机械化已从个体包装机械化开始,向装箱、封口、挂提手等外装关联作业推进。

3. 包装单元化

随着物流机械化水平的提高以及物流作业标准化的渗透,包装单元化趋势日益增强,包装单元化有利于物流机械的使用,提高装卸搬运效率,从而降低物流成本。

4. 节省包装材料

由于木材、塑料、玻璃、金属等包装材料的使用,大量自然资源被消耗。自然资源是非常有限的,过度开发和利用会给人类赖以生存的环境带来严重的破坏,同时包装废弃物也会给环境带来很多负面的影响,因此,包装合理化的一个重要衡量标准就是节省包装材料、保护环境。目前,几种主要的节省包装材料的方法是:

(1) 加大包装物的再利用程度,使用由可降解材料制成的包装;

(2) 加强废弃包装物的回收利用;

(3) 减少过度包装,使生产部门尽量采用简化的包装;

(4) 开发和推广新型包装方式,减少包装材料的使用。

目前,随着全球经济的高速发展,自然资源被广泛地开采和滥用,全球提出了绿色物流的概念,节约包装资源、保护环境成为包装合理化最重要的目标。

5. 降低包装成本

在衡量包装合理化的指标中,包装成本的低廉化非常重要。作为物流的起点,如果包装成本过高,必然导致物流成本增加,因此,在包装中必须充分考虑降低包装成本,从而降低物流成本。在包装成本中,包装材料的成本所占的比重最大,一般占到包装成本的50%左右,因此,要降低包装成本,首先必须降低包装材料的成本,同时必须尽可能地降低人工费及杜绝过剩包装。

(1) 降低包装材料的成本,具体措施有:①熟悉各种材料的功能、价格等指标,尽可能地根据货物的特性,选择性价比最好的包装材料,避免过剩包装;②合理组织材料的采购,进行批量招标采购,降低材料采购费;③合理选用材料:在保证功能的前提下,尽量降低包装材料的档次,节约包装材料的成本。

(2) 降低人工费。大力推广使用机械化包装,实现人工和机械的有效协调,从而降低包装成本。

(3) 杜绝过剩包装,防止低价值商品高档次包装。对一些低价货物,允许一定程度的破损率,这会大大节约包装材料的成本,对于节约包装成本也是有益的。

本章小结

包装管理指对产品的包装进行计划、组织、指挥、监督和协调的工作。包装管理必须根据企业的具体情况,用最经济的方法保证产品的包装质量,降低包装成本,促进产品销售。本章首先介绍了包装的定义、主要功能及分类;其次,介绍了包装的主要材料和技术;最后,重点阐述了包装合理化的主要方法。

 **复习思考**

1. 简述包装的主要功能。
2. 简述包装合理化的方法。

案例讨论

适合孩子们的"Y 节"包装

Y 饮料是美国洛杉矶一家著名饮料公司生产的产品,它最新使用的包装是一款设计精巧的 Y 形瓶,又称为"Y 节"。

Y 饮料的目标消费群体主要是小学生,几何外形的 Y 形瓶包装可以很好地吸引孩子们的注意。一个 Y 形瓶就是一个"Y 节",每个"Y 节"的容量为 9 盎司。孩子们喝完饮料之后,可以将"Y 节"像编排分子链一样排列在一起,也可以把空瓶当成玩具或积木。"Y 节"包装不仅延长了包装本身的使用寿命,增加了产品的附加值,而且很好地诠释了 Y 饮料的品牌含义。

Y 饮料公司的总裁托马斯·阿尔恩特说:"在给孩子们寻找低热量的有机饮料时,我和妻子总是空手而归,肥胖现在是孩子们面临的一个大问题,我们想生产一种对孩子们有积极影响的健康饮料。"一家从事工业设计和商标设计的公司为阿尔恩特设计了"Y 节",帮助他实现了自己的想法。这一形状有趣的包装充分传达了品牌的核心思想——乐趣和健康。阿尔恩特认为,"Y 节"是 Y 饮料品牌的英雄,它成功地使消费者将 Y 饮料与其他产品区分开来,突出了 Y 饮料以孩子为中心的四个优点——免疫饮料、骨饮料、脑饮料、肌肉饮料。

"Y节"采用东方之子化学有限公司生产的聚酯纤维制成,这种材料的耐热性能优越,瓶体可以满足Y饮料75℃充填温度的要求。除此之外,"Y节"还具有良好的耐用性,便于装卸储运和再利用。

"Y节"外形美观,功能优越,可重复利用,这三个优点激发了消费者的购买欲望。

资料来源:时晓霞.最新包装案例分析(一)[J].中国包装,2009(5).

案例分析题:简述"Y节"包装有什么优点?

第七章　流通加工管理

知识目标

了解流通加工的定义、主要作用和内容；

熟悉流通加工和生产加工的异同；

掌握流通加工合理化的方法。

技能目标

运用流通加工合理化的方法分析问题。

引导案例

食品的流通加工

只要留意超市里的货柜就可以看出，那里摆放的各类洗净的蔬菜、水果、肉末、鸡翅、香肠、咸菜等都是流通加工的结果。这些商品的分类、清洗、贴商标和条形码、包装、装袋等是在摆进货柜之前就已进行了加工作业，这些流通加工都不是在产地，已经脱离了生产领域，进入了流通领域。

食品流通加工的具体项目主要包括：

1. 冷冻加工

冷冻加工是为了保鲜而进行的流通加工，旨在解决鲜肉、鲜鱼在流通中保鲜及装卸搬运的问题，主要采取低温冻结方式进行。这种方式也用于某些液体商品、药品等。

2. 分选加工

分选加工是为了提高物流效率而对蔬菜和水果进行的加工，如：去除多余的根叶等。

农副产品规格、质量离散情况较大,为获得一定规格的产品,会采取人工或机械分选的方式加工,这种加工方式广泛用于果类、瓜类、谷物、棉毛原料等。

3. 精制加工

农、牧、副、渔等产品的精制加工是在产地或销售地设置加工点,去除无用的部分,甚至可以进行切分、洗净、分装等加工,实现分类销售。这种加工方式不仅大大方便了购买者,而且可以对加工过程中的淘汰物进行综合利用。如:鱼类的精制加工所剔除的内脏可以制成某些药物或用做饲料,鱼鳞可以制作高级黏合剂,头尾可以制作鱼粉等;蔬菜的加工剩余物可以制作饲料、肥料等。

4. 分装加工

多数生鲜食品的零售起点较低,而为了保证高效输送出厂,包装一般比较大,也有一些是采用集装运输方式运达销售地区。因此,为了便于销售,在销售地区按所要求的零售起点进行新的包装,即散装改小包装,大包装改小包装,运输包装改销售包装,以满足消费者对不同包装规格的需求,从而达到促销的目的。

此外,半成品加工、快餐食品加工也成为流通加工的组成部分。这些加工形式节约了运输等物流成本,保护了商品质量,增加了商品的附加价值。如:葡萄酒是液体,从产地批量地将原液运至消费地配制、装瓶、贴商标,包装后出售,既可以节约运费,又安全保险,同时,以较低的成本,卖出较高的价格,使得附加值大幅度增加。

资料来源:田凤权.物流管理案例分析[M].北京:电子工业出版社,2010.

思考

对食品进行流通加工,其作用体现在哪些方面?

7.1 流通加工概述

7.1.1 流通加工的定义

中华人民共和国国家标准《物流术语》(GB/T 18354—2006)将流通加工定义为:"物品在从生产地到使用地的过程中,根据需要施加包装、分割、计量、分拣、刷标志、拴标签、组装等简单作业的总称。"

流通加工与生产加工相比,两者在加工方法、加工组织和生产管理方面基本相同,但在加工主体、加工对象、加工内容、加工目的和所处领域上有着显著的区别,如表7-1所示。

表 7-1　流通加工与生产加工的异同点

加工方式		生产加工	流通加工
不同点	加工主体	生产企业	流通企业
	加工对象	原材料、零配件及半成品	产成品
	加工内容	复杂加工	简单加工（如解包分装、裁剪分割等）
	加工目的	创造价值和使用价值	完善使用价值，提高价值
	所处领域	生产领域	流通领域
共同点		加工方法、加工组织和生产管理	

7.1.2　流通加工的主要作用

流通加工的主要作用是弥补生产加工的不足，满足客户的多样化需求，同时提高产品的附加价值。

（1）方便物流中的运输、保管。如：自行车在流通领域的组装，就是为了方便运输及保管中的码放，同时有效利用运输空间和仓库保管空间。

（2）满足客户的多样化需求。随着生产的规模化、效率化和消费者需求的个性化发展，批量生产的产品很难满足个性化需求，这就需要在流通领域进一步加工，以满足不同客户群体的需要，如在流通领域中的大包装拆小包装等。目前，这一作用引起了我国一些生产企业的重视，它们纷纷成立流通加工公司。如：2003年年初，首钢公司成立了物流公司，主要负责钢材的流通加工和运输。

（3）提高产品的附加值。流通加工不仅可完善产品的使用价值，同时还能提高产品的价值，从而产生附加价值。如：葵花子、栗子等农副产品，在流通领域中经过去壳、分装等处理就可以使其价值倍增，提高其附加价值。

7.1.3　流通加工的主要内容

流通加工的内容很广泛，主要包括生产资料的流通加工、消费资料的流通加工和食品的流通加工等。

1. 生产资料的流通加工

生产资料的流通加工的主要目的是满足客户的不同需求，提高服务质量，从而扩大产品的销量。生产资料的流通加工主要是钢材、木材和水泥这三种材料的加工，它们已在国内外得到广泛应用。

（1）钢材的流通加工主要是通过套裁、个性化服务，一方面满足客户的不同需求，提

高服务质量,从而扩大产品的销量;另一方面则减少材料的浪费,有效利用废弃物,从而提高材料的利用率,创造新的价值。

(2)原木在原产地砍伐后进行必要的改制,将树皮、木屑等废弃物作分类处理:一方面,完全废弃物如树皮等留在原产地制作燃料、肥料等;另一方面,木屑等经压缩后运往造纸企业。这种设在原产地的流通加工方式,可以避免无效运输,提高运输效率,降低运输成本。

(3)水泥的流通加工主要是将水泥的小规模使用集中为大规模的流通加工,以有效地组织大规模的生产和充分利用现代化机械,控制建筑行业的水泥标准,避免工程质量问题,同时,还可以防止粉尘对城市空气的污染。

生产资料的流通加工还有很多,如玻璃、钢筋、铝板等,其最大的特点是可以充分利用材料废弃物,提高材料利用率,降低运输、保管的费用,为生产企业提供优质的原材料等。

2. 消费资料的流通加工

消费资料的流通加工主要是为满足消费者日益增长的生活需要和个性化需求而在流通领域进行的加工活动。如日用品由大包装改为小包装、家具的组合、产品贴标签和拴标志等。

3. 食品的流通加工

食品的流通加工是流通加工中最多的一种类型,其加工的主要目的是延长储存期、增加时间价值、满足消费者购买数量的多样化选择,以及提高服务水平、方便消费者使用等。从加工的目的看,主要有以下几类:

(1)延长保管期限。如:鱼类、水果类食品制作成罐头,以及生鲜食品的冷冻和冷藏等就是为了延长保质期、满足消费者需求。

(2)提高附加价值。如:净菜的处理、半成品的生产,一方面,可以为消费者节约时间,满足消费者的生活需要;另一方面,经过加工后的产品附加价值提高,可使加工部门获得较高的收益,同时还可以避免城市垃圾的增多,减少废弃物物流。

(3)提高服务质量。如:食品贴标签、拴标志和大包装改小包装等,都是为了方便消费者在购买时明辨货物,适应消费者购买数量的多样化选择。

随着加工技术的提高、加工业务的不断创新,流通加工的内容也将不断扩展。由于流通加工增加了生产和需求之间的环节,会造成一定的经济损失,因此,在考虑是否加工、用什么方法加工、在何地加工等问题时,必须进行可行性分析,同时要对流通加工质量进行严格把关,即实现流通加工的合理化。

7.2 流通加工合理化

流通加工是不同于生产加工的一种简单的加工形式,能够弥补生产加工的不足,满足客户的多样化需求,同时提高产品的附加价值,因此,流通加工广泛应用于生产资料、消费资料、食品的加工中。要实现流通加工合理化,应明确加工目的、恰当选择加工地点、充分考虑加工的经济投入和产出效益,并正确选择加工方法。

1. 明确加工目的

流通加工不同于生产加工,不能创造价值和使用价值,只是对商品价值的完善和提高,从而产生一定的附加价值,所以,实现流通加工合理化必须首先考虑加工的目的是什么。

作为独立于生产加工之外的加工形式,流通加工在加工前必须进行可行性分析,明确其加工的意义。有些流通加工,如水泥的流通加工,对单个企业而言可能经济效益没有明显的提高,但是由于它提高了建筑质量、减少了环境污染,从全社会的利益出发属于必要的流通加工。因此,流通加工合理化首先要明确加工目的,即加工是否能够实现社会和企业两方面的效益,而且是否能够取得最优效益。对流通加工企业而言,与一般生产企业的一个重要的不同之处是,流通加工企业更应树立社会效益第一的观念,只有在以补充完善为己任的前提下才有生存的价值。如果只是追求企业的微观效益,不合理地进行加工,甚至与生产企业争利,就有悖于流通加工的初衷,成为不合理的流通加工形式。

2. 恰当选择加工地点

流通加工的地点选择是流通加工合理化的一个重要因素,加工地点的选择一般有两种方式:一是设置在靠近生产地区,二是设置在靠近消费地区。

(1) 设置在靠近生产地区。为方便流通加工环节,以提高运输效率、延长保管时间等实现物流效益为目的的流通加工,应设置在靠近生产地区。如:木材的改制、木屑的压缩和食品的冷冻、罐头的制作等流通加工应当设置在靠近生产地区,减少无效运输,增加保管时间。

(2) 设置在靠近消费地区。衔接大批量、少品种和多样化需求,以满足消费者需求、提高服务质量、增加销售数量为目的的流通加工,一般应设置在靠近消费地区。如:食品的拆装、拴标签、贴标志和家具的组装等流通加工都应设置在靠近消费地区,这样可以有效地利用干线运输和直线运输的衔接,避免多品种、小批量货物的干线运输,同时可以根据消费者的需求选择恰当的加工方法。

3. 考虑流通加工的经济投入和产出效益

流通加工存在和发展的主要驱动力是提高产品的附加价值,从而为加工企业带来一定的经济效益。除了个别政府或政策导向的流通加工,大部分流通加工都必须考虑到投入和产出的效益比。如果流通加工成本过高,投入过多,就没有生命力,也就不能成为合理的流通加工方式。如:自行车、缝纫机等都在流通领域组装,是由于其组装的技术性不强、便于操作、对设备和工具没有特殊要求;如果汽车的组装在流通领域进行,就很难实现,同时还需要投入大量的设备费等,基本不会产生效益,相反还会降低产品的可靠性。

流通加工企业的利益不是从与生产企业的利益争夺中获取的,而是在"通过合理的流通加工形式,提高货物的物流效益,降低物流成本,改善客户服务水平,增加产品购买量,提高产品的附加价值"的过程中获得的。合理的流通加工还应与配套、配送结合,以节约能源、节约设备、节约人力为主要目标。

4. 正确选择加工方法

流通加工方法也是流通加工合理化非常重要的内容。流通加工方法主要包括流通加工的工艺、流通加工的程度和流通加工的技术等。如果过分夸大流通加工的重要性,而将生产加工的环节转移到流通加工,往往会造成不合理的流通加工;另外,如果忽视了流通加工而将所有加工环节都移到生产领域完成,会增加生产企业的负担,可能耽误主要的业务。如:计算机的组装,在20世纪90年代初被拿到流通领域进行。经过多年的实践证实,其在流通领域组装后的稳定性、可靠性并不能得到保证,因此属于不合理的流通加工,其组装还应在生产领域完成。

本章小结

流通加工管理指在流通领域中的生产加工作业管理。本章在介绍流通加工的定义、主要作用及内容的基础上,重点分析了流通加工合理化的主要方法。

复习思考

1. 简述流通加工与生产加工的异同点。
2. 简述流通加工的主要作用。
3. 简述流通加工合理化的方法。

 案例讨论

迪安食品公司的鲜牛奶流通加工

迪安食品公司的首席执行官霍华德·M.迪安正在开发一项计划,打算在墨西哥市场投放牛奶制品和冷冻蔬菜。对于这家拥有23亿美元资产、总部设在芝加哥且仅在美国从事销售活动的公司来说,这是一项重大的举措。由于北美自由贸易协议允许开放墨西哥市场,迪安食品公司正以此为契机将其产品介绍给9千万新的消费者。

牛奶本身是一种特别吸引人的产品,且墨西哥人口中有一半年龄在18岁以下(主要的喝牛奶者),牛奶制品推广的前景广阔。然而墨西哥新鲜牛奶短缺,并且因为政府的限价,还没有什么动力驱使批发商和零售商推销该产品。在投入这项冒险事业之前,迪安指派了两名经理研究墨西哥市场动态和物流需求。迪安还寻求与专业厂商 Tetra Pak 公司的合作,这是他合作的包装供货商之一,目前在墨西哥经营着一家大型的公司。

迪安首先通过建立一家合资企业把目标对准墨西哥奶制品市场。该合资企业负责寻找配送商将迪安的牛奶和奶制品,装运到墨西哥边界城镇。迪安创立的合资企业仍然需要解决几个问题:第一个问题是冷藏问题。因为绝大部分的产品是在小型的"夫妻"店里出售的,这类店里几乎没有什么冷藏设备。因为产品的堆放空间缩小了,在货架上的保存期也缩短了,迪安就把加仑壶包装改成小纸箱包装。第二个问题与超市有关。有些超市常常通宵停电,导致冰激凌产品反复地融化和冻结,最终损害了产品的品质。迪安正在考虑的一个解决办法就是自己购买冰箱并对店里24小时维持供电进行补贴。第三个问题是墨西哥缺少奶牛场。这个情况正在迫使迪安考虑发展与原奶生产商的关系,而不是实际经营这些奶牛场。第四个问题是牛奶的低品质。因为墨西哥几乎没有有关产品品质控制的法律规章,所出售的全部牛奶中有40%未经巴氏法灭菌就直接输送到消费者手中。

虽然存在诸多潜在的问题,迪安食品公司的管理部门仍把这种形势视为在一个大市场中占据大份额的机会。迪安说:"我们得快点行动,现在正是机会。"

案例分析题:迪安食品公司是如何进行流通加工的?

第八章　配送管理

知识目标

了解配送的定义、特点和形式；

了解配送中心的定义；

熟悉配送的作业流程；

熟悉配送中心的主要功能及类型；

熟悉配送合理化的主要方法；

掌握配送中心的作业流程。

技能目标

运用配送合理化的方法判断配送问题。

运用节约里程法分析配送路线的优化问题。

引导案例

苏宁如何构建成功的物流配送

没有现代的物流配送，就谈不上真正的连锁经营。物流配送的水平在一定程度上决定着连锁经营的成功与否。

苏宁的物流配送流程以财务为中心，将营销、物流和采购等统一在一个平台之下。在这个平台上，POS机的收款信息能立刻传到配送中心，由配送中心做出反应，产生配送指令。无论是苏宁电器的自备车辆，还是外包车辆，在完成一项任务前，都要先到信息大厅办理出库手续，领取出库单，然后去库房提货、送货，完成该项指令后，还要到信息大厅核销该项任务。

在先进的信息系统支撑下,苏宁对商品流向进行了精准的控制。在仓库,配送单经过仓管员仔细核对后,家电产品由库房搬运、装卸至车辆上,由于全程机械化,装运效率非常高,装满一辆车只需十几分钟。

家电零售行业的运力需求淡旺季差别很大,针对这一问题,苏宁采取了自备车和外包相互补充的模式。

对于零售企业来说,物流是其顺畅运作、良性发展的关键,从采购、存储、配送到售后服务,零售企业的各个业务环节都要有高效的物流系统作为保障。物流体系的建设同样也是苏宁连锁经营战略的核心内容之一。目前,苏宁在加紧建设第三代信息化物流基地,其采用全自动、机械化的立体仓储系统的集成方案,通过库内立体化仓库系统、机械化运输系统、WMS(仓库管理系统)及TMS(运输管理系统)的实施,将建成国内家电零售行业最先进的物流中心之一,成为苏宁电器新一代物流系统运作和发展的标志性工程。

第三代物流中心与之前的物流中心的不同之处在于,它采用二级配送模式:一级配送分拨服务是负责将各类商品从区域大库分拨运送到区域内的所有二级城市;二级配送服务是由区域内的二级城市物流配送服务中心将商品全面配送分拨到千家万户;而之前的第二代物流中心采用的是三级配送模式——一级配送到市、二级配送到店、三级配送到户。

在第三代物流中心中,通过WMS系统,实现订单管理、库存管理、收货管理、拣选管理、盘点管理、移库管理以及管理条码化,仓库作业实时监控;通过TMS系统,提高配送服务响应时间,提高车辆资源利用率,降低运输成本,将电子地图、GPS(全球定位系统)全面用于零售等配套的服务行业,实现准时化配送。

目前,已经建成的江苏物流中心按照"专业化分工、标准化作业、模块化结构、层级化管理"的标准,在南京建立了辐射150千米范围内的城市配送体系,仓库面积达4.6万平方米,同时充分应用机械化、自动化、信息化的现代物流设备及系统,存储能力高达300万台套,日作业能力达3万台套,销售额达300亿元。

资料来源:中国就业培训技术指导中心.物流师(国家职业资格二级)(第2版)[M].北京:中国劳动社会保障出版社,2013.

思考

试分析苏宁配送中心的成功之处。

8.1 配送概述

8.1.1 配送的定义

中华人民共和国国家标准《物流术语》(GB/T 18354-2006)将配送定义为:"在经济合理区域范围内,根据客户要求,对物品进行拣选、加工、包装、分割、组配等作业,并按时送达指定地点的物流活动。"

从配送的概念中,可以清楚地看到配送具有以下含义:

(1)"配"指配货,即将客户所需的不同货物组合在一起。

(2)"送"指送货,即将需要的商品送到客户手上,是"配"和"送"的有机组合。一般而言,经济发达的地区"配"的比例大些,经济落后的地区"送"的比例大些。

(3)配送要按客户的要求进行。客户对物资配送的要求包括数量、品种、规格、供货周期、供货时间等。

(4)配送由物流据点完成。物流据点可以是物流配送中心、物资仓库,也可以是商店或其他物资集散地。

(5)配送是流通加工、整理、拣选、分类、配送、配装、末端运输等一系列活动的集合。

配送是物流中的一种特殊的、综合的活动形式,几乎包括了所有的物流功能要素,是物流的一个缩影或在某个范围内物流全部活动的体现。一般的配送集装卸、包装、保管、运输于一体,通过这一系列的活动完成将货物送达的目的。特殊的配送则还要以加工活动为支撑,所以包括的方面更广。但是,配送的主体活动与一般物流有所不同:一般物流是运输和保管,而配送则是运输和分拣配货。分拣配货是配送的独特功能,也是配送中最有特点的活动,以送货为目的的运输则是最后实现配送的主要手段。

配送与运输的比较如表 8-1 所示。

表 8-1 配送和运输的比较

内容	运输	配送
运输性质	干线运输	支线运输、区域运输、末端运输
货物性质	少品种、大批量	多品种、小批量
运输工具	大型货车、铁路或水路运输	小型货车
管理重点	效率优先	服务优先
附属功能	装卸、捆包	装卸、保管、包装、分拣、流通加工、订单处理

8.1.2 配送的特点

1. 配送是从物流据点至客户的特殊送货形式

从"送"的功能来看,其特殊性表现为:从事送货的是专职的流通企业,而不是生产企业;配送是中转型送货,而一般送货尤其是从工厂到客户的送货往往是直达型的;一般送货是生产什么送什么,有什么送什么,配送则是企业需要什么送什么。

2. 配送是一种末端运输

配送不是单纯的运输或输送,而是与其他活动共同构成的组合体。配送中包含的运输活动在整个输送过程中处于"二次输送""支线输送""终端输送"的位置,其起终点为物流节点到客户。

3. 配送是一种"门到门"的服务

配送不是广义概念上的组织物资订货、签约、进货及对物资进行处理分配的供应,而是供给者送货到户式的服务性供应。从服务方式来讲,是一种"门到门"的服务,可以将货物从物流节点一直送到客户的仓库、营业场所、车间乃至生产线的起点。

4. 配送是一种综合服务

配送是在全面配货的基础上,完全按照客户对商品种类、品种搭配、数量、时间等方面的要求所进行的运送。因此,除了各种"运""送"活动,配送还从事大量的分货、配货、配装等工作,是"配"和"送"的有机结合形式。

8.1.3 配送的作业流程

配送的作业流程如图 8-1 所示。

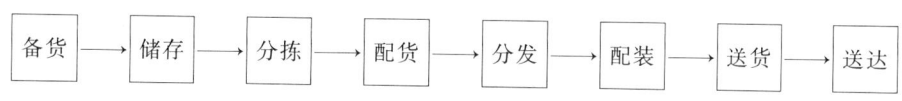

图 8-1　配送的作业流程

(1) 备货。备货是配送的准备工作或基础工作,备货工作包括筹集货源、订货或购货、集货、进货及有关的质量检验、结算、交接等。配送的优势之一就是可以集中客户的需求进行一定规模的备货。备货是决定配送成败的初期工作,如果备货成本太高,会大大降低配送效益。

(2) 储存。储存是按一定时期的配送经营要求,形成配送的资源保证。

(3) 分拣及配货。分拣及配货是配送不同于其他物流形式的有特点的功能作业,也

是配送成败的一项重要支持性工作。分拣及配货是完善送货、支持送货的准备性工作,是不同配送企业在送货时进行竞争和提高自身经济效益的必然延伸,是送货向高级形式发展的必然要求。有了分拣及配货,就会大大提高送货的服务水平,所以,分拣及配货是决定整个配送系统水平的关键要素。

(4) 分发。分发指将货物送到指定的地点。

(5) 配装。在单个客户配送数量不能达到车辆的有效载运负荷时,就存在如何集中不同客户的配送物品,进行搭配装载以充分利用运能、运力的问题,这就需要配装;它与一般送货的不同之处在于,通过配装送货,可以大大提高送货水平并降低送货成本。

(6) 送货。由于配送客户多,一般城市交通路线又较为复杂,因此,考虑如何组合成最佳路线、如何使配装和路线有效搭配等,是配送送货的特点,也是难度较大的工作。

(7) 送达。配好的货送达客户还不算配送工作的终结,这是因为货物送达和客户接货这两个环节如果衔接不好,将降低甚至丧失配送效果。因此,要圆满地实现运达货物的移交,有效、方便地处理相关手续并完成结算,还应做好配送计划通知,以及卸货地点、卸货方式的组织与服务。

8.1.4 配送的形式

1. 按照配送商品的种类和数量进行分类

(1) 少品种、大批量配送。这种配送适用于需求数量较大的商品,单独的一种或少数品种就可以达到较大的运输量,可实行整车运输,这种商品往往不需要再与其他商品进行搭配,可由专业性很强的企业实行这种配送。此种配送形式主要适用于大宗货物,如煤炭等。

(2) 多品种、小批量配送。按客户要求,将所需的各种商品(每种商品的需要量不大)配备齐全,凑成整车后由配送中心送达客户手中。日用商品的配送多采用这种方式。多品种、小批量的配送适应了现代消费多样化、需求多样化的新情况。

2. 按照配送时间及数量进行分类

(1) 定时配送。按规定的时间间隔进行配送,配送品种和数量可根据客户的要求有所不同。

(2) 定量配送。按规定的批量进行配送,但不严格确定时间,只是规定在一个指定的时间范围内配送。这种配送计划性强,备货工作简单,配送成本较低。

(3) 定时定量配送。按规定的准确时间和固定的配送数量进行配送。

（4）即时配送。不预先确定配送数量，也不预先确定配送时间及配送路线，而是按客户要求的时间、数量进行配送。

3. 按照配送的组织形式进行分类

（1）集中配送。由专门从事配送业务的配送中心对多个客户开展配送业务。集中配送的品种多、数量大，一次可同时对同一路线中的几家客户进行配送，其配送的经济效益明显，是配送的主要形式。

（2）共同配送。两个或两个以上的配送中心联合起来，共同制订计划，共同对某一地区的客户进行配送，具体执行时共同使用配送车辆，称为共同配送。

（3）分散配送。由商业零售网点对小量、零星商品或临时需要的商品进行的配送业务。这种配送适合于近距离、多品种、小批量的商品的配送。

（4）加工配送。在配送中心进行必要的加工，这种形式将流通加工和配送一体化，使加工更有计划性、配送服务更趋完善。

4. 按照配送的职能形式进行分类

（1）销售配送。批发企业建立的配送中心多开展这项业务。批发企业通过配送中心把商品批发给各零售商店的同时，也可与生产企业联合，生产企业可委托配送中心储存商品，按厂家指定的时间、地点进行配送。若生产厂家是外地的，则可以采取代理的方式，促进厂家的商品销售，还可以为零售商店提供代存代供配送服务。

（2）供应配送。供应配送指用户为了自己的供应需要所采取的配送形式。在这种配送形式下，一般是由用户或用户集团组建配送据点，集中组织大批量进货（以便取得批量折扣），然后向本企业配送或向本企业集团的若干企业配送。在大型企业、企业集团或联合公司中，常常采用这种配送形式组织对本企业的供应。用配送方式进行供应，是保证供应水平、提高供应能力、降低供应成本的重要方式。

（3）销售与供应相结合的配送。配送中心与生产厂家及企业集团签订合同，负责一些生产厂家的销售配送，又负责一些企业集团的供应配送。配送中心具有上连生产企业的销售配送、下连客户的供应配送两种职能，实现了配送中心与生产企业及客户的联合。

（4）代存代供配送。客户将属于自己的商品委托配送中心代存、代供，有时还委托代订，然后组织配送，这种配送在实施前不发生商品所有权的转移，配送中心只是客户的代理人，商品在配送前后都属于客户所有。配送中心仅从代存、代供中获取收益。

8.2 配送中心

8.2.1 配送中心的定义

中华人民共和国国家标准《流通术语》(GB/T 18354-2006)将配送中心定义为:"从事配送业务且具有完善信息网络的场所或组织,应基本符合下列要求:①主要为特定的客户服务;②配送功能健全;③辐射范围小;④多品种、小批量、多批次、短周期;⑤主要为末端客户提供配送服务。"

配送中心也可以视为流通型仓库。同保管型仓库相比,流通型仓库的主要功能是加快商品周转、提高流通效率、满足客户对物流的高度化需求。保管型仓库和配送中心的区别如表8-2所示。

表8-2 保管型仓库和配送中心的区别

内容	保管型仓库	配送中心
功能	物资保管和储存	入库、验收、保管、备货、分拣、流通加工、检验、出库等
空间利用	保管功能	保管功能占一半,其他功能占一半
设计	以保管为主体,平面摆放通路少,未进行严格的场所管理	按配送中心功能的流转顺序设计,利用货架实行立体存放,有严格的场所管理
信息特征	货物状况和信息不一致	货物状况和信息一致
事务处理和信息传递方式	基本使用人工完成事务处理和信息传递	利用信息系统工具和物流信息系统完成事务处理及信息传递
作业的自动化和省力化	基本是人工作业	在信息系统的支持下实现作业自动化和省力化
对多样化物流需求的适应力	基本上不能适应	可以适应

8.2.2 配送中心的功能

配送中心是专门从事货物配送活动的经济组织。换个角度说,它又是集加工、理货、送货等多种职能于一体的物流据点。从这个意义上来讲,配送中心实际上是集货中心、分货中心、加工中心功能的综合。具体来说,配送中心有如下几种功能:

1. 储存功能

配送中心的服务对象是为数众多的企业和商业网点(如超级市场和连锁店),其职能和作用是:按照客户的要求及时将各种配装好的货物送交到客户手中,满足生产需要和消费需要。为了顺利而有序地完成向客户配送商品(货物)的任务及更好地发挥保障生产和消费需要的作用,配送中心通常都要兴建现代化的仓库并配备一定数量的仓储设备,储存一定数量的商品。某些区域性大型配送中心和开展"代理交货"配送业务的配送中心,不但要在配送货物的过程中储存货物,而且它储存的货物数量更大、品种更多。上述配送中心拥有的储存能力及其储存货物的事实表明:储存功能是这种物流组织的重要功能之一。

2. 分拣功能

作为物流节点的配送中心,其服务对象(即客户)是为数众多的企业(在国外,配送中心的服务对象少则几十家,多则数百家)。这些为数众多的客户彼此之间存在着很多差别:不仅各自的性质不尽相同,而且其经营规模也不一样。据此,在订货或进货的时候,为了有效地进行配送(即为了能同时向不同的客户配送很多种货物),配送中心必须采取适当的方式对组织进来(或接收到)的货物进行拣选,并在此基础上,按照配送计划分装和配装货物。这样在商品流通实践中,配送中心除了能够储存货物、具有储存功能外,还有分拣货物的功能,能发挥分拣中心的作用。

3. 集散功能

在物流实践中,配送中心凭借其特殊的地位及其拥有的各种先进设施和设备,能够将分散在各个生产企业的产品(即货物)集中到一起,而后经过分拣、配装向多家客户发运。与此同时,配送中心也可以做到把各个客户所需要的多种货物有效地组合(或配装)在一起,形成经济、合理的货载批量。配送中心在流通实践中表现出的这种功能,即(货物)集散功能,也被称为"配货、分放"功能。

集散功能是配送中心所具备的一项基本功能。实践证明:利用配送中心集散货物,可以提高卡车的满载率,由此可以降低物流成本。

4. 衔接功能

通过开展货物配送活动,配送中心能把各种工业品和农产品直接运送到客户手中,客观上可以起到媒介生产和消费的作用。这是配送中心衔接功能的一种重要表现。此外,通过集散和储存货物,配送中心又有平衡供求的作用,由此能有效地解决季节性货物的产需衔接问题。这是配送中心衔接功能的另一种体现。

在人类社会中，生产和消费并非总是等幅度增长和同步运动的。很多工业品（如煤炭、水泥产品），都是按照计划批量均衡生产，而其消费则带有很强的季节性；还有一些产品（主要是农产品）则恰恰相反，其消费是连续进行的，而其生产却是季节性的。这种现象说明，就某些产品而言，生产和消费存在一定的时间差。由于配送中心有吞吐货物的能力，具备储存物资的功能，因此，它能够调节产品供求关系，进而解决生产和消费之间的时间差和矛盾。从这个意义上说，配送中心是衔接生产和消费的中介组织。

5. 加工功能

为了扩大经营范围和提高配送水平，目前国内外许多配送中心都配备了各种加工设备，这些配送中心能够按照客户提出的要求、根据合理配送商品的原则，将组织进来的货物加工成一定的规格、尺寸和形状，由此发挥了加工功能。

加工货物是某些配送中心的重要活动。配送中心积极开展加工业务，不但大大方便了客户，省却了后者不少烦琐劳动，而且有利于提高物质资源的利用效率和配送效率。此外，对于配送活动本身来说，客观上则起着强化其整体功能的作用。

8.2.3 配送中心的类型

随着经济的发展，准时配送模式日益盛行，商品流转速度加快，流通规模扩大，这使得对配送中心的需求不断增加，社会上出现了越来越多的各种功能和形式的配送中心。总结、归纳国内外配送中心的建设与运营情况，大体上可以将其分为如下类型：

1. 按照配送中心的隶属关系进行划分

（1）自有型配送中心。通常，自有型配送中心的设施归一家企业或企业集团所有，成为企业物流组织体系和物流系统的构成部分，为企业自己或集团内部服务，很少对外提供服务。如：美国沃尔玛的配送中心是由公司独资建立，专门为本公司所属的连锁店提供商品配送服务的自有型配送中心。当然，一些自有型配送中心在能力富余的情况下，或者为了降低运营成本，也有限地对外提供配送服务。

（2）公共型配送中心。这类配送中心面向社会或某个行业的所有客户，通常是由若干家企业共同投资、持股或管理，专业从事物流与配送服务的经营实体。它可以根据与客户的合同，提供个性化、定制化的配送服务。在配送中心的总量中，这类配送中心所占比例较大，而且有的配送中心不仅提供第三方的配送服务，也具有商业交易功能，如：一些批发商可以转型为公共型配送中心。

2. 按照运营主体的不同进行划分

（1）以制造商为主的配送中心。规模较大、流通管理较好的生产厂商在建立销售体系的同时,还要建立快捷的配送中心,以降低流通费用和提高售后服务的质量。如:海尔物流中心有采购件和制成品两个自动化仓库,共 14 个巷道、19 536 个库存货位。采购件自动化仓库负责向装配线工位准时地配送零部件,制成品自动化仓库负责向全国 42 个分销配送点准时地配送零部件。海尔配送体系建成后,已经做到中心城市 68 个小时内配送到位,区域销售配送 68 个小时内到位,全国主干线分拨配送平均 3.5 天到位。

(2)以批发商为主的配送中心。批发商型配送中心是由批发商或代理商所建立的配送中心,是以批发商为主体的配送中心。批发是物品从制造者到消费者之间的传统流通环节之一,一般按部门或物品类别的不同,把每个制造厂的物品集中起来,然后以单一品种或搭配向消费地的零售商进行配送。这种配送中心负责对来自各个制造商的物品进行汇总和再销售,而它的全部进货和出货都是由外部公司完成配送的,社会化程度高。

(3)以零售商为主的配送中心。它是以零售商为主建立的面向终端客户或门店的配送中心。随着连锁商业的发展、经营规模的扩大和门店数量的增加,一些连锁零售企业具备了建设现代化配送中心的条件,使得该类型的配送中心得以快速的发展。如:华联超市股份有限公司,网点遍布上海各区县,辐射江苏、浙江等。2000 年 8 月,华联超市现代配送中心正式启动。连锁超市是以连锁制为轴心,以大的门店网络为市场依托,以规模化采购、收货、流通加工、保管和集约化的配送体系为利润源。

(4)以专业物流企业和公共物流站场为主的专业配送中心。专业物流配送中心是以第三方物流企业(包括传统的仓储企业和运输企业)为主体的配送中心。这种配送中心具有很强的运输配送能力,地理位置优越,可迅速将到达的货物配送给客户。它为制造商或供应商提供物流服务,而配送中心的货物仍属于制造商或供应商所有,配送中心只是提供仓储管理和运输配送服务。这种配送中心的现代化程度往往较高。

3. 按照配送中心的功能进行划分

(1)储存型配送中心。这是一种有很强储存能力的配送中心,储存空间占整体空间的比例往往比较大,如图 8-2 所示。储存型配送中心是在发挥储存作用的基础上组织、开展配送活动。我国现有的许多被称为配送中心的设施,大多起源于传统的仓库,基本上属于此种类型。

(2)流通型配送中心。流通型配送中心包括通过型或转载直拨型配送中心,基本上不以长期储存为目的,而是暂时或以随进随出的方式进行配货、送货,如图 8-3 所示。基本流程为:大量货物整托盘或整箱进入,然后按一定批量零出。一般采用大型分类机,进货时直接进入分类机传送带,分送到各客户货位或直接分送到配送车辆上。

（3）加工型配送中心。这是一种以包装、分割、计算、分拣、刷标志、拴标签、组装等简单作业为主要业务的配送中心,如食品加工配送中心、生产资料加工配送中心等,如图8-4所示。

图8-2 储存型配送中心

图8-3 流通型配送中心

图8-4 加工型配送中心

4. 按照配送中心的层次和范围进行划分

（1）中央配送中心。该类配送中心主要位于制造商的生产基地,辐射范围广,面向下游的区域配送中心或直接面向客户服务。这种配送中心的特点与我国物流术语标准中"物流中心"定义的内容比较接近,因此,可以把中央配送中心称为"物流中心"。

（2）区域配送中心。这是一类辐射能力较强,活动范围较大,可以跨省、跨市进行配送活动的配送中心。区域配送中心主要接收上游厂商或中央配送中心送来的货物,然后转运到下游的城市配送中心、仓库或直接配送给客户。制造商、分销商或零售商通常会对自己的销售市场进行划分,然后根据一定的条件设立若干区域配送中心。区域配送中心的经营规模一般较大,设施设备齐全,配送的货物批量大而批次相对少,在实践中为完善服务而设立,虽然也从事零星分散的配送,但不是其主要业务。

（3）城市配送中心。该类配送中心向城市范围内的客户提供门到门的配送服务。由于在城市范围内，货物的运输距离短，大型载重汽车又受到城市通行的限制，因此，配送中心在组织送货时，一般多使用中小型厢式货车，更多地体现了"小批量""多批次""高频度"的服务特点。因为城市配送中心的服务对象主要是市内的生产企业、零售商或连锁店铺，因此，其辐射能力不太强，一般通过与区域配送中心联成网络的方式运作。

5. 按照配送物品的种类进行划分

由于商品的种类特性多种多样，配送的特点各有不同，因此，产生了不同类型的配送中心，如：日用品配送中心、食品配送中心、生鲜品配送中心、化妆品配送中心、医药品配送中心、图书配送中心、服饰配送中心、电子产品配送中心、农产品配送中心等。

8.2.4 配送中心的作业流程

配送中心的作业流程主要包括订货、进货、发货、仓储、订单拣货和配送作业，如图8-5所示。配送中心的作业流程是配送中心运作的核心内容，其作业流程的合理性、作业效率的高低都会直接影响整个物流系统的正常运行。

1. 进货

进货就是配送中心根据客户的需要，为了保证配送业务的顺利实施，而从事的组织商品货源和进行商品存储的一系列活动。进货是配送的准备工作或基础工作，它是配送的基础环节，又是决定配送成败与否、规模大小的最基础的环节，同时也是决定配送效益高低的关键环节。

2. 订单处理

从接到客户订单开始到着手准备拣货之间的作业阶段，称为订单处理。订单处理是与客户直接沟通的作业阶段，对后续的拣选作业、调度和配送产生直接的影响，是其他各项作业的基础。

订单是配送中心开展配送业务的依据，配送中心接到客户订单以后需要对订单加以处理，据以安排分拣、补货、配货、送货等作业环节。订单处理方式包括人工处理和计算机处理，目前主要采用计算机处理方式。

3. 拣货

拣货作业是依据客户的订货要求或配送中心的送货计划，迅速、准确地将商品从其储位或其他区域拣取出来，并按一定的方式进行分类、集中，等待配装送货的作业过程。

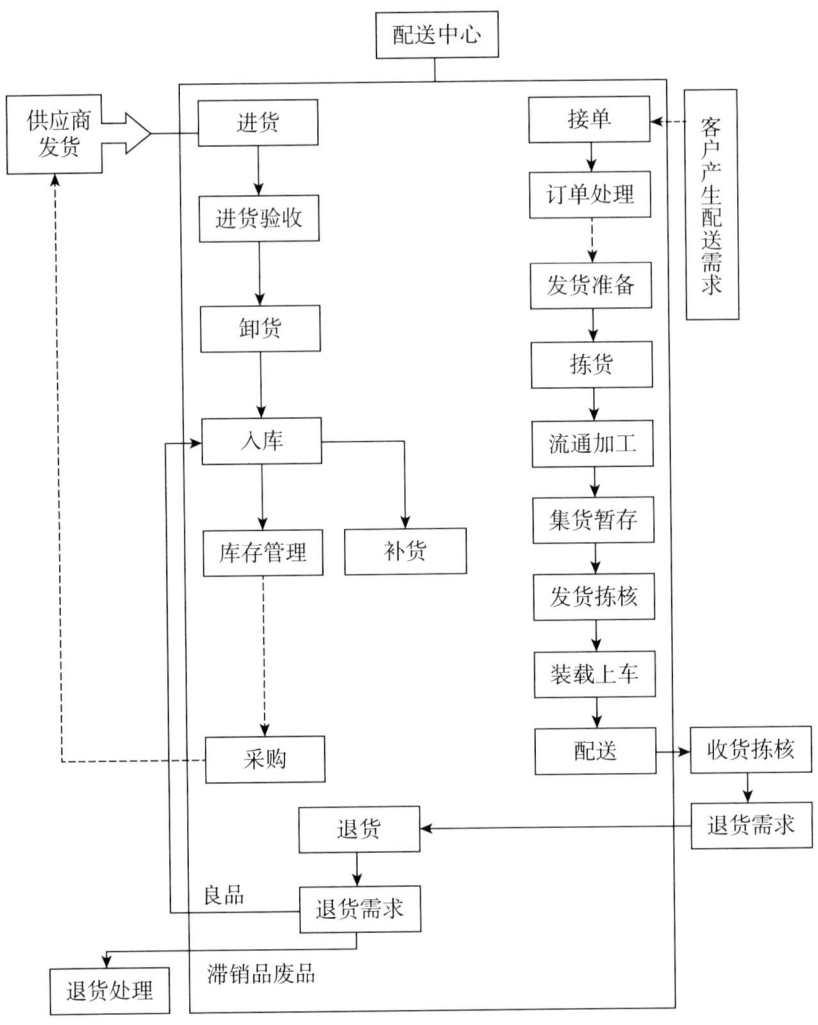

图 8-5 配送中心的作业流程

拣货过程是配送不同于一般形式的送货以及其他物流形式的重要的功能要素,是整个配送中心作业系统的核心工序。拣货作业的种类按照分拣的手段不同可以分为人工分拣、机械分拣和自动分拣三大类。

4. 补货

补货是库存管理中的一项重要的内容,根据以往的经验,或者相关的统计技术方法,或者计算机系统的帮助,确定最优库存水平和最优订购量,据此在库存低于最优库存水平时发出存货再订购指令,以确保存货中的每一种产品都在目标服务水平下达到最优库存水平。

补货作业的目的是保证拣货区有货可拣,是保证充足货源的基础。补货通常是以托盘为单位,从货物保管区将货品移到拣货区的作业过程。

5. 配货

配送中心为了顺利、有序、方便地向客户发送商品,对组织进来的各种货物进行整理,并依据订单要求进行组合。配货也就是指使用各种拣选设备和传输装置,将存放的货物,按客户的要求分拣出来,配备齐全,送入指定发货区。

配货作业与拣货作业不可分割,二者一起构成一项完整的作业。通过分拣配货,可实现按客户要求进行高水平送货的目的。

6. 送货

配送中的送货作业包含将货物装车并实际配送,而完成这些作业则需要事先做好配送区域的划分或配送路线的安排,由配送路线选用的先后次序来决定商品的装车顺序,并在商品配送途中进行商品跟踪、控制,确定配送途中意外状况及送货后文件的处理办法。送货通常是一种短距离、小批量、高频率的运输形式。它以服务为目标,以尽可能满足客户需求为宗旨。

7. 流通加工

流通加工是配送的前沿,它是衔接储存与末端运输的关键环节。流通加工是指物品在从生产领域向消费领域流动的过程中,流通主体(即流通当事人)为了完善流通服务功能、促进销售、维护产品质量和提高物流效率而开展的一项活动。

流通加工的目的包括:①适应多样化客户的需求;②提高商品的附加值;③规避风险,推进物流系统化。不同的货物,其流通加工的内容是不一样的。

8. 退货

退货或换货在经营物流业中不可避免,但应尽量减少,因为退货或换货的处理,只会大幅增加物流成本,减少利润。发生退货或换货的主要原因包括:瑕疵品回收、搬运中的损坏、商品送错退回、商品过期退回等。

8.3 配送合理化

8.3.1 配送合理化的判断标志

在当前的物流配送服务中,越来越强调配送合理化的重要性。配送合理化的判断标志有以下几种。

1. 库存

库存是判断配送合理与否的重要标志,具体指标包括两个方面:

(1) 库存总量。在一个配送系统中，原来分散于各个客户的库存会集中到配送中心，以便统一调配。实行配送后，配送中心库存数量与各客户在实行配送后库存数量之和应低于实行配送前各客户库存量之和。

(2) 库存周转。由于配送具有调剂作用——以低库存保持高的供应能力，因此，库存周转一般总是快于之前各企业的库存周转。此外，从各个客户角度进行判断，各客户在实行配送前后的库存周转比较，也是判断配送合理与否的标志。

2. 资金

总的来讲，实行配送应有利于降低资金占用及科学运用资金。具体判断标志如下：

(1) 资金总量。资金总量指用于资源筹措所占用的流动资金总量，它随着储备总量的下降及供应方式的改变必然有一个较大幅度的降低。

(2) 资金周转。从资金运用来讲，由于整个配送节奏加快、资金充分发挥作用，配送之后，同样数量的资金在较短时期内就能满足一定的供应要求。所以，资金周转是否加快是衡量配送合理与否的标志。

(3) 资金投向的改变。资金分散投入还是集中投入，是资金调控能力的重要反映。实行配送后，资金应从分散投入改为集中投入，以增强调控作用。

3. 成本和效益

总效益、宏观效益、微观效益、资源筹措成本都是判断配送合理化的重要标志。对于不同的配送方式，可以有不同的判断侧重点，例如：如果配送由配送企业组织，配送企业、客户都是各自独立的以利润为中心的企业，则不但要看配送的总效益，而且要看对社会的宏观效益及两个企业的微观效益，不顾及任何一方，都必然出现不合理。又如：如果配送由客户自己组织，配送主要强调保证能力和服务性，那么效益主要从总效益、宏观效益和客户的微观效益判断，不必过多顾及配送企业的微观效益。

由于总效益和宏观效益难以计量，因此在实际判断时，常以按国家政策进行经营、完成国家税收及配送企业和客户的微观效益判断。对于配送企业而言（在满足客户要求，即投入确定的情况下），企业利润的多寡反映了配送的合理化程度。对于客户企业而言，在保证供应水平或提高供应水平（产出一定）的前提下，供应成本降低与否反映了配送的合理化程度。

4. 供应保障

配送很重要的一点是必须提高而不是降低对客户的供应保障能力。供应保障能力可以从以下方面判断：

(1) 缺货次数。实行配送后,缺货次数必须下降才算合理。

(2) 配送企业集中库存量。对每一个客户来讲,其数量形成的供应保障能力高于配送前单个企业的保障能力。

(3) 即时配送的能力及速度。即时配送的能力及速度是客户在出现特殊情况时的特殊的供应保障方式,这一能力必须高于未实行用户紧急配送的能力才算合理。

特别需要强调一点,配送企业的供应保障能力是一个科学的、合理的概念,而不是无限的概念。具体来讲,如果供应保障能力过高,超过了实际的需要,则属于不合理。所以追求供应保障能力的合理化也是有限度的。

5. 社会运力节约

末端运输是目前运能、运力使用不合理、浪费较大的领域,因而寄希望于配送解决这个问题,社会运力节约也因此成为配送合理化的重要标志。

运力使用的合理化是依靠送货运力的规划和整个配送系统的合理流程及与社会运输系统合理衔接实现的。送货运力的规划是任何配送中心都需要花力气解决的问题,可以简化判断如下:社会车辆总数减少,而承运量增加;社会车辆空驶减少;一家一户自营运输减少,社会化运输增加。

6. 客户企业仓库、供应、进货人力物力节约

配送的重要作用是以配送为客户代劳。因此,实行配送后,各客户库存量、仓库面积、仓库管理人员减少,以及用于订货、接货、供应的人减少才合理。如果真正解除了客户的后顾之忧,则表明配送的合理化程度则达到了较高的水平。

7. 物流合理化

配送必须有利于物流合理化,这可以从以下几个方面判断:是否降低了物流费用;是否减少了物流损失;是否加快了物流速度;是否发挥了各种物流方式的最优效果;是否有效衔接了干线运输和末端运输;是否不增加实际的物流中转次数;是否采用了先进的管理方法及技术手段。物流合理化的问题是配送要解决的大问题,也是衡量配送本身的重要标志。

8.3.2 配送合理化的主要方法

1. 推行一定综合程度的专业化配送

通过采用专业设备、设施及操作程序,取得较好的配送效果,并降低由配送过分综合化而产生的复杂程度及难度,从而追求配送合理化。

2. 推行加工配送

通过加工和配送结合，充分利用本来应有的这次中转，而不增加新的中转求得配送合理化。同时，加工借助于配送，使得其目的更明确，与客户的联系更紧密，更避免了盲目性。这两者有机结合，投入不增加太多却可实现两个优势、两个效益，是配送合理化的重要经验。

3. 推行共同配送

通过共同配送可以以最近的路程、最低的配送成本完成配送，从而追求配送合理化。

4. 实行送取结合

实行送取结合，是指配送企业与客户建立稳定、密切的协作关系，配送企业不仅成为客户的供应代理人，而且承担客户储存据点的作用，甚至成为产品代销人。在配送时，将客户所需的物资送到，再将该客户生产的产品用同一辆/批车运回，使得这种产品也成为配送中心的配送产品之一，或者作为代存代储，免去了生产企业的库存包袱。送取结合能够使运力得到充分利用，更大地发挥配送企业的功能，从而追求配送合理化。

5. 推行准时配送系统

准时配送是配送合理化的重要内容。只有配送做到了准时，客户才可以放心地实施低库存或零库存，从而有效地安排接货的人力、物力，以追求更高效率的工作。另外，保证供应能力，也取决于准时供应。从国外的经验来看，准时供应配送系统是现在许多配送企业追求配送合理化的重要手段。

6. 推行即时配送

作为计划配送的应急手段，即时配送是最终解决客户企业断供之忧、大幅度提高供应保证能力的重要手段。即时配送是配送企业快速反应能力的具体化，是配送企业能力的体现。即时配送的成本较高，但它是整个配送合理化的重要保证手段。此外，如果客户实行零库存，则即时配送也是一种重要的保证手段。

8.3.3 基于节约里程法的物流配送路线优化

通过节约里程法可以对配送路线进行分析和优化。基于节约里程法的物流配送力求以最少的车辆、最短的行驶里程、最少的中间环节、最低的费用高效、合理地完成物流网络中所有需求点的货物配送。

1. 节约里程法的基本思路

节约里程法的基本思路如图 8-6 所示，设 A 为配送中心，B 和 C 为配送点（即客户），

A 到 B 或 C 的距离分别为 a、b，两个配送点之间的距离为 c。现有两种送货方案，即 A 向 B、C 分别送货和 A 向 B、C 同时送货。对比两种方案可以得出，方案①的配送路线为：A—B—A—C—A，配送距离为：$L_1 = 2a + 2b$；方案②的配送路线为：A—B—C—A，配送距离为：$L_2 = a + b + c$。显然方案②优于方案①，$S = a + b - c$，其中 S 为节约里程量。

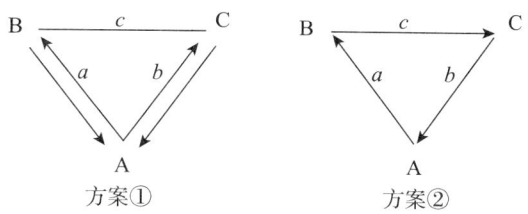

图 8-6 节约里程法的基本思路

2. 节约里程法的步骤

基于节约里程法的基本思路，在配送网络中尽量使运输车辆多载，以节约总配送时间和总配送里程。

节约里程法的具体步骤如下：

(1) 计算各配送点间的最短路径，一般可以通过 Dijkstra① 算法得到。

(2) 进行节约里程的计算。两个配送点之间节约的里程为这两个配送点分别到配送中心的最短路径之和减去两个配送点之间的距离。

(3) 对节约里程进行排序。一般按照节约里程大小的降序排列，得出排序表。

(4) 形成初始解。在满足车辆限载、客户需求量大小、时间限制等所有条件下，根据第一步所得的最短路径对配送点进行一对一直达式配送，得到所需车辆和行程。

(5) 进行回路的合并，得出优化方案。从节约里程排序表中找出产生该节约里程的两个配送点 i、j，再判断连接 i、j 的回路是否存在合并的可能性。如果一个回路以 (p, i) 开始，一个回路以 (j, p) 结束，且满足需求量和车载量等约束条件，则该回路可以合并，并进行下面的合并操作：删除两个回路中的部分路径 (i, p) 和 (p, j)，然后引入新的连接 (i, j)，得到新的回路 $(p, \cdots, i, j \cdots, p)$。重复此过程，直至没有可以合并的回路，从而得出优化方案。

(6) 确定最优方案。重复上一步，并对得出的优化方案进行比较，得出最终优化方案。

---

① Dijkstra 算法是从一个顶点到其余各顶点的最短路径算法，解决的是有向图中最短路径问题。

例题 8-1

SJ快运有限公司是一家主要从事公路零担货物运输,兼营快递和航空代理服务的民营企业。它建成了以上海、天津、广州、武汉、杭州、西安、成都等地为中枢,遍布全国的信息化货运网络,拥有网点1 100多个,运输车辆3 000多台,其中95%以上是标准箱式货车,长途车约1 200辆、市内配送货车1 800辆,另外拥有可调配的其他车1 500余辆。

SJ旗下的南昌物流配送中心及各个配送支点如图8-7所示,图中数值为各点相距的千米数,一次配送中,要由配送中心A向其他配送支点进行配送,现有2吨和5吨的货车可以使用,在这次配送中,B、C、D、E、F、G、H各点的需求量分别是1.9、2.4、1.8、2.2、2.4、2.3、1.9(单位:吨)。请运用节约里程法求配送方案。

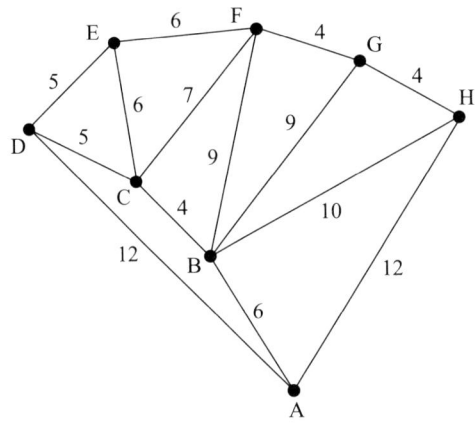

图8-7 各节点配送位置图(单位:千米)

(1)利用最短路径算法,求出各配送节点间的最短距离,计算结果如表8-3所示。

表8-3 各节点间的最短距离

单位:千米

	A	B	C	D	E	F	G
B	6						
C	10	4					
D	12	9	5				
E	16	10	6	5			
F	15	9	7	11	6		
G	15	9	11	15	10	4	
H	12	10	14	19	14	8	4

（2）根据表8-3，计算各配送节点的节约里程，结果如表8-4所示。

表8-4 各节点间的节约里程

单位：千米

	B	C	D	E	F	G
C	12					
D	9	17				
E	12	20	23			
F	12	18	16	25		
G	12	14	12	21	26	
H	8	8	5	14	19	23

（3）对节约里程按大小顺序进行降序排列，结果如表8-5所示。

表8-5 节约里程排序表

单位：千米

序号	连接	节约里程	序号	连接	节约里程
1	F—G	26	12	E—H	14
2	E—F	25	13	B—C	12
3	D—E	23	14	B—E	12
4	G—H	23	15	B—F	12
5	E—G	21	16	B—G	12
6	C—E	20	17	D—G	12
7	F—H	19	18	B—D	9
8	C—F	18	19	B—H	8
9	C—D	17	20	C—H	8
10	D—F	16	21	D—H	5
11	C—G	14			

（4）确定初始配送方案。由配送中心按最短路线向各个配送节点分别送货，需要2吨的车辆3辆、5吨的车辆4辆，总里程为172千米，具体求解过程如下：

A到B的距离为$2×6=12$，1.9吨；A到D的距离为$2×12=24$，1.8吨；A到H距离为$2×12=24$，1.9吨；

因此，需要2吨的车辆3辆。

A到C的距离为$2×10=20$，2.4吨；A到E的距离为$2×16=32$，2.2吨；A到F的距离为$2×15=30$，2.4吨；A到G的距离为$2×15=30$，2.3吨；因此，需要5吨车辆4辆。

总里程=12+24+24+20+32+30+30=172（千米）

（5）确定优化方案。按照节约里程的大小顺序，连接F—G，由于配载的限制，不能再纳入其他节点，节约26千米；同理，连接D—E，节约23千米；连接B—C，节约12千米；H单独配送，节约0千米。综上，共需2吨的车辆1辆、5吨的车辆3辆，共节约里程61千米。

（6）再次优化方案。与上一步骤同理，先连接E—F，得出共需2吨的车辆1辆、5吨的车辆3辆，共节约里程65千米。

（7）确定最终方案。与上一步骤同理，可得出多组方案，其中65千米为最大节约里程。最终配送路线如图8-8所示。

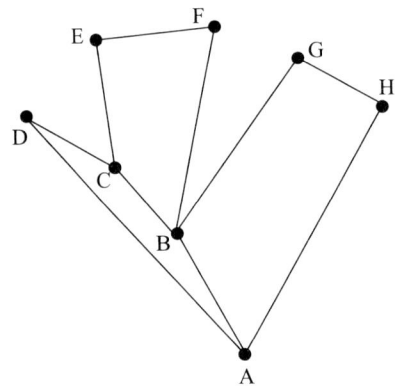

图8-8　最终配送路线图

最终配送路线方案如下：

路线1：A—B—C—E—F—B—A，节约里程25千米；

路线2：A—B—G—H—A，节约里程23千米；

路线3：A—B—C—D—A，节约里程17千米；

路线4：A—B—A，节约里程0千米。

共节约里程65千米，占总里程的37.8%，需要2吨的车辆1辆，5吨的车辆3辆。

本章小结

配送管理是物流中一种特殊的、综合的活动形式，是商流与物流紧密结合，包含了商流活动和物流活动，也包含了物流中若干功能要素的一种形式。本章首先介绍了配送的定义、特点、作业流程和主要形式；其次，在阐述了配送中心定义和功能的基础上，重点介绍了配送中心的主要类型和作业流程；最后，从判断标志、主要方法两方面介绍了配送合理化，并运用节约里程法求解了配送路线优化问题。

复习思考

1. 简述配送与运输的不同之处。
2. 简述配送的作业流程。
3. 简述配送中心和保管型仓库的不同之处。
4. 简述配送中心的主要类型。
5. 简述配送中心的作业流程。
6. 简述配送合理化的主要方法。
7. 计算题

图 8-9 为某配送中心的配送网络图。由配送中心 P 向 A、B、C、D、E 5 个客户配送物品。图中连线上的数字表示运距（单位：千米）。图中括号里的数字，表示客户对货物的需求量（单位：吨）。配送中心备有 2 吨和 4 吨载重量的汽车，且汽车一次巡回行驶里程不能超过 30 千米。请用节约里程法求解该物流中心的配送方案。

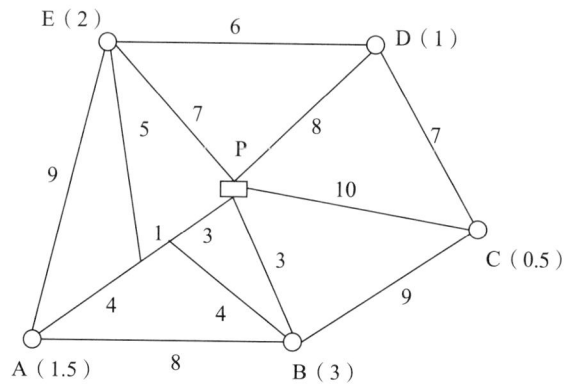

图 8-9 某配送中心的配送网络图

案例讨论

上海联华生鲜食品加工配送中心的物流系统

联华生鲜食品加工配送中心是我国国内目前设备最先进、规模最大的生鲜食品加工配送中心，总投资 6 000 万元，建筑面积 35 000 平方米，年生产能力 20 000 吨，其中，肉制

品 15 000 吨、生鲜盆菜、调理半成品 3 000 吨、西式熟食制品 2 000 吨,产品结构分为 15 大类约 120 种生鲜食品。配送中心在生产加工的同时,还从事水果、冷冻品以及南北货的配送任务。连锁经营的利润源重点在物流,而物流系统好坏的评判标准主要在于物流服务水平和物流成本两个方面,联华生鲜食品加工配送中心就是在这两个方面都做得较好的一个物流系统。

生鲜商品按其秤重包装属性可分为:定量商品、秤重商品和散装商品;按物流类型可分为:储存型、中转型、加工型和直送型;按储存运输属性可分为:常温品、低温品和冷冻品;按商品用途可分为:原料、辅料、半成品、产成品和通常的商品。生鲜商品大部分需要冷藏,因此其物流流转周期必须很短,以节约成本;生鲜商品的保值期很短,客户对其色泽等要求很高,因此在物流过程中需要快速流转。生鲜配送中心将两个评判标准通俗地归结为"快"和"准确",下面分别从几个方面说明联华生鲜配送中心是如何做的。

1. 订单管理

门店的要货订单通过联华数据通信平台,实时地传输到生鲜配送中心,在订单上制定各商品的数量和相应的到货日期。生鲜配送中心接受到门店的要货数据后,立即在系统中生成门店要货订单,按不同的商品物流类型进行不同的处理:

(1)储存型商品。系统计算当前的有效库存,比对门店的要货需求、日均配货量和相应的供应商送货周期,自动生成各储存型商品的建议补货订单,采购人员根据该订单以及实际的情况做一些修改即可形成正式的供应商订单。

(2)中转型商品。此种商品没有库存,直进直出,系统根据门店的需求汇总按到货日期直接生成供应商的订单。

(3)直送型商品。根据到货日期,分配各门店直送经营的供应商,直接生成供应商直送订单,并通过 EDI 系统直接发送给供应商。

(4)加工型商品。系统按日期汇总门店要货,根据各产成品/半成品的物料清单计算物料耗用,比对当前的有效库存,生成加工原料的建议订单,生产计划员根据实际需求进行调整,发送采购部生成供应商原料订单。

各种不同的订单在生成完成或手工创建后,通过系统中的供应商服务系统自动发送给各供应商,时间间隔在 10 分钟以内。

2. 物流计划

在得到门店的订单并汇总后,物流计划部根据第二天的收货、配送和生产任务制订物流计划。

（1）路线计划：根据各路线上门店的订货数量和品种，做路线的调整，保证运输效率。

（2）批次计划：根据总量和车辆人员情况设定加工和配送的批次，实现循环使用资源，提高效率；在批次计划中，将各路线分别分配到各批次中。

（3）生产计划：根据批次计划，制订生产计划，将量大的商品分批投料加工，设定各路线的加工顺序，保证和配送运输相协调。

（4）配货计划：根据批次计划，结合场地及物流设备的情况，做好配货的安排。

3. 储存型物流运作

商品进货时先要接受订单的品种和数量的预检，预检通过方可验货，验货时需进行不同要求的品质检验，终端系统检验商品条码和记录数量。在商品进货数量上，定量的商品的进货数量不允许大于订单的数量，不定量的商品提供一个超值范围。对于需要计量重量的进货，系统和电子秤系统连接，自动去皮取值。

拣货采用播种方式，根据汇总取货，汇总单标示从各个仓位取货的数量，取货数量为本批配货的总量，取货完成后系统预扣库存，被取商品从仓库仓间拉到待发区。在待发区，配货分配人员根据各路线上各门店的配货数量对各门店进行播种配货，并检查总量是否正确，如不正确则向上校核，如果商品的数量不足或由其他原因造成门店的实配量小于应配量，配货人员应通过手持终端调整实发数量。配货检验无误后则使用手持终端确认配货数据。

在配货时，冷藏和常温商品被分置在不同的待发区。

4. 中转型物流运作

供应商送货先预检，预检通过后方可进行验货、配货；供应商把中转商品卸放到中转配货区，中转商品配货员使用中转配货系统，按先路线再门店的顺序分配商品，根据系统配货指令指定的数量执行，贴物流标签。将配完的商品采用播种的方式放到指定的路线门店的位置上，配货完成统计单个商品的总数量/总重量，根据配货的总数量生成进货单。

中转商品以发定进，没有库存，多余的部分由供应商带回，如果不足，则在门店间进行调剂。以下为三种不同类型的中转商品的物流处理方式。

（1）不定量需称重的商品：设定包装物皮重；由供应商将单件商品上秤，配货人员负责系统分配及其他控制性操作；电子秤称重，每箱商品上贴物流标签。

（2）定量的大件商品：设定门店配货的总件数，汇总打印一张标签，贴于其中一件商品上。

（3）定量的小件商品（通常需要冷藏）：在供应商送货之前先进行虚拟配货，将标签贴于周转箱上；供应商送货时，取自己的周转箱，按其标签上的数量装入相应的商品；如果发生缺货，则将未配到的门店标签作废。

5. 加工型物流运作

生鲜的加工按原料和成品的对应关系可分为两种类型：组合和分割，两种类型在物料清单设置、原料计算以及成本核算方面都存在很大的差异。在物料清单中，每个产品设定一个加工车间，只属于唯一的车间，在产品上区分为最终产品、半成品和配送产品，商品包装分为定量和不定量的加工，对于秤重的产品/半成品需要设定加工产品的换算率（单位产品的标准重量），原料的类型区分为最终原料和中间原料，设定各原料相对于单位成品的耗用量。

生产计划/任务中需要对多级产品链计算嵌套的生产计划/任务，并生成各种包装生产设备的加工指令。对于生产管理，在计划完成后，系统按计划内容生成标准领料清单，指导生产人员从仓库中领取原料以及生产时的投料。在生产计划中考虑产品链中前道与后道的衔接，各种加工指令、商品资料、门店资料、成分资料等下发到各生产自动化设备。

加工车间人员根据加工批次、加工调度，协调不同量商品间的加工关系，满足配送要求。

6. 配送运作

商品分拣完成后，都堆放在待发库区，按正常的配送计划，这些商品在晚上送到各门店，门店第二天早上将新鲜的商品上架。在装车时按计划依路线门店的顺序进行，同时抽样检查其准确性。在货物装车的同时，系统能够自动算出各门店包装物（笼车、周转箱）的使用清单，装货人员据此核对差异。在发车之前，系统根据各车的配载情况生成各运输车辆随车的商品清单、各门店的交接签收单和发货单。

商品到门店后，由于数量的高度准确性，门店在验货时只要清点总的包装数量，退回上次配送带来的包装物，完成交接手续即可，一般一个门店的配送商品交接只需要5分钟。

资料来源：上海联华生鲜食品加工配送中心物流案例.中国物流与采购网.http://www.chinawuliu.com.cn/xsyj/201101/04/143792.shtml，2011.1.

案例分析题：根据上述材料，试分析世纪联华配送中心是如何提高工作效率的？

第九章 物流信息管理

知识目标

了解物流信息管理的定义及主要内容；

熟悉 EDI 系统的工作原理；

熟悉条形码的分类；

熟悉 RFID 系统的构成；

熟悉 GPS、GIS 系统在物流中的应用；

掌握 EDI 系统的基本构成。

技能目标

掌握运用 EDI 系统实现数据交换。

引导案例

上海新华配送中心的信息化建设

2005 年年初，上海新华传媒股份有限公司(以下简称"新华传媒")决定建设新的图书物流配送中心，以满足不断增长的业务需求。经过一番深入细致的调研，最终选择了北京伍强科技有限公司为该项目的系统集成商。新华传媒物流中心自 2006 年 8 月正式动工，到 2007 年 10 月 22 日建成并成功上线运行，仅用了 14 个月，成为国内建设周期最短的图书配送中心项目。此中心建筑面积 30 000 平方米，可以达到年配送 40 亿码洋的目标。物流系统采用高度信息化和适度自动化相结合的方式：一方面，集成化的图书供应链一体化管理系统和物流管理系统有机结合，实现了商流、物流、资金流的高度集成；另一方面，现

代化的拣选、输送和分拣系统,使物流中心的各个作业环节和作业过程井然有序,高效流畅。

新华传媒物流中心位于上海市闸北区沪太路和汶水路交汇处,紧邻中环线,地理位置十分优越。该物流中心设计能力年配送40亿码洋,其中,一般图书26亿码洋,一般图书退货4亿码洋,教材4亿码洋,音像制品3亿码洋,文教用品3亿码洋。

物流系统共由5个子系统构成,分别是:教材处理系统、一般图书处理系统、一般图书销退处理系统、音像处理系统和文教用品处理系统。

新华传媒物流中心通过广泛应用电子标签和射频无线技术,结合自动分拣与自动输送系统,实现了无纸化与部分自动化作业,大大提高了作业效率与准确率。同时,物流中心特别强调信息化建设,采用了世界著名的仓储管理系统infor/SSA 4000实现统一的库存管理,该系统与企业ERP系统共同构成了新华传媒的信息系统。值得一提的是,在建设物流中心信息系统的同时,新华传媒还进行了商流系统的建设。尽管难度很大,但实际运行结果表明,新华传媒的信息化建设获得了巨大成功。位于物流中心的主机房有4台高端小型机服务器和大容量磁盘柜,组成双机热备份系统,负责商流和物流业务,目前在国内并不多见。

由于采用了多项先进的信息技术与物流技术,集成一体化成为该中心物流系统的突出特点,其中包括:物流、信息流、资金流一体化,图书、教材、音像、文教用品、退货一体化,图书到货、翻理、编目、入库一体化,图书添配、直配拣选和打包复核一体化,以及图书入库、直配、拣选、称重、分拣自动化。

资料来源:中国就业培训技术指导中心.物流师(国家职业资格一级)(第2版)[M].北京:中国劳动社会保障出版社,2013.

思考

上海新华传媒物流中心采取了哪些信息化举措?

9.1 物流信息管理概述

1. 物流信息管理的定义

物流信息管理是指运用计划、组织、指挥、协调、控制等基本职能对物流信息进行搜集、检索、研究、报道、交流和提供服务,并有效地运用人力、物力和财力等基本要素以期达到物流管理的总体目标的活动。

物流信息管理作为一个动态发展的概念,其内涵和外延随着物流实践的深化和物流管理的发展而不断发展。在物流信息管理的早期,主要采用人工方式进行管理,当计算机出现之后,伴随着信息技术的发展出现了基于信息技术的物流信息系统。物流信息系统是利用计算机技术和通信技术,对物流信息进行搜集、整理、加工、存储、服务等工作的人—机系统。企业的信息处理最初主要限于销售管理和采购(生产)管理,自20世纪60年代后半期以来,为适应市场竞争的激化、销售渠道的扩大和降低流通成本的需要,在物流系统化的同时,物流信息处理体系的完善取得了很大的进步,特别是电子计算机和数据通信系统的进步,显著提高了物流信息的处理能力。电子计算机和通信系统的运用,使物流信息系统能够迅速进行远距离信息交换并处理大量的信息,并且对商流、会计处理、经营管理也起着非常重要的作用。

2. 物流信息管理的内容

物流信息管理就是对物流信息资源进行统一规划和组织,并对物流信息的搜集、加工、存储、检索、传递和应用的全过程进行合理控制,从而使物流供应链的各环节协调一致,实现信息共享和互动,减少信息冗余和错误,辅助决策支持,改善客户关系,最终实现信息流、资金流、商流、物流的高度统一,达到提高物流供应链竞争力的目的,其主要内容如下:

(1)政策制定。为了实现不同区域、不同国度、不同企业、不同部门间物流信息的相互识别和利用,实现物流供应链信息的通畅传递与共享,必须确定一系列共同遵守和认同的物流信息规则或规范,这就是物流信息政策的制定,如物流信息的格式与精度、物流信息传递的协议、物流信息共享的规则、物流信息安全的标准、物流信息存储的要求等,这是实现物流信息管理的基础。

(2)信息规划。信息规划即从企业或行业的战略高度出发,对物流信息资源的管理、开发、利用进行长远发展的计划,确定物流信息管理工作的目标与方向,制定出不同阶段的任务,指导数据库系统的建立和物流信息系统的开发,保证物流信息管理工作有条不紊地进行。

(3)信息搜集。信息搜集即应用各种手段、通过各种渠道进行物流信息的采集,以反映物流系统及其所处环境的情况,为物流信息管理提供素材和原料。信息搜集是整个物流信息管理中工作量最大、最耗费时间、最占用人力的环节,操作时应注意把握以下要点:第一,开展搜集工作前要进行物流信息的需求分析;明确了解企业各级管理人员在进行管

理决策和开展日常管理活动过程中何时、何处以及需要哪些物流信息,确定物流信息需求的层次、目的、范围、精度、深度等要求,实现按需搜集,避免搜集的物流信息量过大,造成人、财、物的浪费,或搜集的物流信息过于狭窄影响使用效果等。第二,搜集工作要具有系统性和连续性;要求搜集到的物流信息能客观、系统地反映物流活动的情况,并能随一定时间的变化,记录经济活动的状况,为预测未来的物流发展提供依据。第三,要合理选择物流信息源;物流信息源的选择与物流信息的内容及搜集目的有关,为实现既定目标,必须选择能提供所需物流信息的最有效的信息源。物流信息源一般较多,应进行比较,选择提供信息数量大、种类多、质量可靠的物流信息源,建立固定信息源和渠道。第四,物流信息搜集过程的管理工作要有计划,使物流信息搜集过程成为有组织、有目的的活动。

(4) 信息处理。信息处理工作就是根据使用者的信息需求,对搜集到的物流信息进行筛选、分类、加工及储存等活动,加工出对使用者有用的物流信息。物流信息处理的内容如下:①物流信息分类及汇总,即按照一定的分类标准或规定,将物流信息分成不同的类别进行汇总,以便物流信息的存储和提取。②物流信息编目(编码)。所谓编目(编码)指的是用一定的代号代表不同信息项目。用普通方式(如资料室、档案室、图书室)保存信息需要进行编目,用电子计算机保存信息则需要确定编码。在物流信息项目、信息数量很大的情况下,编目(编码)是将物流信息系统化、条理化的重要手段。③物流信息储存,包括应用电子计算机及外部设备的储存介质,建立有关数据库进行物流信息的存储,或通过传统的纸质介质如卡片、报表、档案等对物流信息进行抄录存储。④物流信息更新。信息具有有效的使用期限,失效的信息需要及时淘汰、变更、补充等,才能满足使用者的需求。⑤数据挖掘。信息可区分为显性信息和隐性信息,为了充分发挥信息的作用,需要对显性信息进行分析、加工和提取等,挖掘出隐藏的信息,这就是数据挖掘的任务。数据挖掘包括数据准备、模式模型的评估与解释、信息巩固与应用等处理过程。

(5) 信息传递。信息传递指信息从信息源发出,经过适当的媒介和信息通道传输给接收者的过程。信息传递的方式有许多种,一般可从不同的传递角度划分。从信息传递的方向来看,有单向信息传递方式和双向信息传递方式。从信息传递的层次来看,有直接传递方式和间接传递方式。从信息传递的时空来看,有时间传递方式和空间传递方式。从信息传递的媒介来看,有人工传递和非人工的其他媒体传递方式。

(6) 服务与应用。服务与应用是物流信息重要的特性,信息服务的目的就是将信息提供给有关方面使用。物流信息的服务工作主要包括:物流信息发布和传播服务、物流信息交换服务、物流信息技术服务及物流信息咨询服务。

9.2 物流信息技术

物流信息技术是提高物流生产率和竞争能力的主要手段,与其他技术显著不同的特点在于其可以在不断提高物流反应速度和服务水平的同时,大幅降低物流成本,因此得到了大量推广和应用。

9.2.1 EDI 系统

1. EDI 系统的概念

现代企业活动每天都会产生大量的纸质单证,如订单、发票、运单、采购单、报关单、保单等,还涉及海关、商检、港口、船代、运输、银行、保险等多环节传递与处理,交易文件靠传统纸质单证、邮寄传递及人工处理已不能相适应。于是,电子数据交换技术应运而生。

EDI 系统(Electronic Data Interchange,电子数据交换系统)是对信息进行交换和处理的网络自动化系统,其通过计算机通信网络将贸易、运输、保险、银行和海关等行业信息,用一种国际公认的标准格式,实现各个有关部门与企业之间的数据交换与处理。国际标准化组织(ISO)于 1994 年确认了 EDI 的技术定义:根据商定的交易或电子数据的结构标准实施商业或行政交易,从计算机到计算机的电子数据传输(俗称"无纸化贸易")。

EDI 系统在物流领域中有特别重要的作用。首先,物流系统本身大而广泛的特点,使其很难建立大系统的信息网络;其次,从现实情况来看,物流这个大系统中各个局部之间分工较明显,并且实际运行的各个局部,往往早就有其相对完善的纵向系统,如铁道系统、港口系统、仓库系统等,因而物流系统具有一定的"横跨"性质,物流系统的信息完全可以通过各个局部领域的信息交换而实现共享,这就是物流系统特别需要 EDI 系统的原因;再次,物流系统与外部也必须进行信息交换,如与外部的工业企业、客户、商店、海关、银行、保险公司等进行电子数据交换;最后,采用 EDI 系统之后,信息交换可以由两端直接进行,从而越过很多中间环节,使物流过程中每个衔接点的手续大大简化。采用 EDI 系统后,由于减少甚至消除了物流各个过程中的单据凭证,不但减少了差错,而且大大提高了工作效率。

2. EDI 系统的基本结构

EDI 系统的数据标准化、EDI 软件及硬件、通信网络是构成 EDI 系统的三要素。

(1) 数据标准化。数据标准(EDI 标准)是由各企业、各地区代表甚至国际组织(如 ISO)共同讨论制定的电子数据交换共同标准,可以使各组织之间的不同文件格式通过共同的标准实现彼此之间文件交换的目的。

（2）EDI 软件及硬件。EDI 软件能将客户数据库系统中的信息译成 EDI 的标准格式，以供传输和交换。EDI 软件可分为转换软件、翻译软件和通信软件：转换软件的功能是帮助客户将原有计算机系统的文件或数据库中的数据转换成翻译软件能够理解的平面文件，或是将从翻译软件接收来的平面文件，转换成原计算机系统中的文件。翻译软件可将平面文件翻译成 EDI 标准格式，或将收到的 EDI 标准格式翻译成平面文件。通信软件用于将 EDI 标准格式的文件外层加上通信信封，再送到 EDI 系统交换中心的电子信箱，或由 EDI 系统交换中心将接收到的文件取回。EDI 所需的硬件设备大致有计算机、调制解调器、通信线路及设备等。

（3）通信网络。通信网络是实现 EDI 的手段。EDI 通信方式有多种，比较原始的连接方式有点对点式、一点对多点式、多点对多点式，适合贸易伙伴较少的情况下使用。当贸易伙伴较多时，为了克服因计算机厂家不同、通信协议相异以及工作时间不易配合等问题，许多应用 EDI 的公司逐渐采用第三方网络与贸易伙伴进行通信，即增值网络（VAN）方式。增值网络服务类似于邮局，为发送者与接收者维护电子信，并提供存储、记忆保管、通信协议转换、格式转化、安全管制等服务。因此，通过增值网络传送文件，可以大幅度降低相互传送资料的复杂度和困难度，大大提高效率。

3. EDI 系统的工作原理

从图 9-1 可以看出，实现 EDI 的前三步是平面转换、翻译和通信，即通过转换软件将 A 公司的电子单证生成平面文件，再由翻译软件翻译成 EDI 标准文件，将 EDI 标准格式文件外层加上通信信封，再传送到 EDI 系统交换中心的电子信箱。后三步是接收方从电子信箱中收取 EDI 标准文件，通过翻译软件转化为平面文件，然后再通过转换软件将平面文件转换成 B 公司的电子单证。

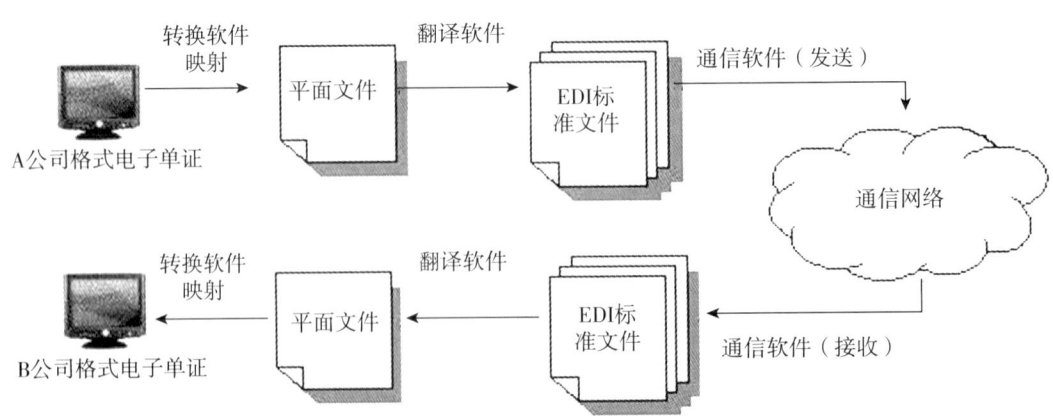

图 9-1　EDI 系统工作原理

4. EDI 与其他电子传输方法的区别

EDI 与其他电子传输方法的区别是,使用 EDI 必须使用预先规定的标准化格式进行计算机到计算机之间的数据传输交换。而电子邮件、传真、远距离遥控输入/输出系统和专用格式的部门间工作系统都能够进行信息的传输交换,但它们都没有统一标准的信息传输格式。

5. EDI 系统在物流中的功能

物流 EDI 的参与对象主要包括:货主(如生产厂家、贸易商、批发商、零售商等)、承运业主(如独立的物流承运企业等)、交通运输企业、协助单位(政府有关部门、金融企业等)及物流相关单位(如仓储中心、配送中心等)。因此,EDI 系统在物流中的功能主要表现为:①能够进行物流信息和相关作业管理;②能够进行与物流有关文件的处理;③能够进行表格和文件管理;④能够进行各物流环节作业、运行、交易价格、成本、安全等事项的记录;⑤能够转换各种物流数据;⑥能够通过内部网或直接与主机自动接收和发送数据,即数据内部交换;⑦能够通过通信网络自动接收和发送数据,即数据外部交换。

9.2.2 条形码系统

1. 条形码的定义

中华人民共和国国家标准《物流术语》(GB/T 18354-2006)对条形码(Bar Code)的定义为:"由一组规则排列的条、空及其对应字符组成的,用以表示一定信息的标识。""条"指对光线反射率较低的部分,"空"指对光线反射率较高的部分,这些条和空组成的数据表达一定的信息,能够用特定的设备识读,并转换成与计算机兼容的二进制和十进制信息。对于一种物品而言,它的编码通常是唯一的。

条形码是迄今为止最经济、实用的一种自动识别技术。条形码技术具有以下几个方面的优点:

(1)输入速度快。与键盘输入相比,条形码输入的速度是键盘输入的 5 倍,并且能实现"即时数据输入"。

(2)可靠性高。键盘输入数据的出错率为三百分之一,利用光学字符识别技术的出错率为万分之一,而采用条形码技术的误码率低于百万分之一。

(3)采集信息量大。利用传统的一维条形码一次可采集几十位字符的信息,二维条形码则可以携带数千个字符的信息,并有一定的自动纠错能力。

(4)灵活实用。条形码标识既可以作为一种识别手段单独使用,也可以和有关识别设备组成一个系统实现自动化识别,还可以和其他控制设备连接起来实现自动化管理。

另外,条形码标签易于制作,对设备和材料没有特殊要求,识别设备操作容易,不需要特殊培训,且设备也相对便宜。同时,成本非常低,在零售业领域,因为条码是印刷在商品包装上的,所以其成本几乎为零。

2. 条形码的种类

条形码可分为一维条形码和二维条形码,而一维条形码按照使用目的又可以分为商品条形码和物流条形码。商品条形码直接为销售和商品管理服务,以个体商品为对象;物流条形码直接为出/入库、运输、保管和分拣等物流作业管理服务,以集合包装商品为单位使用条形码。

(1)商品条形码。商品条形码是由国际物品编码协会(EAN)和统一代码委员会(UCC)规定的、用于表示商品标识代码的条形码,包括 EAN 商品条形码(EAN-13 商品条形码和 EAN-8 商品条形码)及 UCC 商品条形码(UCC-A 商品条形码和 UCC-E 商品条形码)。国际物品编码协会和统一代码委员会从 2005 年 1 月 1 日起,在全球范围内统一以 EAN/UCC-13 作为代码标识。

EAN 商品条形码是目前国际上使用最广泛的一种商品条形码。我国在国内推行使用的也是这种商品条形码。EAN 商品条形码分为 EAN-13(标准版)(如图 9-2 所示)和 EAN-8(缩短版)(如图 9-3 所示)两种。

EAN-13 码标准码共 13 位数,由国家代码 3 位数,厂商代码 4 位数,产品代码 5 位数,以及校正码 1 位数组成。其排列如下:①国家代码由国际物品编码协会授权,我国的国家代码为 690—699;②厂商代码由国家商品条码策进会核发给申请厂商,占 4 个码,代表申请厂商的号码;③产品代码占 5 个码,是代表单项产品的号码,由厂商自由编定;④校正码占 1 个码,是为防止条码扫描器误读的自我检查。

图 9-2　EAN-13 码

图 9-3　EAN-8 码

(2)物流条形码。物流条形码是供应链中用以标示物流领域中具体实物的一种特殊代码,是整个供应链过程,包括生产厂家、配销业、运输业、消费者等环节的共享数据。它贯穿整个贸易过程,并通过物流条形码数据的采集、反馈,提高整个物流系统的经济效益。

与商品条形码相比,物流条形码有如下特点:①储运单元的唯一标识。商品条形码是最终消费品,通常是单个商品的唯一标识,用于零售业的现代化管理;物流条形码是储运单元的唯一标识,通常标识多个或多种类商品的集合,用于物流的现代化管理。②服务于供应链全过程。商品条形码服务于消费环节:商品一经出售到最终客户手里,商品条形码就完成了其存在的价值,商品条形码在零售业的 POS 系统中起到了单个商品的自动识别、自动寻址、自动结账等作用,是零售业现代化、信息化管理的基础;物流条形码服务于供应链全过程:生产厂家生产出产品,经过包装、运输、仓储、分拣、配送,直到零售商店,中间经过若干环节,物流条形码是这些环节中的唯一标识,因此它涉及更广,是多种行业共享的通用数据。③信息量大。通常,商品条形码是一个无含义的 13 位数字条码;物流条形码则是一个可变的,可表示多种含义、多种信息的条码,是无含义的货运包装的唯一标识,可表示货物的体积、重量、生产日期、批号等信息,是贸易伙伴根据在贸易过程中共同的需求,经过协商统一制定的。④可变性。商品条形码是一个国际化、通用化、标准化的商品的唯一标识,是零售业的国际化语言;物流条形码是随着国际贸易的不断发展,贸易伙伴对各种信息需求的不断增加应运而生的,其应用范围在不断扩大,内容也在不断丰富。⑤维护性。物流条形码的相关标准是需要经常维护的。及时沟通客户需求,传达标准化机构有关条码应用的变更内容,是确保国际贸易中物流现代化、信息化管理的重要保障之一。

物流条形码主要采用 UCC/EAN-128 码制(如图 9-4 所示)。

图 9-4　UCC/EAN-128 码

(3)二维条形码。一维条形码的符号是沿垂直方向印刷标示,作为水平方向的"线"储存信息。而二维条形码的符号是在水平和垂直两个方向印刷标示,以"面"储存信息,而且阅读也是以识别"面"为特征的,如图 9-5 所示。二维条形码储存的信息量远远超过一维条形码。一维条形码一般只能容纳 20 个文字的信息,而二维条码可以容纳 2 000 个文字左右的信息。信息的表达形式不仅仅局限于英文字母和数字,还可以是汉字等。

图 9-5 二维条形码

二维条形码的特征表现在以下几点：①可以表示大量信息。二维条形码沿纵向和横向两个方向储存信息，一个二维条形码可以表示数百行或数千行的信息。相对于一维条形码作为识别用的 ID 条码而言，二维条形码相当于一个小型数据库。②高密度印刷。二维条形码可以用相当于一维条形码数 10 倍的密度印刷，而且可以根据信息量的多少扩大和缩小面积。③订正功能。由于可以包含大量信息，因此其中也有用来订正错误的数据。在二维条形码部分受损或粘有污迹的情况下，可以自动复原，正常读取数据。④全方位读取。一维条形码只能在横向读取，而二维条形码可以在 360°的范围内全方位读取数据。⑤信息种类多样化。一维条形码只能使用英文、数字和符号表示信息，而二维条形码除此之外，还可以用汉字和图片表示信息。

3. 条形码系统的应用

（1）物流作业的效率化。主要体现在三个方面：①入出库作业。在物流中心商品入库时点，通过读入器扫描条形码，完成入库预定数据与实际入库数量对照检验、库存信息的实时确定和更新。仓库上架作业方面，在扫描信息的基础上，利用计算机指示货架的位置，使作业实现迅速化和准确化。特别是在自动仓库方面，实现从入库到上架的连续自动化作业。过去由人工完成的商品确认、指示上架位置等作业活动，现在可以利用条形码，通过与条形码读取系统、计算机、物流机械的对接实现入库作业的效率化。出货作业同样可以灵活运用条形码。②分拣作业。条形码系统在自动分拣系统中得到广泛使用。可以说，离开了条形码，很难实现物流作业的自动化。利用计算机系统，将不同类别商品的配送场所等原始信息输入系统，便可以得到标准条形码。③商品内容和数量检验。在对捆包商品的内容和商品装入数量进行检验时，通过读入标准条形码，正常的商品重量数值会自动设定在自动计量设备上，在不同商品随机搬运的情况下也可以准确完成检验工作。此外，还可以减少商品更换的次数和作业终端的数量。

（2）在各种业态中的应用。下面分别以物流业、零售业和批发业的应用为例：①在物流业的应用。条形码在运输业和仓储业中得到广泛的应用,标准条形码的利用,有助于构筑综合物流系统,提高综合物流的效率化。例如:在运输业,当前往货主地运取配送商品时,配送人员利用手提终端扫描单据上的标准条形码,同时输入数量和配送区间,就可以立即向货主交付收货单据;在仓库业,货主的入出库信息可以利用在线终端接收,可以节省数据再输入时间,在入出库作业指示和入出库时点的扫描检查中可以利用这些数据,达到提高管理精确度和各种作业自动化的目的。②在零售业的应用。在零售业,POS 系统的应用将成为一种趋势。将 POS 系统灵活运用到进货检验上,可以大大提高作业效率。将订货数据作为预定进货数据,进货时通过扫描标准条形码获得订货信息,实现快速商品检验。当然,前提是订货数量和进货数量应保持一致,可以防止进货商品未及时在 POS 系统的商品目录中登记的现象发生。③在批发业的应用。批发业与制造商之间的交易是以箱为单位,通过扫描标准条形码,可以提高入库商品检验的速度和管理的精确度。此外,当商品与单据不在同一场所时,可以通过扫描条形码,从系统中获知此商品的订货数据,及时掌握未送达商品。如果能够达到信息实时处理的水平,则可以与库存信息、销售部门保持联动,从而降低失去销售机会的可能性,提高客户服务水平。

9.2.3 RFID 系统

1. RFID 系统的定义

RFID(Radio Frequency Identification,射频识别技术)是从 20 世纪 80 年代起走向成熟的一项自动识别技术。它利用无线电技术进行非接触双向通信,以达到识别和数据交换的目的。由于 RFID 系统的射频卡和读写器之间不用接触就可完成识别,因此,其具有识别距离比光学系统远、不受视线限制的优点,同时,射频识别卡具有读/写能力,可以携带大量数据,难以伪造,具有智能功能。

2. RFID 系统的原理

RFID 系统的组成一般至少包括两个部分:射频卡或称电子标签(Tag)、读写器(Reader),如图 9-6 所示。

在 RFID 系统中,射频卡主要由存储器、处理模块、收发模块和天线组成。存储器用来保存约定格式的电子数据,容量为几比特(位)到几万比特不等,处理模块、收发模块通常集成到一块芯片中,完成与读写器的通信,天线(和电池)用于接收和发射信号。射频卡封装可以有不同形式,常见的有信用卡形式和小圆片形式。

读写器由接口模块、处理模块、收发模块和天线组成。读写器在一个区域内发射无线

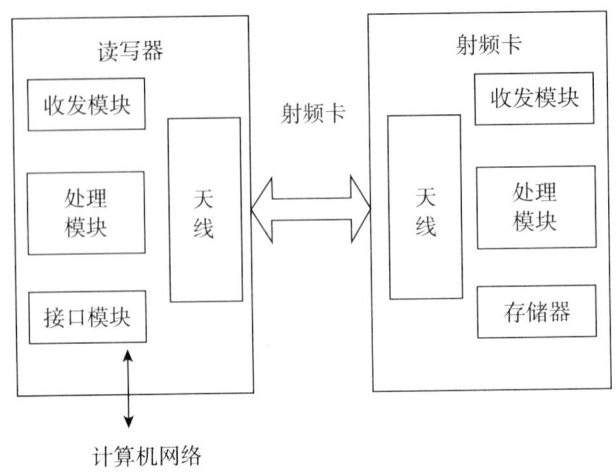

图 9-6　RFID 系统构成

电信号形成电磁场,区域大小取决于无线电工作频率和天线尺寸。射频卡经过这个区域时检测到读写器的信号就开始发送储存的识别信息及数据。读写器发送的信号通常提供时钟信号及射频卡所需的足够能量(转化为直流电为无源射频卡提供电源),其中的时钟信号使数据同步,从而简化了系统的设计。读写器接收到射频卡的数据后,解码并进行错误检验来决定数据的有效性,然后通过 RS323、RS422、RS485 或无线方式将数据传送到计算机网络。

简单的 RFID 产品就是一种非接触的识别卡,而复杂的 RFID 产品和外部传感器接口测量、记录不同的参数,甚至与 GPS 系统连接来跟踪物体。

RFID 系统根据工作频率可分为低频、中频及高频系统。低频系统的工作频率一般为 100—500 千赫;中频系统的工作频率一般为 10—15 兆赫;而高频系统的工作频率则可达 850—950 兆赫甚至 2.4—5 秭赫。高频系统应用于读/写距离较长、读/写速度较快的场合,如火车监控、高速公路收费等系统。中频系统用于门禁控制和需要传送大量数据的场合;低频系统用于短距离、低成本的场合,如多数的门禁控制、动物监管及货物跟踪等。

射频卡可分成三种:可读/写(R/W)、一次写入多次读出(WORM)和只读卡(RO)。R/W 卡一般比 WORM 卡和 RO 卡贵得多,如电话卡、信用卡等。WORM 卡是客户可以一次性写入的卡,写入后数据不能改变,WORM 卡比 R/W 卡要便宜。RO 卡存有一个唯一的号码,不能更改,这样就保证了安全性,另外,RO 卡也最便宜。

射频卡分有源及无源两种。有源射频卡使用卡内的电池能量,识别距离较长,可达几米,但是它的寿命有限并且价格较高;无源射频卡不含有电池,利用耦合读写器发射的电磁场能量作为自己的能量,它的重量轻、体积小,寿命可以非常长,价格便宜,但它的发射距离受限,一般是几十厘米到 1 米,且需要读写器的发射功率较大。

根据调制方式的不同,射频卡还可以分为主动式和被动式。主动式的射频卡用自身的射频能量主动地发送数据给读写器。被动式的射频卡使用调制散射方式发射数据,它必须利用读写器的载波调制自己的信号,适用于门禁控制或交通管制,因为读写器可以确保只激活一定范围之内的射频卡。在有障碍物的情况下,用调制散射方式,读写器的能量必须来回穿过障碍物两次,而主动式的射频卡发射的信号仅穿过障碍物一次,因此,主动式的射频卡主要用于有障碍物的情况下,距离更远(可达 30 米)。

3. RFID 系统的应用

RFID 系统适合在物料跟踪、运载工具和货架识别等要求非接触数据采集的场合应用,对于需要频繁改变数据内容的场合也很适用。因此,RFID 系统被广泛应用于工业自动化、商业自动化、交通运输控制管理等众多领域,如汽车、火车等交通监控,高速公路自动收费系统,停车场管理系统,物品管理,流水线生产自动化,安全出入检查,仓储管理,动物管理,车辆防盗等。

RFID 系统用于智能仓库货物管理,有效地解决了仓库内与货物流动有关的信息管理。它不但增加了一天内处理货物的件数,还可以监看货物的一切信息。射频卡被贴在货物所通过的仓库大门边上,读写器和天线都放在叉车上,每个货物都贴有条形码,所有条形码信息都被存储在仓库的中心计算机里,该货物的有关信息都能在计算机中查到。当货物被装车运往别处时,由另一读写器识别并告知中心计算机被放在哪个拖车上,管理中心可以实时地了解到已经生产了多少产品和发送了多少产品,并可自动识别货物,确定货物的位置。

作为射频技术的发展和应用,便携式数据终端(Portable Digital Terminal,PDT)近年来得到广泛的应用。PDT 通常由一个扫描器、一个掌上型计算机(带有存储器、显示器、键盘或手写设备等)组成,掌上型计算机的只读存储器中常驻有操作系统,用于控制数据的采集和传送。通过 PDT 的扫描器扫描位置标签,货架号码、产品数量就采集到 PDT 中,再通过射频技术由 PDT 把这些数据传送到计算机管理系统中,这样就可以得到客户产品清单、发票、发运标签、该地所存产品代码和数量等,并可据此决定货物的补充和采购计划等。可见,RFID 系统的采用将信息搜集和处理集成起来,实现了物流信息的实时管理,大大提高了物流管理水平。

9.2.4 GPS 系统

1. GPS 系统的定义

GPS(Global Positioning System,全球卫星定位系统)是一种以空中卫星为基础的高精度无线电导航定位系统。GPS 系统最初是美国国防部为满足军事部门对海上、陆地和空中设施进行高精度导航与定位的要求而建立的,该系统从 20 世纪 70 年代初开始设计、研制,历经了约 20 年的发展,渐趋成熟。GPS 系统作为新一代卫星导航与定位系统,不仅具有全球性、全天候、连续的精密三维导航与定位能力,而且具有良好的抗干扰性和保密性。

2. GPS 系统的组成与原理

GPS 系统由空间部分、地面监控系统以及客户接收机三部分组成。

空间部分使用 24 颗高度约 202 万千米的卫星组成卫星星座,其中,21 颗为工作卫星,3 颗为备用卫星,这些卫星的轨道均为近圆形轨道,运行周期约为 11 小时 58 分,分布在 6 个轨道面上(每轨道面 4 颗)。

地面监控系统包括 5 个监控站、3 个上行注入站和 1 个主控站。监控站设有 GPS 信号接收机、原子钟、搜集当地气象数据的传感器和进行数据初步处理的计算机。监控站的主要任务是取得卫星观测数据并将这些数据传送至主控站。主控站设在美国范登堡空军基地,它是整个 GPS 系统的核心,其功能是为全系统提供时间基准,搜集各监控站对 GPS 卫星的全部观测数据,利用这些数据计算每颗 GPS 卫星的轨道和卫星钟差,编制各卫星星历,当卫星失效时及时调用备用卫星等。上行注入站也设在美国范登堡空军基地,它的任务主要是在每颗卫星运行至上空时把这类导航数据及主控站的指令注入卫星。每天对每颗 GPS 卫星进行一次注入,并在卫星离开注入站作用范围之前进行最后的注入。

GPS 信号接收机的任务是:能够捕获到按一定卫星高度截止角所选择的待测卫星的信号,并跟踪这些卫星的运行,对所接收到的 GPS 信号进行变换、放大和处理,以便测量出 GPS 信号从卫星到接收机天线的传播时间,解译出 GPS 卫星所发送的导航电文,实时地计算出测站的三维位置,甚至三维速度和时间。GPS 信号接收机所位于的运动物体叫做载体(如航行中的船舰、空中的飞机、行驶的车辆等)。载体上的 GPS 接收机天线在跟踪 GPS 卫星的过程中相对于地球而运动,接收机用 GPS 信号实时地测得运动载体的状态参数(瞬间三维位置和三维速度)。接收机硬件和机内软件以及 GPS 数据的后处理软件包构成完整的 GPS 客户设备。目前,各种类型的 GPS 接收机体积越来越小、重量越来越轻,便于野外观测,而精度越来越高。

如果说空间部分和地面监控系统均由美国控制,那么接收机则由各国的客户自行设计和实施。GPS 卫星发送的导航定位信号是一种可供无数客户共享的信息资源。对于陆地、海洋和空间的广大客户,只要客户拥有能够接收、跟踪、变换和测量 GPS 信号的接收设备,即 GPS 信号接收机,就可以在任何时候实现 GPS 的各种用途。

GPS 系统的基本定位原理是:在 2 万千米高空的 GPS 卫星,当地球对恒星来说自转 1 周时,它们绕地球运行 2 周,即绕地球 1 周的时间为 12 恒星时。这样,对于地面观测者来说,每天将提前 4 分钟见到同一颗 GPS 卫星。位于地平线以上的卫星颗数随着时间和地点的不同而不同,最少可见到 4 颗,最多可见到 11 颗。在用 GPS 信号导航定位时,为了计算测点的三维坐标,必须观测 4 颗 GPS 卫星,称为定位星座。定位星座不间断地发送自身的星历参数(描述卫星运动及其轨道的参数)和时间信息。客户接收到这些信息后,经过计算求出接收机的三维位置、三维方向以及运动速度和时间信息。

3. GPS 系统在物流中的应用

GPS 系统主要用于定位导航、授时校频以及高精度测量等,特别是在物流领域,可以广泛用于海空导航、实时监控、动态调度、货物跟踪、运输路线的规划与优化分析等。

(1)海空导航。GPS 系统的出现克服了 Transit 系统和路基无线电航海导航系统的局限性,利用其精度高、可连续导航、有很强的抗干扰能力的特点,可有效开展海洋、内河以及湖泊的自主导航、港口管理、进港引导、航路交通管理等。而在航空导航方面,GPS 的精度远优于现有任何航空航路用导航系统,可实现最佳的空域划分和管理、空中交通流量管理以及飞行路径管理,为空中运输服务开辟了广阔的应用前景,同时也降低了运营成本,保证了空中交通管制的灵活性,可以说从航空进场/着陆、场面监视和管理、航路监视、飞行试验与测试到航测等各个领域,GPS 系统都发挥着巨大的作用。

(2)实时监控。应用 GPS 系统,可以建立起运输监控系统,在任何时刻查询运输工具所在的地理位置和运行状况(经度、纬度、速度等)信息,并在电子地图上显示出来,同时,系统还可自动将信息传到运输作业的相关单位,如中转站、接车单位、物流中心、加油站等,以便做好相关工作准备,提高运输效率。此外,还可监控运输工具的运行状态,了解运输工具是否有故障先兆并及时发出警告,了解是否需要较大的修理并安排修理计划等。

(3)动态调度。通过应用 GPS 系统,调度人员能在任意时刻发出调度指令,并得到确认信息。操作人员一方面可通过在途信息的反馈,进行运输工具待命计划管理,在运输工具未返回车队前即做好待命计划,提前下达运输任务,减少等待时间,加快运输工具周转速度。另一方面可采集运输工具的运能信息、维修记录信息、车辆运行状况、司机人员

信息、运输工具的在途信息等多种信息,并进行分析,辅助调度决策,以提高装车率,尽量减少空车时间和空车距离,充分利用运输工具的运能。

(4) 货物跟踪。在运输货物中,可以时刻记录和传送货物位置等数据到控制中心,及时获取货物的状态,如货物品种、数量、在途情况、交货时间、发货地和到达地、货物的货主、送货车辆和人员等,可以跟踪查看货物是否按预定路线接送、中间有无停车、在哪里停车、停了多少次等,以及是否在规定时间内把货物交付到客户手中,防止中间拉私货或怠工等。

(5) 运输路线的规划与优化分析。根据 GPS 系统数据,获取路网状况,如是否畅通、是否有交通事故等,应用运输数学模型和计算机技术,进行路线规划及路线优化,规划设计出车辆的优化运行路线、运行区域和运行时段,合理安排车辆运行通路。

(6) 智能运输。所谓智能运输(Intelligent Transport System,ITS),就是通过采用先进的电子技术、信息技术、通信技术等高新技术,对传统的交通运输系统及管理体制进行改造,从而形成一种信息化、智能化、社会化的新型现代交通系统。ITS 强调的是运输设备的系统性、信息交流的交互性以及服务的广泛性。在智能交通系统中,应用 GPS 技术可以建立起视觉增强系统、汽车电子系统、车道跟踪/变更/交汇系统、精确停车系统、车牌自动识别系统、实时交通/气象信息服务系统、碰撞报警系统等。

9.2.5 GIS 系统

1. GIS 系统的定义

GIS(Geographical Information System,地理信息系统)是 20 世纪 60 年代开始迅速发展起来的地理学研究新成果,它以地理空间数据库为基础,采用地理模型分析方法,适时地提供多种空间的和动态的地理信息,是一种为地理研究和地理决策服务的计算机技术系统。GIS 系统将图形管理系统和数据管理系统有机地结合起来,对各种空间信息进行搜集、存储、分析,形成一种可视化表达的信息处理与管理系统。GIS 系统的基本功能是将表格型数据(无论它来自数据库、电子表格文件还是直接在程序中输入)转换为地理图形显示,然后对显示结果进行浏览、操作和分析。其显示范围可以从洲际地图到非常详细的街区地图,显示对象包括人口、销售情况、运输路线及其他内容。

2. GIS 系统的构成

从应用的角度来看,GIS 系统由硬件、软件、数据、方法和人员五部分构成。硬件和软件为 GIS 系统建设提供环境;数据是 GIS 系统的重要内容;方法为 GIS 系统提供解决方案;人员是 GIS 系统建设中的关键和能动性因素。

（1）硬件。数据处理设备、数据输入设备和数据输出设备连接构成了 GIS 系统的硬件环境。数据处理设备是 GIS 系统硬件的主体,是系统硬件的核心。

GIS 系统硬件的主要功能是用以存储、处理、传输和显示地理或空间数据。

（2）软件。GIS 系统软件由系统管理软件、数据库软件和基础 GIS 软件组成,用于执行 GIS 功能的数据采集、存储、管理、处理、分析、建模和输出等操作。

（3）空间数据库。GIS 系统的空间数据库由数据库实体和数据库管理系统组成,用于空间数据的存储、管理、查询、检索和更新等。

（4）方法。GIS 系统的方法指 GIS 系统采用何种技术路线和解决方案实现系统目标。方法的采用会直接影响系统的性能、可用性和可维护性。

（5）人员。人员是 GIS 系统中最重要的组成部分。开发人员必须定义 GIS 系统中被执行的各种任务,开发处理程序;熟练的操作人员通常可以克服 GIS 系统功能的不足。

3. GIS 系统在物流中的应用

在物流信息管理中,GIS 系统可用于如下领域:

（1）数字物流的建立。由于 GIS 系统的特点在于能够将文字和数据信息转化为地理空间图形或图像,大到地球、国家、省市,小到村镇、街道乃至地面上的一个点位,GIS 系统都能以直观、方便、互动的可视化方式,实现地理数据信息的快速查询、计算、分析和辅助决策。因此,GIS 系统是构建数字地球、数字中国、数字城市的核心应用技术,它与无线通信、宽带网络和无线网络日趋融合在一起,为人类社会和生活提供了一种立体的、多层面的、可视化的信息服务体系。在数字城市的基础上,可以建立起系统化的物流空间数据基准,实现物流数据形式的形象化、标准化和可视化,进行物流供应链的数字化控制和管理,建立起精确化的数字物流体系,促进以客户为中心的物流目标的完美实现。

（2）物流分析与模拟。GIS 系统可以将数字高程模型、数字正射影像与常规的矢量数据和各种属性信息集成在一起,建立起一体化的三维数据输入、操作与可视化机制,为物流空间数据处理、查询与分析及各种三维模型操作提供更加有力的支持。GIS 系统可对单幅或多幅图像及其属性数据进行分析和指标量算,以原始图为输入,而查询和分析结果则是以原始图经过空间操作后生成的新图像表示,在空间定位上仍与原始图一致,如叠置分析、缓冲区分析、拓扑空间查询、空集合分析（逻辑交运算、逻辑并运算、逻辑差运算）等。运用摄影测量、地面测量的数据或既有地图数字化、扫描数字化后形成的数据,GIS 系统可以建立起具有高逼真度和灵活方便的物流空间动态模型,并应用可视化、渲染和动画等手段模拟出存在于真实世界中的任意复杂真三维虚拟实体,进行仿真运行,为实际物流运作提供依据。

(3) 路况管理。将传统的办公自动化系统(OA)和地理信息系统(GIS)有机结合起来,可以对分散的文档、图纸以及与道路有关的各种数据进行分类、组织,建立一系列的地理数据和属性数据合一管理的数据库,通过路况管理信息系统就可以为管理人员提供快速准确、图文并茂的数据查询功能,并能直观地显示和输出查询及分析结果,为道路设施的维护、改建、扩建、路况管理提供原始数据和辅助决策。

(4) 交通指挥与控制。为了解决复杂的交通指挥控制中出现的管理和技术等问题,建立和应用基于 AM/FM/GIS[①] 技术的城市交通指挥控制系统,可提供高效率的工作方式和全新的解决方案,如:实现对交通设施的管理;对立交桥、岗亭、电子警察、交通信号控制器等交通设施进行三维真实景观模拟显示和管理;实现对交通的监控管理,获取实时的交通流量及控制信息(如信号灯相位、相位差、周期长、绿信比、道路饱和率、延误率等参数以及闭路电视信息),并将其在动态电子地图上直观地显示出来,提供与客户车辆、驾驶员数据库相互通信的接口,并通过该接口查询、检索相关信息等;对交通警力调度进行指挥,实时给出报警地址或事故现场的交通流量、建筑、警力分布等情况,显示现场道路、建筑的航空照片、三维立体图像等,提供 GPS 接口,实时连接到指挥中心大屏幕以及各个终端,辅助指挥员快速制订交通疏导方案;对道路管制进行仿真分析,直观地显示道路等级、道路管制、路口管制空间分布图,并可将动态 GIS 网络分析工具与交通仿真分析系统相结合,根据历史与实时的交通流量资料进行基于时间、空间的统计分析,科学地分析交通流量、流向,制订合理的交通管制方案;对交通保卫与事故预防进行管理,确定交通保卫路线的始、终点后,系统自动给出沿线道路路面、路口、车流、警力情况,并根据数据库、实时监控系统的资料以及保卫实施的时间提出车辆分流、警力配备方案,辅助制订应急方案等。

本章小结

物流信息管理指运用计划、组织、指挥、协调、控制等基本职能对物流信息进行搜集、检索、研究、报道、交流和提供服务的过程,并有效地运用人力、物力和财力等基本要素以期达到物流管理的总体目标的活动。本章依次介绍了 EDI 系统、条形码系统、RFID 系统、

---

① AM/FM,Automated Mapping/Facilities Management,其是一种基于地理信息上的设备和生产技术管理的计算机图文交互系统。

GPS 和 GIS 系统,这些系统都在物流领域有着极其广泛的应用,有助于提升物流企业的整体效益。

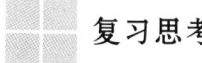 **复习思考**

(1) 简述 EDI 系统的三要素。
(2) 简述 EDI 系统的工作原理。
(3) 简述条形码的主要分类。
(4) 简述二维条形码的主要特点。
(5) 简述 GPS/GIS 系统在物流中的应用。

 **案例讨论**

沃尔玛的物流信息化

物流信息化使得众多分销商都将面对一个组织或中心。由于物流中心是一个高度信息化的机构,因此,任何来自市场以及生产厂商的需求都将在这里通过信息系统的广泛应用而得到快速响应,沃尔玛成功的奥秘就是物流信息化。

20 世纪 70 年代,沃尔玛建立了物流信息系统,该系统负责处理系统报表,加快了运作速度。80 年代,与休斯公司合作发射物流通信卫星,1983 年采用了 POS 机,1985 年建立了 EDI,进行无纸化作业,所有信息全部在电脑上运作。1986 年,建立了快速反应机制,快速拉动市场需求。后期,在日常的运作过程中将射频技术跟条形码结合起来应用,借助便携式数据终端设备可以直接查询货物情况等。凭借这些信息技术,沃尔玛如虎添翼,取得了长足的发展。

1. 高效的物流信息网络

沃尔玛在全球第一个实现集团内部 24 小时计算机物流网络化监控,使采购库存、订货、配送和销售一体化。如:客户到沃尔玛店里购物,然后通过 POS 机打印发票,与此同时,负责生产计划、采购计划的人员和供应商的电脑上就会同时显示信息,各个环节就能通过信息及时完成本职工作,从而减少了很多不必要的时间浪费,加快了物流的循环。

2. 最早推广使用 RFID 技术

沃尔玛能够敏锐地觉察到新技术的商业价值,并领先于竞争对手投入应用。RFID 技术的成功推广应用就是其中最突出的例子。2003 年 6 月 19 日,沃尔玛宣布将采用 RFID 技术,以最终取代广泛使用的条形码技术,成为世界上第一个公布正式采用该技术的企业。按照计划,沃尔玛最大的 100 家供应商从 2005 年 1 月 1 日开始在供应的货物包装箱、托盘、上粘贴 RFID 标签,并逐渐扩大到单件商品。RFID 技术的成功推广应用使得沃尔玛的物流运作变得更加顺畅。通过推广使用 RFID 技术,沃尔玛实现了以下目标:

(1)减少统计差错、即时获得准确的信息流,进一步降低商品在各个物流环节上的存货数量和运营成本,巩固和扩大在零售行业的竞争优势。

(2)提高物流配送的自动化程度与配送效率,减少雇用人员数量,降低劳动力成本,巩固和扩大了沃尔玛在物流成本上的优势。

(3)加大财产与商品的监控和管理力度,有效防止了因盗窃和遗忘等原因引起的商品损耗;强化设备管理,优化设备配置,提高了设备的使用率。

(4)更加方便和快速地了解商品在门店的销售情况,并进一步降低因缺货而造成的营业额下降,对客户的需求变化做出更加敏捷的反应,提高了客户的满意度。

3. 独一无二的卫星通信系统

沃尔玛拥有世界一流的卫星通信系统,其规模在美国仅次于五角大楼。与休斯公司合作发射的卫星专门用于全球店铺的信息传送与运输车辆的定位联络。沃尔玛采用先进的卫星通信系统,使信息得以在公司内部及时、快速、通畅地流动。不但总部的会议情况和决策都可以通过卫星传送到各个分店,有关物流的各种信息也可以通过这个系统进行交流,保证各分店的商品需求能顺利到达配送中心,总部对分店进货的建议也可以及时到达各分店。同时,卫星系统还能使企业同众多供应商保持紧密联系。每天通过卫星系统直接把销售情况传送给供应商。这样,配送中心、供应商及各个分店的每一销售点都能形成连线作业,在很短的时间内便可完成"发出订单—各分店订单汇总—配货运输"的整个流程,大大提高了作业的准确性和效率。

资料来源:王磊.物流基础[M].北京:中国铁道出版社,2009.

案例分析题:沃尔玛采用了哪些先进的物流信息技术?

高等职业教育财经类技术
技能人才培养系列教材

第 3 篇

实 务 篇

第十章　物流组织管理
第十一章　物流成本管理
第十二章　物流质量管理
第十三章　物流战略管理
第十四章　物流标准化管理

第十章　物流组织管理

知识目标

了解物流组织的产生和发展；

了解物流组织创新；

熟悉物流组织的主要结构；

熟悉物流组织设计的主要内容；

熟悉物流战略联盟。

技能目标

掌握各种物流组织结构的优劣势。

引导案例

海尔集团以市场链为纽带重构业务流程

海尔集团现有 10 800 多个品种，平均每天开发 1.3 个新品种，每天有 5 万台产品出库；一年的资金运作进出达 996 亿元，平均每天需做 2.76 亿元的结算、1 800 多笔账；在全球有近 1 000 家供应商（其中世界 500 强企业 44 家），营销网点 53 000 多个；拥有 15 个设计中心和 3 000 多名海外经理人。如此庞大的业务体系，若依靠传统的金字塔式管理架构或者矩阵式模式，很难维持正常运转，业务流程重组势在必行。

在总结多年的管理经验后，海尔集团探索出一套市场链管理模式。市场链简单地说就是把外部市场效益内部化。过去，企业和市场之间有条鸿沟，在企业内部，人员之间也只是上下级或者同事关系。如果产品被消费者投诉了，或者滞销了，最着急的是企业高层。中低层员工可能也很着急，但是使不上劲。海尔不仅让整个企业面对市场，而且让企业里的每一个员工都去面对市场,把市场机制成功地导入企业的内部管理,把员工之间的上下级和同事关系变为市场关系,形成内部的市场链机制。员工之间实施 SST,即索赔、索酬、跳闸:如果你的产品和服务好,下道工序会给你报酬,否则会向你索赔或者"亮红牌"。

结合市场链模式,海尔集团对组织机构和业务流程进行了调整,把原来各事业部的业务全部分离出来,整合成商流推进本部、物流推进本部、资金流推进本部,实行全集团统一营销、结算;把原来的职能管理资源整合成创新订单支持流程 3R(RAD:研发,HR:人力资源开发,CR:客户管理)和基础支持流程 3T(TCM:全面预算,TPM:全面设备管理,TQM:全面质量管理)。3R 和 3T 支持流程是以集团的职能中心为主体,注册成立独立经营的服务公司。

经过一番整合后,海尔集团的商流本部和海外推进本部负责搭建全球的营销网络,从全球的客户资源中获取订单;本部在支持流程 3R 的支持下不断创造新的满足客户需求;事业部将商流获取的订单和本部创造的订单付诸执行;物流本部利用全球资源搭建全球配送网络,实现 JIT 订单加速流;资金流本部搭建系统;这样就形成了直接面对市场的、完整的核心流程体系和 3R、3T 等支持体系。

资料来源:郭湖斌.现代物流管理基础[M].北京:化学工业出版社,2011.

思考

请分析海尔在物流组织变革上的成功之处。

10.1 物流组织的产生与发展

物流组织指专门从事物流经营和管理活动的组织机构,既包括企业内部的物流管理和运作部门、企业间的物流联盟组织,也包括从事物流及其中介服务的部门、企业以及政府物流管理机构。物流组织的产生和发展是人们对物流认识不断提高的结果。20 世纪 50 年代以前,物流仅仅被看做生产和流通的附属职能,物流的组织责任遍布企业或工厂的各个部门,企业没有正式统一的物流组织,物流是分散在组织内不同职能中的一系列互不协调的、零散的活动,企业物流处于职能分散化、管理分离化的阶段。20 世纪 50 年代末,企业出现了对物流活动的归类,将两个或更多的物流功能在运作上进行归组,这才真正拉开了企业物流组织发展的序幕。从欧美国家物流发展的历史和实践来看,物流组织的演进大体可分为以下四个阶段:

1. 物流功能集成化发展阶段

物流功能的集成是一个渐进发展的过程,20世纪60年代初期开始出现的集成很少改变企业传统的部门和组织层次,往往只发生在同一职能部门和组织的直线管理层,如围绕着客户集合销售物流分离出物资配送部门,围绕着采购集合供应或生产物流分离出原料管理部门,物流管理仍然分散于传统的制造、销售和财务管理部门。20世纪70年代后,随着企业的集成运作、物流成本的降低和物流经验的提高,围绕着客户的物资配送组织地位上升,在企业的组织结构中并行于制造、销售和财务管理部门,并且物资配送和生产组织下的物料管理一体化也得到了发展。

2. 物流功能一体化组织阶段

所谓物流功能一体化组织,即在一个高层物流经理的领导下,统一所有的物流功能和运作,将采购、储运、配送、物料管理等物流的每一个领域组合构成一体化运作的组织单元,形成总的企业内部一体化物流框架。这种一体化的物流组织结构,一方面强调了物流资源计划对企业内部物流一体化的重要作用,另一方面强调了各物流支持部门(仓储、运输、包装等)与物流运作部门(采购、制造、物料流和配送等)直接沟通,各部门之间能够进行有效的利益互换。同时,在组织的最高层次设置了计划和控制处,从总体上负责物流发展战略的定位、物流系统的优化和重组、物流成本和客户服务绩效的控制与衡量等。尽管20世纪80年代初这类物流组织已开始出现,但是由于集中化物流运作的种种困难,以及此类组织结构本身存在的一些缺陷,其应用并不广泛。

3. 物流过程一体化组织阶段

20世纪90年代以来,在彼得·圣吉的学习型组织理论以及迈克尔·哈默和詹姆斯·钱皮的企业流程再造理论的影响与指导下,扁平化、授权、再造和团队的思想为越来越多的企业所理解及接受,企业的组织进入了一个重构的时代。物流管理也由重视功能转变为重视过程,通过管理过程而非功能提高物流效率成为整合物流的核心。物流组织不再局限于功能集合或分隔的影响,开始由功能一体化的垂直层次结构向以过程为导向的水平结构转换,由纵向一体化向横向一体化转变,由内部一体化向内外部一体化转变。从某种意义上说,矩阵型、团队型、联盟型等物流组织形式就是在以物流过程及其一体化为导向的前提下发展起来的,并且已经成为欧美企业物流组织发展的趋势。

4. 虚拟与网络化物流组织阶段

虚拟物流组织实际上是一种非正式、非固定、松散、暂时性的组织形式,它突破了原有物流组织的有形边界,通过整合各成员的资源、技术、市场机会等,依靠统一、协调的物流运作,以最小的组织实现最大的物流效益。网络化物流组织将单个实体或虚拟物流组织以网络的形式紧密联合在一起,是以联合物流专业化资产,共享物流过程控制和完成共同物流目的为基本特性的组织管理形式。20世纪90年代中期以后,信息和网络技术的快速发展为虚拟与网络化物流组织的产生和发展提供了外部环境,特别是在企业引入了供应链管理的理念后,物流将从单个企业扩展到供应链上的所有企业,虚拟与网络化物流组织将可能成为更加有效的物流组织运作形式。

10.2 物流组织结构

组织结构是组织的骨架,包括纵向、横向两大系统。纵向是组织上下垂直机构或人员之间的联系,是一种领导与隶属的关系;横向是平行机构或人员之间的联系,是一种分工与协作的关系。

物流组织结构指物流企业及有关物流分支机构为了实现组织目标,使组织内部有效运作以及与环境相互适应,通过分工协作而设置的职能部门和管理层级。

10.2.1 传统物流组织结构

1. 直线型物流组织结构

直线型物流组织结构是最简单的一种组织结构形式,其从最高层到最低层采取垂直、集权的管理模式,如图10-1所示。

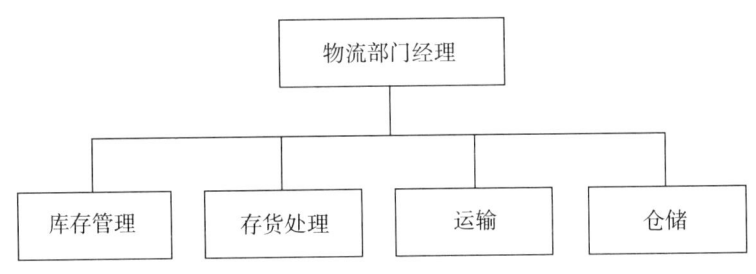

图10-1 直线型物流组织结构

直线型物流组织结构的优点是:物流组织结构设置简单,责任明确,可减少工作中扯皮情况的出现;组织权力集中,命令统一,物流活动效率高;物流管理人员少,管理费用少。其缺点为:权力过分集中,物流经理决策的风险较大;组织成员只关心自身或本部门的工作,缺乏横向间的协调。直线型物流组织结构适用于业务量少、规模小的物流企业。

2. 直线职能型物流组织结构

直线职能型物流组织结构是企业发展到一定阶段,企业将生产、营销、财务和物流等活动划归到企业的不同职能部门,由物流部门经理具体负责企业相应的物流活动,如图 10-2 所示。

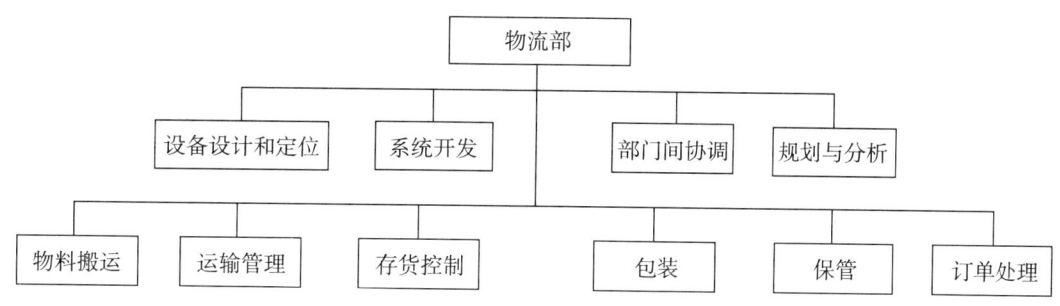

图 10-2　直线职能型物流组织结构

直线职能型物流组织结构的优点是:既能保持统一指挥,又能发挥专业管理职能部门的作用,决策迅速,容易贯彻到底;按各种业务功能进行管理,能够发挥专业优势;分工细密,职责分明,可以从劳动分工中获得高效率;可减轻直线管理人员的负担,充分调动各物流部门的积极性。其缺点为:组织中的各部门目标不易统一,容易产生本位主义,会增加组织高层管理人员的协调工作量;难以实现各经营阶段的成本计算与控制,无法使组织获得物流系统化带来的经济效益;组织分工细,规章多,反应速度较慢,不易迅速适应组织外部的新情况;组织中的职能管理人员只重视与其有关的专业领域,不利于从组织内部培养能够从宏观上把握全局的管理人才。直线职能型物流组织结构适用于业务量和规模中等的物流企业。

3. 事业部型物流组织结构

事业部型物流组织结构的主要特点是"集中决策,分散经营",如图 10-3 所示。

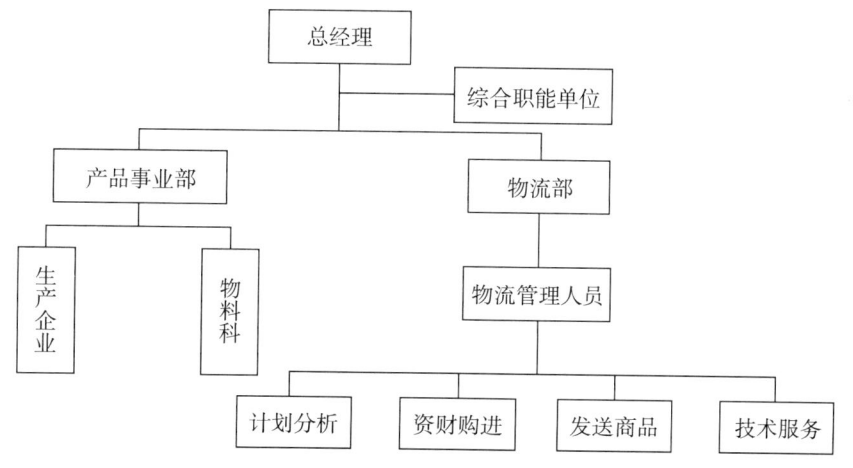

图 10-3　事业部型物流组织结构

事业部型物流组织结构的优点是：有利于组织最高管理者从烦琐的日常行政事务中解放出来，专心致力于组织重大问题的研究和决策；各事业部经理对管辖的范围负完全责任，管理责任明确并容易实施成本控制；可充分调动各事业部经理的积极性，提高组织经营的灵活性和适应能力；有利于各事业部开展公平竞争，克服组织僵化和官僚作风，能为组织培养独当一面的高层管理人才。其缺点为：各事业部只重视本部门的利益，本位主义严重；调度和反应不够灵活，不能有效地利用组织的全部资源；管理部门重叠设置，管理费用增加，难以实现组织物流总成本最小化；各事业部具有相对独立性，对事业部一级管理人员的水平要求较高；集权与分权关系敏感，一旦处理不当，会削弱整个组织的凝聚力。事业部型物流组织结构主要适用于物流组织规模较大、实行分权管理的大企业或集团公司。

10.2.2 现代物流组织结构

1. 矩阵型物流组织结构

矩阵型物流组织结构是为了适应在一个组织内同时有几个项目需要完成，而每一个项目又需要具有不同专长的人在一起工作才能完成这一特殊需求而形成的。矩阵型组织结构兼具直线职能型和事业部型组织结构两者的优点并避免了其各自缺陷的一种二维组织结构，如图 10-4 所示。

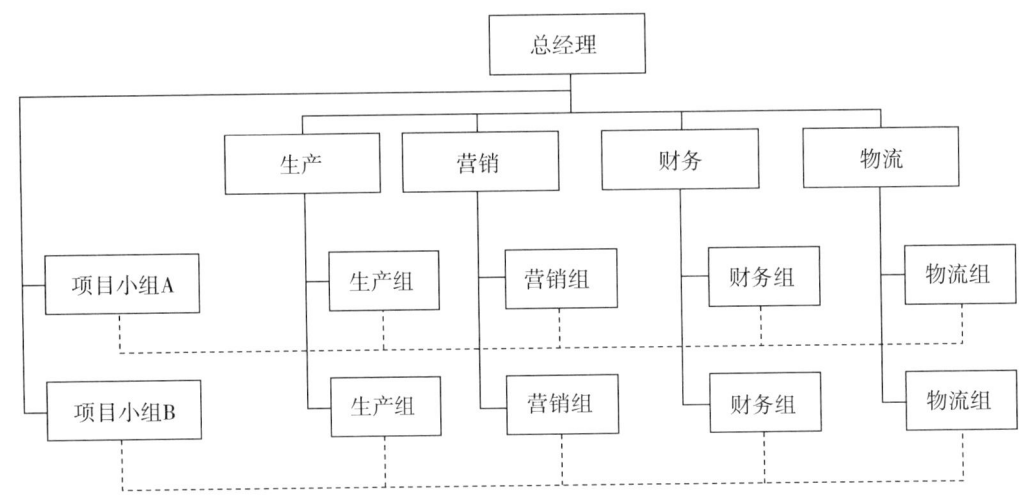

图 10-4　矩阵型物流组织结构

矩阵型物流组织结构的优点是：上下左右集权和分权实现了有效结合；有利于加强各部门间的配合和信息交流；便于集中各专门的知识和技能，加速完成某一特定项目；可避免各部门重复劳动，加强组织的整体性；可随项目起止而组成和撤销项目组，增强了组织的机动性和灵活性。其缺点为：各成员隶属于不同部门，项目负责人对他们工作的好坏，没有足够的奖励与惩罚手段,项目负责人的责任大于权力;项目负责人和原部门负责人对参加项目的人员都有指挥权,需双方管理人员密切配合才能顺利开展工作;破坏了统一指挥原则,对权力和责任的界定含糊不清,有可能造成管理混乱。矩阵型物流组织结构适用于物流服务需求多样化且个性化要求较高的企业。

2. 网络型物流组织结构

网络型组织结构是计算机网络技术发展的产物,它是依靠其他组织以合同为基础进行制造、营销、物流或其他关键业务经营活动的组织结构,如图10-5所示。

网络型物流组织结构的优点是:可以利用网络组织与外界合作,迅速获取所需资源;组织可将有关物流服务职能外包,集中资源做自己最擅长的事;组织能以高度的灵活性来适应不断变化的市场环境。其缺点为:管理者无法对外包活动进行紧密控制;管理部门需要具有更加有效的协调与沟通能力。网络型物流组织结构既适用于将非核心业务外包的大型物流企业,也适用于中小物流企业。

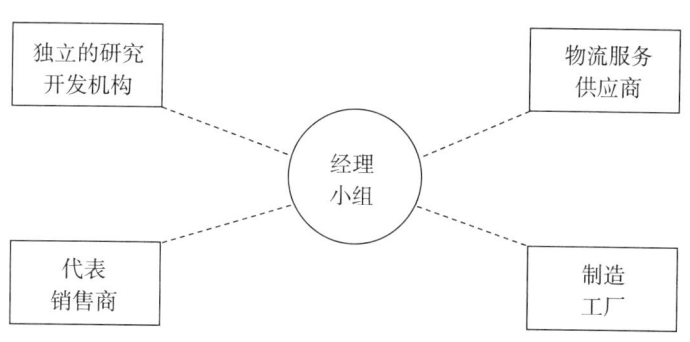

图 10-5 网络型物流组织结构

10.3 物流组织设计

10.3.1 物流组织设计的定义

组织设计就是为了有效地实现组织目的而对组织的结构和活动进行重构、变革和再设计,其任务是综合考虑组织所处的宏观和微观经济环境、组织发展战略、技术水平、组织规模以及生命周期等各种因素,设计清晰的组织结构,规划和设计组织中各个部门的职能与职权,确定组织中的职能职权、直线职权、参谋职权的活动范围并编制职务说明书。

物流组织设计就是通过对物流组织的结构和活动进行重构、变革和再设计,有效地规划和设计物流组织中各个部门的职能与职权,确定组织中的职能职权、直线职权、参谋职权的活动范围并编制职务说明书。

10.3.2 物流组织设计的基本原则

1. 合作分工原则

物流组织的设计要做到分工合理、协作明确,对于每位员工的具体工作内容、工作范围、工作关系和合作方法等都要有明确而具体的规定。

在物流分工中要注意的要点有:①按照专业化的要求来设计物流组织;②严格区分每项工作,每位员工在从事本职工作时都应达到专业水平;③注意分工所带来的经济效益。在物流合作中要注意的要点有:①明确物流部门与其他部门以及物流组织各部门之间的相互关系,找出容易发生冲突之处,并进行妥善的协调处理;②对于组织内的各项关系,应逐步规范化、程序化,确立具体可行的协调配合方法以及违反规范后的惩罚措施。

2. 统一指挥原则

统一指挥原则的实质就是在物流管理工作中实行统一领导,建立严格的责任机制,消除多头领导或无人负责的现象,保证全部物流活动的有效领导和正常运行。

统一指挥原则对物流组织的设计具体有以下几点要求:①在确定物流组织的管理层次时,要使上下级之间形成等级链,并要明确上下级的职责与权力;②物流组织应该实行首长负责制;③要做到正职领导副职,副职对正职负责;④下级物流组织只能接受一个上级的命令和指挥,防止出现多头领导的现象;⑤一般情况下,下级只能向直接上级请示工作,不能越级请示,下级必须服从上级的命令和指挥,不能各自为政、各行其是,如有不同意见,可以跨级请示;⑥上级不能越权指挥下级,但在必要的情况下,可以越级检查下级的工作。

3. 目标导向原则

任何一个组织及其组成部分都有其特定的任务与目标。组织的调整、增加、合并或取消都应以对实现目标有利为出发点。

在运用目标导向原则进行物流组织设计时,要注意以下几点:首先,要确定企业的物流经营战略;其次,要进行认真的筹划分析,为了保证任务与目标的顺利实现,要明确物流组织的组织构建、职务设置及人员配置;最后,物流组织的设计要符合实际工作的需要,避免不必要的职位设置。

4. 集权与分权相结合的原则

(1) 集权。集权的优点是:①有利于加强物流组织的统一领导,提高物流管理工作的效率;②有利于协调组织的各项活动;③有利于充分发挥物流主管的聪明才智,体现其工作能力;④由于机构精干、用人少,可以使物流管理的开支减少到最低限度。其缺点是:①缩小了物流经理的直接控制面,增加了管理层次,延长了纵向组织下达指令和信息沟通的渠道;②不利于调动基层的积极性和创造性,难以培养出熟悉全面业务的物流管理人员。

(2)分权。分权的优点是:①直接控制面扩大,减少了物流管理层次,使物流管理最高层与基层之间的信息沟通较为直接;②使物流管理基层组织从环境需要出发,更加灵活、有效地组织各项活动;③有利于物流管理基层人员发挥才干,从而培养出一支精干的物流管理队伍。其缺点是权力过于分散,不易于管理。

5. 精简高效原则

精简高效既是物流组织设计的原则,又是物流组织联系和运转的要求。精简能够保证需要的最少;效能包括工作效率和工作质量,队伍精简是提高效能的前提。精简高效原则要求人人有事干、事事有人管、保质又保量、负荷都饱满[①]。

6. 有效管理原则

有效管理原则指管理人员能够直接而有效地领导与指挥下属。当直接指挥的下属人数呈算术级数增长时,上一级的管理人员数量也需要相应地增加。影响管理人员管理幅度的基本因素有职能的相似性、地区的相近性、职能的复杂性、指导与控制的工作量、协调的工作量和计划的工作量。

10.3.2 物流组织设计的内容

物流组织设计的内容包括物流组织职能设计、物流组织结构设计和物流组织职务设计等方面。

1. 物流组织职能设计

物流组织职能设计是对企业的物流管理业务进行总体设计,确定企业物流管理活动的各项经营管理职能及其结构,并将其分解为各个管理层次、管理部门、管理职务和岗位的业务工作。职能设计的主要作用是使企业的物流战略任务和经营目标在物流管理组织上得到落实,同时为物流组织框架的设计提供依据。

(1)物流基本职能设计。先将企业的全部物流作业归并为由若干不同的管理岗位承担的工作项目,再将若干工作项目归并为若干基本职能。企业物流组织的基本职能一般包括采购、输入运输、生产进度日程安排、库存控制、仓储、输出运输、订单处理以及客户服务八项。

---

① 负荷饱满指设备的充分利用。

（2）关键职能分析。由于重要性的不同，企业物流组织职能可以分为关键职能和非关键职能。职能分析就是要在各项基本职能中找出关键职能，以便确定企业物流的中心任务，避免平均使用力量，或者互相争当主角，造成摩擦与内耗。每个企业都需要考虑两个基本问题：企业的经营宗旨是什么？对体现这一宗旨具有重要价值的物流活动是哪些？

（3）物流职能分解。职能分解是将已确定的基本职能和关键职能逐步分解，细化为独立的、可操作的具体业务活动。企业的各项物流职能，如采购、库存、运输、客户服务等都包括许多具体的工作内容，需要许多人员乃至几个部门共同承担。通过职能分解，列出各项基本职能的具体业务工作内容，既可以作为分派工作、指定专人或某个部门负责执行的依据，又能够为部门的划分和组合、协调方式的选择、岗位职责的制定提供前提条件。

（4）落实各个职能的职责。作为规范的职能设计，必须在最后进一步对不同职能的职责做出详细规定，进行全面落实，以便指导物流组织结构设计中的其他操作（如部门设计、职权设计等）。

2. 物流组织结构设计

这是企业根据自身的战略导向、物流规模以及所处的物流环境选择适合自身的物流组织结构。一般而言，当外部环境相对较为稳定时，企业可以选择职能型、事业部型等稳定性较强的物流组织结构；当企业所处的外部环境处于动态变化中时，企业宜选择灵活性较强的矩阵式、委员会结构与任务小组结构等组织结构。

3. 物流组织职务设计

物流组织职务设计是将物流组织的职务组合起来构成一项完整职务的过程。物流组织职务设计是对现有物流组织职务的认定、修改或产生新的职务。物流组织职务设计的方法主要包括：职务专业化、职务轮换、职务扩大化、职务丰富化等。

10.4 物流组织变革

任何组织机构经过合理的设计并实施后，都不是一成不变的。组织变革是不以人的意志为转移的客观过程。引起组织变革的因素包括外部环境的改变、组织自身成长的需要以及组织内部生产、技术、管理条件的变化等。

10.4.1 物流组织创新

1. 影响和推动物流组织创新的因素

影响和推动物流组织创新的因素主要包括物流组织内部因素和物流组织外部因素。

物流组织内部因素主要包括物流组织结构与资源因素、物流组织文化因素和人才资源因素,而物流组织外部因素主要包括产品与服务的市场变化、政治经济环境和社会文化因素。

（1）物流组织内部因素。物流组织结构与资源因素对物流组织创新的作用十分显著:①灵活的有机式物流组织结构对物流组织创新有着正面的影响。在有机式物流组织结构下,其专业化、正规化和集权化程度比较低,有利于提高物流组织的应变能力和跨职能工作能力,从而更易于推动和实施物流组织创新。②富足的物流组织资源是实现物流组织创新的重要基础。物流组织资源充裕,使管理部门有能力开发创新成果,推行整体性物流组织创新。③多向的物流组织沟通有利于克服物流组织创新的潜在障碍,如委员会、项目任务小组及其他组织机构等,都有利于促进部门间交流,达成共识,采用物流组织创新的解决方案。创新型的物流组织需要具有独特的组织文化,而人才资源是物流组织创新的基本保证。

（2）物流组织外部因素。产品与服务的市场变化是物流组织创新的首要外部因素,其中,最重要的是需求变化。物流组织作为物流市场中的供给方是为满足需求而存在的。另一个重要的市场变化是竞争变化,激烈的竞争往往使物流组织更倾向于成为适应市场的创新型物流组织,并通过更低的成本和更高的质量赢得竞争优势。

政治经济环境与社会文化因素是推动物流组织创新的重要外部因素。企业经营规模的不断扩大和技术层次的不断提高,使得管理理念与文化价值观的更新日趋急迫,这成为物流组织创新的必要条件。而管理理念与文化价值观在很大程度上受到政治经济环境与社会文化因素变化的制约,如政府的政策、法令、法律、规划、战略等都对物流组织的创新行为具有直接的指导意义和约束力。

2. 物流组织创新的发展趋势

物流在全球市场化的激烈竞争中,呈现信息化、网络化、智能化、柔性化、标准化和社会化的特征,物流组织也必须适应环境的变化,向更科学、合理的方向发展。从欧美国家物流演进的过程来看,企业物流组织的发展将呈现以下趋势:

（1）由职能垂直化向过程扁平化转变。传统的企业组织之所以机械、僵化、失灵,很重要的原因在于拥有庞大的中层;扁平化就是精简中间管理层,压缩组织结构;尽量缩短指挥链,改善沟通;消除机构臃肿和人浮于事的现象。现代管理理论如学习型组织理论、企业再造理论等都提出了建立扁平式企业组织的主张,实现物流组织结构由垂直化到扁平化的转变,具体措施如下:首先,注重企业物流信息系统的建设,用以取代原来中层人员的上通下达及搜集整理材料信息的功能,为扁平化组织结构的高效运行提供功能支持;其次,注重提高组织成员独立工作的能力,为扁平化组织结构的高效运行提供能力保障;最后,构建物流组织要强调以"物流过程"为核心取代原来的以"物流职能"为核心的组织方式,如以流程为基础构建矩阵式的组织结构。我国的一些大型生产、流通企业(含物流企业)虽然规模远小于跨国公司,但是物流组织也有三层之多,这严重影响了企业的物流效率和竞争力,扁平化将是其物流组织创新的一个重要方向。

(2)由固定刚性化向临时柔性化转变。组织柔性化的目的在于充分利用组织资源,增强企业对复杂多变的动态环境的适应能力,柔性化也将是物流组织发展的必然趋势。其一,物流组织的柔性化与企业物流的集权、分权以及度有较大的关系,要适时调整权责结构,适当扩大物流授权度,正确处理好集权与分权的关系;其二,建立动态性较大的"二元化组织"是当前物流组织柔性化的有效方法,即一方面为完成组织的经常性任务设立比较稳定的物流组织部门,另一方面为完成某个特定的、临时的项目或任务设立动态的物流组织,如物流工作团队就是为了实现某一物流目标,而把在不同领域工作的具有不同知识和技能的人集中于特定的团体之中,从而形成组织结构灵活便捷、动态的、柔性的物流组织形式。对于一些大型企业或企业集团、国际物流企业、跨国公司等,这种柔性组织将表现出较大的优越性。

(3)由内部一体化向虚拟化、网络化发展。从整个企业而不是特定部门优化物流的理念已被企业广泛接受,但企业往往强调的是内部物流职能的整合,总是希望建立内部一体化的实体性物流组织,实行集权化管理,而对企业内外部物流资源的共享利用关注较少。在经济全球化、网络化和市场化日益加剧的背景下,企业为了有效地提高其竞争力,必然会利用外部资源以快速响应市场需求,这将促进物流组织向虚拟化、网络化发展。企业物流组织要实现由内部一体化向虚拟化、网络化发展,应做到以下两点:第一,企业应强化内部信息网络化和标准化建设,构建基于 Internet(互联网)的管理信息系统(MIS)等,并能够通过 Internet、EDI、Intranet(内联网)等实现消费者与企业、企业与企业以及企业内部信息的有效交换,这是物流组织虚拟化、网络化的基础;第二,要以现代企业组织理论为指导,梳理物流业务,确定物流业务是采取自营、外包还是联盟的方式,并以培育企业的核心竞争力和重塑业务流程为主导构建物流组织,这是实现虚拟化和网络化的前提。经济学中的交易费用理论将企业组织视为规制交易的结构,由此看来,物流组织创新就是物流组织规制交易的方式、手段或程序的变化,其驱动力是节省企业内部管理交易和外部市场交易的物流费用。从发展趋势来看,矩阵型、团队型、联盟型、虚拟型、网络型等物流组织将越来越多地出现在未来的企业中。

10.4.2 物流战略联盟

1. 物流战略联盟的含义及特点

物流战略联盟是为了取得比单独从事物流活动更好的效果,两个或多个物流企业基于资源共享、开拓新市场、共担风险、共享收益等特定战略目标而形成的长期互利的物流协作伙伴关系。

物流战略联盟的主要特点表现在:

(1) 提高企业经济效益。站在企业经济效益的角度上来看,通过物流战略联盟可以使多数中小企业开始进行集约化运作,在一定程度上降低了企业运作成本,提高了企业经济效益。

(2) 缩短企业管理战线。站在社会效益的角度上来看,因为该联盟的运作主体是第三方物流机构,所以由其进行统一规划和实施,相应地减少了社会物流中反复劳动的问题,依据不同的技能要求而交予不同的社会群体进行操作,这在一定程度上体现了专业分工的要求。第三方物流企业更需要进行战略联盟,根据客户或者企业的具体要求进行规范化的运作。

(3) 转嫁经营风险。就第三方物流企业来讲,积极寻找物流战略联盟,可以共担风险,从而使得自身的风险降低。物流企业面临的风险主要包括货物风险、资金风险、社会风险等;其中,货物风险是库存以及运输货物的安全性,资金风险是应收款的时间,社会风险是相关政策法律法规的变化。换句话说,物流行业属于一个高风险的产业,通过积极寻求战略物流联盟可以很好地转嫁风险,如投资资金风险,也可以延长应付款的期限,从而优化结算的方式,相应地降低风险。

2. 物流战略联盟的方式

(1) 纵向一体化物流战略联盟。纵向一体化物流战略联盟指处于物流活动不同作业环节的企业之间通过相互协调形成的合作性、共同化的物流管理系统。

(2) 横向一体化物流战略联盟。横向一体化物流战略联盟指在相同地域或者不同地域、服务范围相同的物流企业之间达成的协调、统一运营的物流管理系统。

(3) 混合型物流战略联盟。混合型物流战略联盟指以一家物流企业为核心,联合一家或几家处于平行位置的物流企业和处于上下游位置的中小物流企业加盟而形成的战略联盟。

3. 物流战略联盟选择

在进行物流战略联盟选择时需要考虑以下因素：

（1）客户需求。在进行物流战略联盟选择的时候，客户需求是其中一个重要的前提。第三方物流企业进行客户选择的时候，首先要考虑客户的服务类型、产品特性、业务操作流程等。只有充分分析了客户的需求之后，才能更好地选择物流战略联盟。

（2）信誉度。对于物流战略联盟来讲，信誉度非常重要。只有具备高信誉度，才能放心地开展合作。

（3）资金承受能力。现代化物流企业要具备比较强的资金承受能力，其寻求的物流战略联盟也应具备同样的能力。合同中虽然对应收款账的时间进行了界定，但是一般客户却永远不会准时支付货款，而且企业平均收款的账龄大约为60—90天。因此，选择物流战略联盟的时候，要考虑其资金承受能力，适当地延长应付款项的期限，这样才能更好地降低企业经营风险。

（4）协调、沟通能力。协调、沟通能力是物流企业一项重要的能力，物流企业同客户之间的沟通要积极有效。当遇到问题的时候，不能逃避现实，而要积极主动地寻找解决方案，这是进行客户关系管理的一个重要措施。事实上，寻找的物流战略联盟如果具备比较好的协调能力和沟通能力，那么在遇到客户问题的时候，就可以更好地协调和处理。

4. 物流战略联盟的运营管理

（1）采用先进的信息技术，实现资源共享。信息技术使得不同部门和不同企业之间实现物流信息的交流和共享，从而促进技术方面的创新和物流资源方面的创新，进而带动商业模式的创新，实现对各个物流要素之间的协调和管理，实现一体化运作。在物流战略联盟中，企业存在很多需要共享的内部生产信息以及相关知识，但是物流联盟企业之间地理位置分布的特性，导致合作伙伴之间的信息共享并不容易，它们也难以进行面对面的交流。尤其是信息平台建设落后的企业，其资源的有效整合受到限制。所以，物流战略联盟在进行运营管理的时候，要把信息化建设纳入战略联盟发展中，从而打破信息割据的局面，实现信息资源共享。

（2）加强项目管理。根据现代化物流企业制定的操作标准，要督促战略联盟是否按照相应的操作标准进行操作。要定期同战略联盟召开相应的季度、月度评审会议，对经营运作中可能出现的问题，如客户的投诉等进行相应的修正和学习，由物流战略联盟提交相应的整改报告，这是项目小组跟踪的依据。物流服务项目监控既涉及期间服务的监督以及货物安全的监督，还包括对原始数据、原始资料等的监督检查。

（3）建立联盟间学习机制。从长远来看，企业可持续发展的能力来自比竞争对手更强大的学习能力。这里的学习不但有知识传输方面的学习，还包含了知识的创造。物流战略联盟要通过积极地学习提高企业的经营绩效，保持人才结构比例，从而保证各方面的交流与沟通。在企业中培养一批既懂得科学技术也懂得经营管理的人才，从而保证物流战略联盟的不断发展。

本章小结

物流组织指专门从事物流经营和管理活动的组织机构。物流组织管理包括物流组织的构建、物流组织形式的选择、物流组织结构的设计等。本章依次介绍了物流组织的产生与发展、物流组织结构、物流组织设计和物流组织变革，其中，物流组织结构的主要类型和物流战略联盟是需要重点掌握的内容。

复习思考

1. 简述物流组织演进的主要阶段。
2. 简述物流组织结构的主要类型。
3. 简述物流组织设计的主要原则和内容。
4. 简述物流战略联盟的主要方式。

案例讨论

广西玉柴物流集团有限公司的分权式事业部组织结构

广西玉柴物流集团有限公司（以下简称"玉柴物流"）隶属于玉柴集团公司，于2002年成立，在短短的5年多时间内快速发展成为闻名全国的物流集团公司。玉柴物流快速发展的秘诀之一是物流企业采用分权式事业部组织结构。

进入21世纪以来，玉柴集团公司与时俱进，很快认识到物流是"第三方利润源泉"，及时抓住我国大力发展物流产业的好机遇，积极发展物流产业。2002年，集团公司开始从机电专业物流向第三方物流发展，对运输资产进行重组、整合和优化。2003年，集团公司

加大资产重组、整合资源、优化结构,与多家运输企业联合,组成了拥有 16 家分公司、3 500 多辆大型货车的物流公司,依托集团公司的雄厚实力,发挥其遍布全国的 500 多个服务站的作用,开展货物配送、货物运输、仓储、信息服务、汽车及配件的销售、汽车物流及修理等业务。2005 年,玉柴物流进一步把原来分布在全国各地的 42 家玉柴办事处整合到玉柴物流产业中,并改为驻各地的物流分公司,从而组建成大型的玉柴物流集团有限公司。2007 年,玉柴物流又进一步发展成为在全国拥有 53 家分公司的分权式事业部组织结构的大型物流企业集团,采取"集中决策,分散经营",按产品类别、地区和经营部门分别成立遍布全国的分公司。各分公司具有相对独立的市场、相对独立的利益和相对独立的自主权,统一在总公司领导下实行独立经营、单独核算、自负盈亏,比较好地调动了各个分公司经营的主动性和积极性,使玉柴物流得到了快速发展和壮大。2007 年,玉柴物流获得"中国道路运输市场客户满意第一品牌"。

资料来源:田凤权.物流管理案例分析[M].北京:电子工业出版社,2010.

案例分析题: 结合案例简述分权式事业部组织结构的优势。

第十一章 物流成本管理

知识目标

了解物流成本的分类和影响因素；

了解物流成本管理的产生背景和发展；

熟悉物流成本的定义及特点；

熟悉物流成本管理的内容和方法；

熟悉物流成本核算的对象；

熟悉物流成本控制的内容。

技能目标

分析影响物流成本的主要因素；

进行物流成本对象的核算。

引导案例

上海通用的物流成本管理

《中国采购发展报告(2014)》显示，2013年我国社会物流总费用超过10万亿元，占GDP的比重为18.0%，是美国(8.5%)的2倍多，物流成本明显偏高。报告指出，在发达国家，物流成本平均占成品最终成本的10%—15%；在发展中国家，各种低效现象导致物流成本显著增高，占成品成本的15%—25%甚至更高，而对中国制造商而言，物流成本可高达生产成本的30%—40%。

下面看看上海通用是如何进行物流成本管理的。

秘籍一：精益生产，及时供货

随着汽车市场的竞争越来越激烈，很多汽车制造厂商采取了价格竞争的方式来应战。在这一背景下，大家都不得不降低成本。而为了降低成本，很多厂家都从被视为"第三方利润源泉"的物流入手。

有资料显示，我国汽车工业企业的物流成本一般占整个生产成本的20%以上，高的大概占30%—40%，而国际上物流做得较好的企业的物流成本都控制在15%以内。

上海通用在合资之初就决定，要用一种新的模式，建立一个在"精益生产"方式指导下的全新理念的工厂，而不想再重复建造一个中国式的汽车厂，也不想重复建造一个美国式的汽车厂。精益生产的思想内涵很丰富，最重要的一条就是像丰田一样——准时供货(Just In Time，JIT)，准时供货的外延就是缩短交货期。所以，上海通用在成立初期，就在现代信息技术的平台支撑下，运用现代的物流观念做到交货期短、柔性化和敏捷化。

从这几年的生产实践来看，上海通用每年都至少有一个新产品下线上市，这是敏捷化的一个反映。而物流最根本的思想就是怎样缩短供货周期以达到低成本、高效率。这个交货周期包括从原材料到零部件，再从零部件到整车，每一段都有一个交货期，这是敏捷化至关重要的一个方面。

秘籍二：循环取货，驱除库存"魔鬼"

目前，上海通用主要有四种车型，零部件总量有5 400多种。上海通用在国内外拥有180家供应商，拥有美国和巴西两大进口零部件基地。那么，上海通用是如何提高供应链效率、减少新产品的导入和上市时间并降低库存成本的呢？

为了把库存这个"魔鬼"赶出自己的供应链，如果零部件是本地供应商生产，上海通用会根据生产的要求在指定的时间直接将零件送到生产线上。因为不进入原材料库，所以保持了很低或接近于"零"的库存，省去了大量的资金占用。

有些用量很少的零部件，为了不浪费运输车辆的运能、充分节约运输成本，上海通用采用了叫做"牛奶圈"的小技巧：每天早晨，上海通用的汽车从厂家出发，到第一个供应商那里装上准备好的原材料，然后到第二家、第三家，依次类推，直到装上所有的材料才返回。这样做的好处是，避免了所有供应商空车返回造成的浪费。

不同供应商的送货缺乏统一的标准化管理，在信息交流、运输安全等方面都会带来各种各样的问题。如果要想管好它，必须花费很多的时间和人力资源。针对这种情况，上海通用聘请一家第三方物流供应商，由他们设计配送路线，然后到不同的供应商那里取货，再直接送到上海通用,利用"牛奶取货"或者"循环取货"的方式解决了这些难题。通过循环取货,上海通用的零部件运输成本下降了30%以上。这种做法体现了上海通用的一贯思想:把低附加价值的东西外包出去,集中精力做好制造、销售汽车的主营业务,即精干主业。

秘籍三:建立供应链预警机制,追求共赢

上海通用所有的车型国产化率都达到40%以上,有些车型已达到60%甚至更高。这样可以充分利用国际、国内的资源优势,在短时间内形成自己的核心竞争力。因此,上海通用非常注意协调与供应商之间的关系。

上海通用采取"柔性化生产",即一条生产流水线可以生产不同平台、多个型号的产品,如同时生产别克标准型、较大的别克商务旅行型和较小的赛欧。这种生产方式对供应商的要求极高,即供应商必须处于"时刻供货"的状态,会产生很高的存货成本。而供应商一般不愿意独自承担这些成本,因此会把部分成本摊在给通用供货的价格中。如此一来,最多也就是把这部分成本转嫁给上游供应商,并没有真正降低整条供应链的成本。

为了克服这个问题,上海通用与供应商时刻保持信息沟通。公司既有一年的生产预测,也有半年的生产预测,生产计划是滚动式的,基本上每周都有一次滚动,以此为前提不断调整产能。这个运行机制的核心是要让供应商看到公司的计划,让他们能根据公司的生产计划安排自己的存货和生产计划,从而减少对存货资金的占用。

如果供应商在原材料、零部件方面出现问题,也要及时给上海通用以预警,这是一种双向的信息沟通。一旦某个零件预测出现了问题,在某个时候跟不上需求了,公司就会利用上海通用的资源甚至全球的资源做出响应。新产品的推出涉及整个供应链,需要相关的国内零部件供应商同时提供新的零部件,而不仅仅是整车厂家推出一个产品这么简单。作为整车生产的龙头企业,上海通用建立了供应商联合发展中心,在物流方面也制作了很多标准流程,使供应商随着上海通用产量的变动来调整他们的生产计划。

目前,市场上的产品变化很大,某一产品现在很热销,几个月后需求量可能就不大了。上海通用敏捷化的要求就是在柔性化共线生产的前提下能够及时进行调整。但这种调整不只是整车厂家自己调整,而是让零部件供应商一起来做调整。

市场千变万化,供应链也是千变万化的,需要对突发事件进行应变。某段时间,上海通用在北美的进口零部件出现了问题,就启动了"应急计划",放弃海运而改用空运。再如考虑到世界某个地区存在爆发战争的可能性,将对供应链产生影响,上海通用会尽可能地增加零部件的库存,而且预警所有的供应商,让他们储存一些有可能受影响的原材料。

归根结底,供应链就是要贯彻一个共赢的概念。

资料来源:物流案例分析:上海通用降低物流成本的秘籍.全国物流信息网.http://www.56888.net/news/201247/501776975.html,2012.4.

思考

上海通用在物流成本管理上采取了哪些有力的方法?

11.1 物流成本概述

11.1.1 物流成本的定义

中华人民共和国国家标准《物流术语》(GB/T 18354-2006)把物流成本定义为:"物流活动中所消耗的物化劳动和活劳动的货币表现,包括货物在运输、储存、包装、装卸搬运、流通加工、物流信息、物流管理等过程中所耗费的人力、物力和财力的总和以及与存货有关的流动资金占用成本、存货风险成本和存货保险成本。"此定义的物流成本包含两个方面的内容:一方面,直接在物流环节产生的支付给劳动力的成本、耗费在机器设备上的成本以及支付给外部第三方的成本;另一方面,包括在物流环节中因持有存货等所造成的潜在成本,如占有资金成本、保险费等。

11.1.2 物流成本的分类

中华人民共和国2006年9月颁布的《企业物流成本构成与计算》的国家标准(GB/T 20523-2006)把物流成本分为成本项目类别物流成本、范围类别物流成本和形态类别物流成本三大类。

1. 成本项目类别物流成本

成本项目类别物流成本指以物流成本项目作为物流成本的计算对象,可以分为物流功能成本和存货相关成本。物流功能成本指在包装、运输、仓储、装卸搬运、流通加工、配送、信息处理及物流管理中所发生的物流成本;存货相关成本指企业在物流活动过程中所发生的与存货有关的资金占用成本、物流损耗成本、保险费和税收成本。

2. 范围类别物流成本

范围类别物流成本指以物流活动的范围作为物流成本的计算对象,包括供应物流、企业内部物流、销售物流、回收物流和废弃物物流等不同阶段所发生的各项成本支出。

3. 形态类别物流成本

形态类别物流成本指以物流成本的支付形态作为物流成本的计算对象,包括委托物流成本和企业内部物流成本。

企业内部物流成本可以分为:

(1) 材料费。含资材费、工具费、器具费等;

(2) 人工费。含工资、福利、奖金、津贴、补贴、住房公积金等;

(3) 维护费。含土地、建筑物及各类物流设施设备的折旧费、维护维修费、租赁费、保险费、税金、燃料与动力消耗费等;

(4) 人工经费。含办公费、差旅费、会议费、通信费、水电费、燃气费等;

(5) 特别经费。含存货资金占用费、物品损耗费、存货保险费和税费等。

11.1.3 物流成本的特点

作为企业成本的一个组成部分,物流成本具备了一般成本所具有的特征:消耗性、可量化、可比较等,还具有三个特有的特征。

1. 物流成本的交替损益性(效益背反)

改变物流系统中的任一要素都会影响到其他要素,系统中任一要素的增益都将对系统中的其他要素产生减损作用:①物流服务与物流成本的交替损益关系;②构成物流系统的各子系统之间的交替损益关系;③在运输方式的成本上存在交替损益关系;④商品库存成本与缺货成本之间存在着交替损益关系。

2. 物流成本的隐含性

企业往往很难准确地把握实际物流成本,因为物流费用项目很多都隐含在其他费用项目中,主要表现为以下几种情况:①不同类型的企业将物流成本混入不同的费用项目中,没有将物流成本单独加以反映;②企业内的物流费用混入其他费用项目中,未单独考虑。

3. 物流成本的不完全性

在核算物流成本时,忽略了其中的一些费用,使物流成本不能完全反映实际消耗的现象。产生的原因如下:①企业物流过程的复杂性导致物流成本的不完全性;②现有财务会计制度的缺陷导致物流成本的不完全性;③因为一些例外发生的物流费用,未能得到相应的重视,而未"浮出水面"。

11.1.4 影响企业物流成本的因素

1. 企业产品的特性与物流成本

- 产品的种类

不同产品的物流成本占其销售额的比重不同。图 11-1 中的数字统计了物流成本在 6 种不同产品分类中占销售额的百分比。其中,食品和消费品占销售额的比重最大,达 32.01%,其次是主要金属产品,所占比重将近 30%,而最低的化工和塑料产品物流成本比重不到 15%。

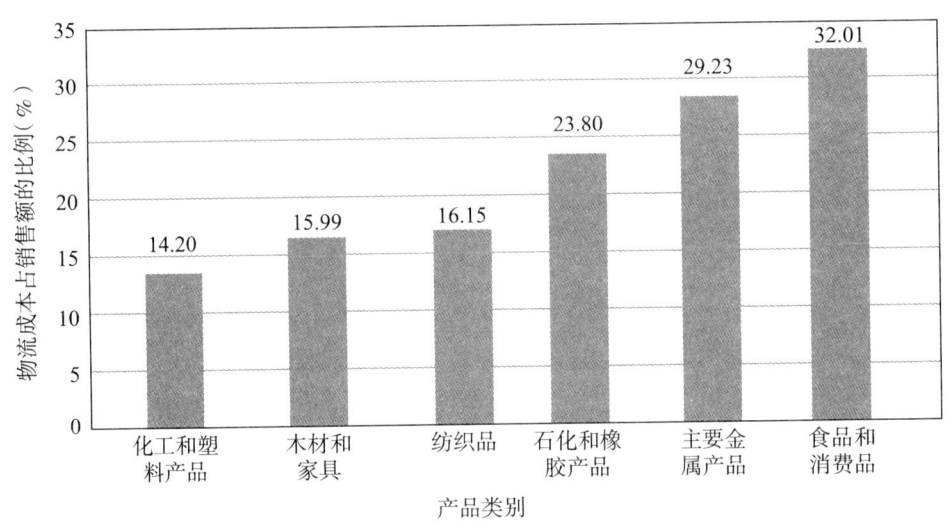

图 11-1 物流成本在不同产品类别中的差异

- 产品的密度

在实际应用中,通常通过减少产品的体积来降低成本,或者对零散的产品进行集装以增加产品的总体密度。产品密度与物流成本之间的关系如图 11-2 所示:随着产品密度的增加,仓储和运输成本占销售价格的比重呈降低趋势。

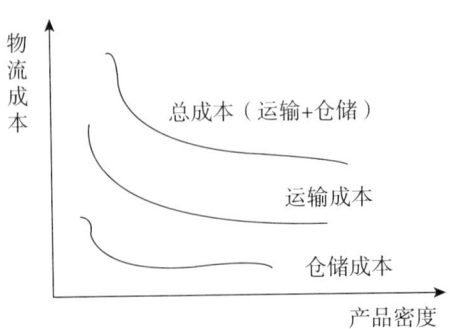

图 11-2 产品密度对于物流成本的影响

- 产品的价值

价值高的产品的物流成本相比一般产品要高。国际物流海运输费用率规定：高价值产品的运输费率要高于低价值产品的运输费率。

产品价值和重量之间的关系会影响物流成本：价值低、重量大的产品，其运输成本在产品价值中所占的比重偏大；而对于价值高、重量小的产品，其仓储成本较高而运输成本相对较低。

- 产品的可替代性

可替代性强的产品之间的竞争，除了品牌竞争外，更重视服务的竞争，即企业提供的物流服务。产品的分拨计划会考虑通过运输服务的选择、仓储服务的选择或两者兼用来降低此类产品的销售成本，保持现有的客户群。

- 产品的风险性

由于产品的风险性而在物流过程中引致特殊防护作业，会增加企业的物流分拨总成本。

2. 物流环节对物流成本的影响

物流环节的多少、经历时间的长短将直接影响到物流成本的大小。据相关统计：在物料形成产品的总生产时间中，真正的加工时间只有 10%—20%，其余时间都消耗在物料运输、等待的时间（如在库时间、设备调整准备时间）上，而这些环节都只引起成本的增加，不带来价值的增加。所以，一般而言，对于物流环节，原则是中间环节尽可能减少，在中间环节停留的时间也要尽可能少，每段的运输距离尽可能短，而运输速度尽可能加快。

3. 物流服务对物流成本的影响

随着市场竞争的加剧，物流服务越来越成为企业创造持久竞争优势的有效手段。更好的物流服务会增加收入，但同时也会提高物流成本（如图 11-3 所示）：高水平服务和低物流成本之间存在着一种"二律背反"，高水平的物流服务要求有大量的库存、足够的运费和充分的仓容，这些势必产生较高的物流成本；而低的物流成本所要求的是少量的库存、低廉的运费和较少的仓容，这些又必然降低物流服务水平和标准。

4. 其他因素

物流运作方式、核算方式、企业信息化程度等也会影响物流成本。企业物流业务外包已经成为越来越多致力于核心业务企业的策略选择，核算方式的不同必然会导致成本计算结果的差异。

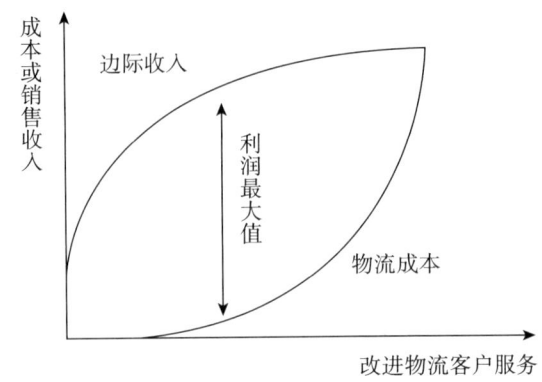

图 11-3　销售收入、物流成本与物流服务水平变动的关系

11.2　物流成本管理概述

11.2.1　物流成本管理的产生背景

物流活动必然会带来相应的物流成本,物流成本管理与物流管理的产生背景有着直接的关系。其产生的背景可以简单地归纳为以下几个阶段:

1. 第二次世界大战时期(不被重视时期)

物流管理是从配送和军事后勤管理中演变形成的。这个时期主要考虑的是军用物资的可达性和及时性。成本是第二因素,没有引起重视。

2. 第二次世界大战以后(较快发展,开始引起关注)

随着生产技术的发展、产品成本的下降,流通成本问题开始出现,物流管理进入商业领域,物流领域成为"第三方利润源泉"。企业在追求利润最大化、注重成本管理的过程中,开始关注物流成本管理,这个时期的物流成本管理便成为降低成本、提高服务水平、增强竞争力的有效手段,因而得到了较快的发展。

11.2.2　物流成本管理的发展

目前,物流发展态势较好的国家有美国和日本,物流成本管理在我国仍处于起步阶段。下面分别介绍国内外物流成本管理的发展概况。

1. 欧美国家物流成本管理的发展

欧美国家物流成本管理的发展,可以大致归纳为以下几个阶段:

- 物流成本认识阶段

因为流通领域存在着广阔的降低成本的空间,所以,企业物流管理可以说是从物流成本管理开始的。但是这一阶段人们对物流成本的认识只是停留在概念认识的层次上,还没有依照管理的步骤对物流成本实施全面的管理。

- 物流项目成本管理阶段

在认识物流成本的基础上,对特定的物流问题,企业开始组织专门的人员研究解决。但是这个阶段管理的组织化程度较低,企业对物流成本的持久把握存在不足。这个阶段物流管理组织开始出现。

- 引入物流预算管理制度的阶段

引入物流预算管理制度,通过对物流预算的编制、预算与实际的比较,对物流成本进行差异分析,达到控制成本的目的。但预算的编制、成本变动原因的分析还缺乏准确性和全面性,对物流成本的把握仅仅局限于运输费用和对外支付的费用。

- 物流预算管理制度确立阶段

有了物流成本的计算标准,物流预算和管理有据可依,同时物流部门出现了独立的成本中心和利润中心。

- 物流绩效评估制度的确立阶段

通过物流部门对企业绩效贡献度的把握,评价物流部门的工作。降低成本成为物流部门永恒的目标。

2. 日本物流成本管理的发展

在日本,物流兴起于20世纪50年代,至今已经形成了一套完整的体系,可以将物流成本管理发展归纳为以下几个阶段:

- 物流前期

集中于生产和销售部门,主要是货物的保管和运输。

- 个别管理期

物流成本意识出现期,成本意识仅仅局限于保管部门和发货部门。

- 综合管理时期

物流作为一项独立业务,开始建立物流管理部门,这里生产和销售是物流的前提。

- 扩大领域时期

物流影响生产和销售阶段。

- 整体体制时期

物流进入小批量、多品种发货的新时代,成为生产和销售本身的一项内容。

- 生产、销售、物流一体化时期

建立以物流信息为核心的一体化系统。

3. 中国物流成本管理的发展

我国物流成本管理起步较晚,可以简单归纳为以下几个时期:

(1) 1979 年,第一次从日本引入"物流"这个概念。

(2) 20 世纪 80 年代初,国有物资部门开始从宏观角度研究物流。

(3) 90 年代初,随着流通领域的利润下降,商业领域开始重视物流,物流成本进入初步的研究和试验性管理阶段。

(4) 90 年代后期,出现了专门的物流部门和物流企业,物流成本管理开始组织化。

(5) 进入 21 世纪,我国物流业开始走向国际化和全球化。物流成本管理理论和方法研究进入新的阶段,一些企业开始引入物流成本预算制度。

11.2.3 物流成本管理的内容、方法及意义

1. 物流成本管理的内容

中华人民共和国国家标准《物流术语》(GB/T 18354-2006)把物流成本管理定义为:"对物流相关费用进行的计划、协调与控制,即以物流成本信息的产生和利用为基础,按照物流成本最优化的要求有组织地进行预测、决策、计划、控制、分析和考核等一系列的科学管理活动。"物流成本管理主要包括三个方面:计算物流成本、分析评价物流成本和实施物流成本管理。

- 计算物流成本

(1) 明确物流成本的构成内容。从物流系统的角度出发,全面而清晰地界定物流成本的内容。

(2) 明确物流成本计算的目的。计算指标既有利于内部分析,又有利于外部比较;计算范围以会计核算资料为基础,又有所突破。

(3) 明确物流成本计算的方法。掌握基本的物流成本计算方法,能从会计数据中提取物流成本信息,进行归集和分配。

- 分析评价物流成本

企业应善于发现物流成本管理中存在的优势和劣势;总结经验,改进不足,促进物流管理系统的良性循环。在分析物流成本的过程中,经常用到趋势分析、结构分析、因素分析、比率分析等方法,尤其要考虑物流成本的效益背反特征。

- 实施物流成本管理

实施物流成本管理,首先,要确定成本管理对象,使得费用管理与核算有据可依;其次,要制定费用标准及实行预算管理;最后,要实行责任制度及明确权责关系。

2. 物流成本管理的意义

企业进行物流管理的目的是降低物流总成本,增强企业竞争优势;物流成本管理是企业物流管理的核心。

物流成本管理的意义在于,通过对物流成本的有效把握,利用物流要素之间的效益背反关系,科学合理地组织物流活动,加强对物流活动过程中费用支出的有效控制,降低物流活动中的各种消耗,从而达到降低物流总成本、提高企业社会效益和经济效益的目的。

3. 物流成本管理的方法

物流成本管理的方法主要有纵向法、横向法和计算机管理系统法。

- 纵向法

(1) 运用线性规划、非线性规划制订最优运输计划,实现物品运输优化;

(2) 运用系统分析技术,选择货物最佳配比和配送线路实现货物配送优化;

(3) 运用存储理论确定经济合理的库存量,实现物资存储优化;

(4) 运用模拟技术对整个物流系统进行研究,实现物流系统的最优化。

- 横向法

对物流成本进行预测和编制计划。预测在计划之前进行,即在对成本进行充分分析的基础上,寻求降低物流成本的经济措施,以保证物流成本计划的先进性和可靠性。

- 计算机管理系统法

借助计算机管理系统,通过一次次地循环、计算、评价,使整个物流系统不断优化,最终找出使总成本最低的最佳方案。

11.3 物流成本核算

11.3.1 物流成本核算的定义及目的

1. 物流成本核算的定义

物流成本核算是根据企业确定的成本计算对象,采用相应的成本计算方法,按照规定的成本项目,通过一系列物流费用的汇集与分配,计算出各物流环节成本计算对象的实际总成本和单位成本。

物流成本核算是物流成本管理中的重要环节。通过对各项物流活动进行成本核算，可以提高成本信息的准确性，提高企业的经营管理水平和企业的竞争力。因为物流成本信息是物流企业经营决策的重要依据，也是制造企业或商品流通企业进行业务流程改造的重要依据，同时也是国家规划物流产业与制定物流产业发展政策的重要依据。如何用科学的方法对物流成本进行准确的核算，是各国物流产业发展中普遍关注与着力解决的一项重大课题。

2. 物流成本核算的目的

物流成本核算的目的是要促进企业加强物流管理，提高管理水平，创新物流技术，提高物流效益。具体地说，物流成本核算的目的可以体现在以下几个方面：

（1）通过对企业物流成本的全面计算，弄清物流成本的大小，从而提高企业内部对物流重要性的认识；

（2）通过对某一具体物流活动的成本计算，弄清物流活动中存在的问题，为物流运营决策提供依据；

（3）按不同的物流部门组织计算，计算各物流部门的责任成本，评价各物流部门的业绩；

（4）通过对某一物流设备或机械（如单台运输卡车）的成本计算，弄清其消耗情况，谋求提高设备效率、降低物流成本的途径；

（5）通过对每个客户物流成本的分解核算，为物流服务收费水平的制定以及有效的客户管理提供决策依据；

（6）通过对某一成本项目的计算，确定本期物流成本与上年同期成本的差异，查明成本降低的原因；

（7）按照物流成本计算的口径计算本期物流的实际成本，评价物流成本预算的执行情况。

11.3.2　物流成本核算的对象

成本核算对象即成本费用承担的实体，指企业或成本管理部门，为归集和分配各项成本费用而确定的各个具体对象，以一定时期和空间范围为条件而存在的成本计算实体。

一般来说，物流成本核算的对象主要包括：

（1）以某种物流功能为对象。根据需要，以包装、运输、仓储等物流功能要素为对象进行核算，如表11-1所示。这种核算方式对于加强每个物流功能环节的管理、提高每个环节的作业水平具有重要的意义。

表 11-1　以物流功能为成本核算对象的物流成本汇总信息

支付形态	成本项目	运输	保管	装卸	包装	流通加工	物流信息	物流管理	合计
企业内部物流成本	材料费								
	人工费								
	维修费								
	一般经费								
	…								
	其他								
小计									
委托物流费									
合计									

（2）以某个物流部门为对象。如以仓库、车队、装配车间等部门为对象进行核算。这种核算方式对于加强责任管理、开展成本控制责任制管理，以及考核部门绩效都十分有利。

（3）以某个客户为对象，如表 11-2 所示。这种核算方式对于加强客户服务管理、制定有竞争力且有盈利性的收费价格是很有必要的，特别是对于物流服务企业，在为大客户提供物流服务的时候，应分别核算对各大客户提供服务时所发生的实际成本。

表 11-2　以客户为成本核算对象的物流成本汇总信息

成本项目	客户	A类大客户	B类大客户	……	N类大客户	P类中小客户	Q类中小客户	其他类客户	合计
企业内部物流成本	材料费								
	人工费								
	维修费								
	水电费								
	…								
	其他								
小计									
委托物流费									
合计									

（4）以某种产品为对象。货主企业在进行物流成本核算时，以某种产品作为核算对象，计算为组织该产品的生产和销售所花费的物流成本，据此可进一步了解各产品的物流费用开支情况，以便进行重点管理。

（5）以企业生产的某个过程为对象。如以采购、供应、生产、销售、退货等过程为对象进行核算。这种核算方式容易计算物流成本总额，了解各范围的全貌，并据此进行比较和分析。

（6）以某个物流成本项目为对象。把一定时期的物流成本，从财务会计的计算项目中抽出，按照成本费用项目进行分类核算。它可以将企业的物流成本分解为企业自家的物流费、委托物流费、外企业代垫物流费等项目分别进行核算。

（7）以某个地区为对象，如表11-3所示。这种核算方式有利于了解各地区的物流成本开支，进行重点管理。同时，对销售或物流网络广的企业而言，是其进行物流成本日常控制、地区负责人绩效考核以及其他物流系统优化决策的有效依据。

表11-3 以客户为成本核算对象的物流成本汇总信息

物流功能	地区	东北分公司	华北分公司	西北分公司	西南分公司	华南分公司	华东分公司	中南分公司	合计
企业内部物流成本	运输								
	保管								
	装卸								
	包装								
	流通加工								
	物流信息								
	物流管理								
	其他								
小计									
委托物流费									
合计									

（8）以某个物流设备和工具为对象。如以某台运输车辆为对象进行核算。

（9）以企业全部物流活动为对象，如图11-4所示。确定企业为组织物流活动所花费的全部物流成本支出。

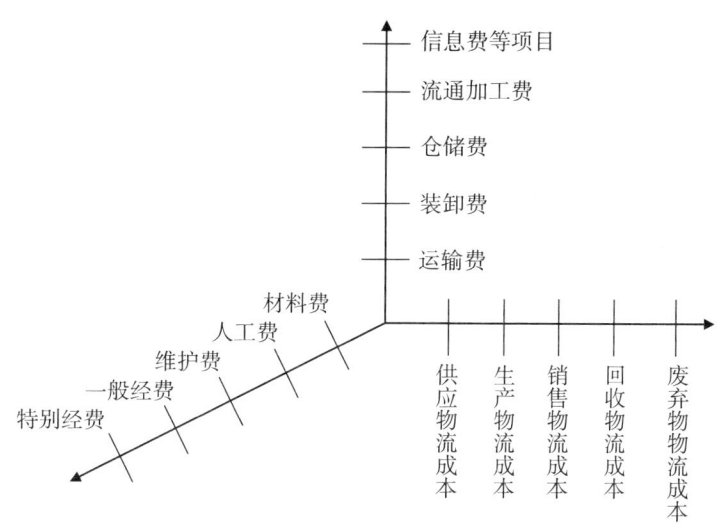

图 11-4　以企业全部物流活动为对象的物流成本核算(三维模式)

11.3.3　物流成本核算的方法

1. 基本思路

现行会计核算中已经反映的并可以从会计信息中分离和计算的,按照企业会计制度的要求进行正常的成本核算,并参照企业实际情况,选择不同时期登记相关物流成本二级账户。

现行会计核算中没有反映的,需要企业在会计核算体系之外单独计算那部分物流成本,即存货占用自有资金所产生的机会成本,需要在期末计算。

2. 具体方法和步骤

- 可以从现行成本核算体系中予以分离的物流成本

第一步:设置物流成本辅助账户,按物流成本项目设置二级账户;按物流范围设置三级账户;对于内部物流成本,按费用支付形态设置费用专栏,设置次序按企业实际情况选择。

第二步:对企业会计核算的全部成本费用科目逐一进行分析,确认物流成本的内容。

第三步:对于确认的物流成本内容,根据企业实际情况,在期中与会计核算同步登记物流成本辅助账户及相应的二级、三级账户和费用专栏;期末集中归集物流成本。

第四步:期末(月末、季末、年末)汇总计算物流成本辅助账户及相应的二级、三级账户和费用专栏成本数额,填写物流成本表。

- 无法从现行成本核算体系中予以分离的物流成本(存货占用自有资金所产生的机会成本)

第一步:期末对存货按在途和在库两种形态分别统计出账面余额。

第二步:按公式"存货资金占用成本=存货账面余值×企业内部收益率"计算存货占用自有资金所产生的机会成本。

第三步:根据计算结果,填写物流成本表。

- 间接物流成本的分配原则

间接物流成本按物流工作量比例、物流设施面积或设备比例,以及物流作业所占资金比例等确定。

11.4 物流成本控制

物流成本控制是对物流活动前成本的预测和计划、物流运行中成本的监督与调整、物流作业结束后成本的计算和分析,实质上就是物流成本管理。

物流成本控制的主要内容包括:

1. 运输成本控制

运输成本主要包括变动成本、固定成本和管理费用。

(1)变动成本。变动成本由具体的运输作业确定,包括劳动成本、燃料费用、维护保管费用,以及运输端点的场、站费用。

(2)固定成本。固定成本表现为固定资产折旧,它与具体的运输活动无关,而是按期提成。

(3)管理费用。它是与运输作业直接相关的管理成本。

有效控制运输成本应做到:合理选择运输工具;采用联合运输,降低成本;推行直达运输。

2. 保管成本控制

保管成本包括仓储成本和存货成本。

仓储成本由固定成本、变动成本和管理费用三部分组成,其中,以仓库的固定资产和土地费用为主要部分。

控制仓储固定成本的主要措施有:

(1)合理选择仓库位置,降低土地成本。尽量选择在低价区域设置仓库,在高地价只能租用土地。

(2)对于仓库内部设施,主要的成本控制对象是货架、叉车以及巷道堆垛起重机的成本,以提高仓库利用率,加快货物进出,减少劳动成本。

存货成本属于变动成本范畴,具体表现为:存货资金成本、存货服务成本、存货储存保管成本、存货风险成本。存货成本控制是通过合理的订货数量和订货批次,实现库存流量最大、库存最小、存货成本最低。

3. 配送成本控制

配送成本主要由三部分构成,即分拣配货成本、送货成本和储存保管成本。

配送成本控制措施主要有:

(1) 合理设置分拣作业程序,配备输送设备,节省分拣劳动成本;

(2) 实行共同配送,优化配送路线,减少短途送货成本。

4. 装卸搬运成本控制

装卸搬运成本控制集中表现在集装箱移动作业和生产物流过程中的物料移动作业方面。

(1) 集装箱移动成本控制。它主要通过作业前合理布置集装箱堆场,从而尽量减少集装箱的移动次数。

(2) 生产物流中的物流移动成本控制。生产物流过程中物料储存地点和物料运行路线的合理布局可以减少物料移动的成本。

本章小结

物流成本管理指对物流相关费用进行的计划、协调与控制,即以物流成本信息的产生和利用为基础,按照物流成本最优化的要求有组织地进行预测、决策、计划、控制、分析和考核等一系列的科学管理活动。本章依次介绍了物流成本的定义、特点、分类和影响因素;物流成本管理的产生背景和发展、物流成本管理的内容和方法;物流成本核算的定义、目的、对象及方法。其中,物流成本的定义及特点、物流成本管理的内容、物流成本核算的对象,以及物流成本控制的内容是需要重点掌握的内容。

复习思考

1. 简述物流成本的定义和特点。
2. 简述物流成本管理的内容。
3. 简述物流成本核算的对象。
4. 简述物流成本控制的内容。

 **案例讨论**

美国布鲁克林酿酒厂如何做好物流成本控制?

美国布鲁克林酿酒厂经营布鲁克林拉格淡色啤酒。该品牌虽然在美国还没有成为国家名牌,但在日本市场却已创建了一个每年 200 亿美元的市场。它靠的就是物流成本管理。

1. 运输成本控制

布鲁克林酿酒厂于 1987 年 11 月装运了它的第一箱布鲁克林拉格到达日本,并在最初的几个月里试用了多个航空承运人。经过物流服务质量的比较,最后选择日本金刚砂航空公司为布鲁克林酿酒厂唯一的航空承运人,专门负责把布鲁克林拉格淡色啤酒从美国运输到日本。金刚砂航空公司之所以被选中,是因为它向布鲁克林酿酒厂提供了增值服务。布鲁克林酿酒厂在纽约的 J.F.K. 国际机场把啤酒交付给金刚砂航空公司,金刚砂航空公司在飞往东京的航班上安排啤酒物流运输。为了加快物流速度,金刚砂航空公司还通过其日本报关行办理清关手续,这些服务有助于保证产品完全符合新鲜的要求。

2. 物流时间与价格控制

一般来说,美国装运到日本国内啤酒的平均订货周期为 40 天,而布鲁克林酿酒厂很重视控制啤酒的物流时间,把布鲁克林拉格淡色啤酒从美国装运到日本的物流作业成功控制在 7 天以内,保证啤酒酿造后的 1 周内将其从美国的酿酒厂直接运达日本的消费者手中。

3. 包装成本控制

布鲁克林酿酒厂还十分重视控制包装成本。为此,该厂尝试改变啤酒包装,把瓶装啤酒改为小桶装啤酒。虽然小桶装啤酒的重量与瓶装啤酒的重量相等,但小桶装可避免因玻璃破碎而造成的物流损失。另外,小桶装啤酒对保护性包装的要求比较低,这将进一步降低啤酒的物流装运成本。

4. 销售价格控制

布鲁克林拉格淡色啤酒在美国是一款价位中等的啤酒。该啤酒运达日本后,由于物流时间控制得好、新鲜度高,销售价格可以超过一般啤酒的定价,由此获得了极高的利润。

资料来源:美国布鲁克林酿酒厂仓储成本管理案例分析.万联网,http://info.10000link.com/newsdetail.aspx?doc=2010062590038,2010.6.

案例分析题:试从美国布鲁克林酿酒厂开展物流的经验,分析做好物流成本控制有哪些方法。

第十二章　物流质量管理

知识目标

了解物流质量的概念；

了解物流质量管理的定义及特点；

熟悉物流质量管理的主要指标；

掌握提高物流质量管理的主要途径。

技能目标

掌握运用物流质量管理的主要指标解决实际问题。

引导案例

JC Penney 公司的质量管理创新

一、配送中心的基本情况

JC Penney 公司位于俄亥俄州哥伦布的配送中心，每年要处理 900 万种订货或每天 25 000 笔订货。该配送中心为 264 家地区零售店装运货物，无论是零售商还是消费者，配送中心都能做到 48 小时之内送达。配送中心占地面积 200 万平方米，雇用了 1 300 名全日制员工，旺季时有 500 名兼职雇员。JC Penney 公司接着在其位于密苏里州的堪萨斯城、内华达州的雷诺以及康涅狄格州的曼彻斯特的其他三个配送中心成功地开展了质量创新活动，能够连续 24 小时为全国 90% 的地区提供服务。

二、质量管理创新

JC Penney 公司认为其真正的竞争优势在于优质的服务。管理部门认为，这种服务的优势应归功于20世纪80年代中期公司采取的三项创新活动,即质量循环、精确至上和激光扫描技术。

(一)质量循环:小改革解决大问题

1982年,JC Penney公司首先启动了质量循环活动,以期维持和改善服务水平。管理部门担心,质量服务的想法会导致管理人员企图简单地花点钱来"解决问题"。然而,取代这些担心的是经慎重考虑后提出的一系列小改革,真正地解决了工作场面中存在的一些主要问题,其中包括经人们建议创建的中央工具库,用以提高工作效率和工具的可获得性。

(二)精确至上:不断消除物流过程的浪费

精确至上的创新活动旨在通过排除收取、提取和装运活动中存在的缺陷,以提高服务的精确性。因此,提供精确的客户信息和完成订货承诺被视为头等大事。显然,在该层次上讲求服务的精确性,意味着公司随时可以说出来某个产品项目是否有现货,并且当有电话订货时,便可以告知对方何时送货上门。公司需要提高的另一个精确性与提取产品有关。为了确保产品在质量和数量上的正确,JC Penney公司针对每次装运中的某个项目,进行质量控制和实际点数检查。如果存在差异,将对订货进行100%的检查。与此同时,对2.5%的装运进行审计。订货承诺的完成需要将主要精力放在提高精确度上,为此公司配送中心的经理Cookman说道:"我们曾一直在犯错误,想在商品预付给客户之前就能够进行精确的检查,但问题是,在质量循环中是否已找到解决办法,或者能够对该过程进行自动化。"对此,Cookman称:"只有依赖计算机,人们才有能力进行精确的检查。"于是,公司开始利用计算机系统进行协调,把订购商品转移到"转送提取"区域,以减少订货提取者的步行时间。

(三)激光扫描技术:用科技改进质量管理

第三项质量管理创新活动是应用激光扫描技术,以99.9%的精确性跟踪230 000个存货单位的存货。JC Penney公司最初的米尔沃基的配送中心是用手工处理各种产品项目的储存和跟踪,接着便开始用计算机键盘操作替代手工操作,这一举动使产品项目的精确性达到了近80%。而扫描技术则被视为既能提高记录精度,又能提高记录速度的手段。但是,刚开始启动扫描技术时的结果并不理想,因为一系列的扫描过程需要精确地读取每一个包装盒子上的信息。然而,在某些情况下,往往需要扫描4次才能读取到1次信息。这么一来JC Penney公司就需要一种系统,能够以3次/秒的速度,从任何角度读取各种包装尺寸的产品信息。于是,公司内部的系统支持小组优化了硬件和软件来满足这一目的。

其结果是,该配送中心的四个扫描站耗资 12 000 美元,削减了每个扫描站所需的 16 个键盘操作人员。

三、质量管理创新需要协调员工与技术的关系

"加重工作"的质量循环与"减轻工作"的技术应用之间会产生一定的矛盾。JC Penney 公司需要在引进扫描技术的同时,保持其既得利益和改进成果。然而,公司在时间上的选取却是完美的,因为公司在大举扩展的同时将需要增加雇员,于是,公司便提早告诉其雇员,技术的进步将不会导致裁员。

资料来源:马士华.企业物流管理[M].北京:中国人民大学出版社,2011.

思考

JC Penney 公司的物流质量管理对我们有什么启示?

12.1 物流质量的概念

物流质量是供应链上一个满足客户要求的环节,是物流服务满足客户要求的特性。物流质量是物流产品(对象)质量、物流服务质量、物流工作质量以及物流工程质量的总和。

1. 物流产品(对象)质量

物流对象是具有一定质量的实体,即有合乎要求的等级尺寸、规格、性质、外观。这些质量是在生产中形成的,物流过程主要在于转移和保护这些质量,把商品完好地交给客户,以实现对客户的质量保证。

2. 物流服务质量

物流具有很强的服务性质,提高物流服务质量是物流管理的主要目标。物流服务质量因客户要求不同而各异,因而必须了解和掌握客户对物流服务的要求,主要包括:商品质量的保持程度;流通加工对商品质量的提高程度;批量及数量的满足程度;配送额度、间隔期及交货期的保证程度;配送、运输方式的满足程度;成本水平及物流费用的满足程度;相关服务(如信息提供、索赔及纠纷处理)的满足程度。

3. 物流工作质量

物流工作质量指物流各环节、各工种、各岗位的具体工作质量。物流工作质量和物流服务质量是两个有关联但又不大相同的概念,物流服务的质量取决于各个具体工作的质量。所以,物流工作质量是物流服务质量的某种保证和基础。重点抓好物流工作质量,物流服务质量就有了一定程度的保证。

4. 物流工程质量

物流工程是支撑物流活动的工程系统。物流质量不但取决于工作质量,而且取决于工程质量。在物流过程中,把对产品质量产生影响的各因素(人的因素、体制的因素、设备因素、工艺方法因素、计量与测试因素、环境因素等)统称为"工程"。很明显,提高工程质量是进行物流质量管理的基础工作,能提高工程质量,就能做到"以预防为主"的质量管理。

物流归根到底就是以服务为核心,物流企业的行为准则就是两个字"服务",因此,有必要从服务业的质量观去理解物流质量的内涵。

12.2 物流质量管理的定义及特点

物流质量管理是以一定的质量标准对物流质量进行控制。物流质量管理的目的是在成本尽可能低的前提下,向客户提供尽可能高的物流质量服务。

物流质量管理主要有以下三个特点:

1. 管理的对象全面

物流质量管理不仅管理物流对象本身,而且还管理工作质量和工程质量,最终对成本及交货期起到管理作用,具有很强的全面性。

2. 管理的范围全面

物流质量管理对流通对象的包装、装卸搬运、储存、运输、配送、流通加工等若干过程进行全过程的质量管理,同时又是对产品在社会再生产过程中进行全面质量管理的重要一环。在这一过程中,必须一环不漏地进行全面管理才能保证最终的物流质量,达到目标质量。

3. 全员参加管理

物流质量取决于有关环节的所有部门和所有人员,绝不是依靠某个部门和少数人就能搞好的,必须依靠相关环节中各部门和广大职工的共同努力。物流管理的全员性是由物流的综合性、物流质量问题的重要性和复杂性决定的,反映了质量管理的客观要求。

由于物流质量管理存在"三全"(对象全面、范围全面、全员参与)的特点,因此,全面质量管理的一些原则和方法(如 PDCA 循环①),同样适用于物流质量管理。但应注意,物

---

① PDCA 循环,P:Plan,计划;D:Do,执行;C:Check,检查;A:Action,行动。

流是一个系统,在系统中各个环节之间的联系和配合是非常重要的。物流质量管理必须强调"以预防为主",明确"事前管理"的重要性,即在上一道物流过程就要为下一道物流过程着想,预判下一道物流过程可能出现的问题,采取预防措施。

12.3 物流质量管理的主要指标

1. 服务质量指标

货物损失指标是表明在一个时间段内,发生货物损坏的金额与同期内合同执行金额的比例;缺货程度指标是指同期内缺货次数与客户要求次数的比例。

$$货损率=(货物损失金额/完成合同金额)\times100\%$$

$$货损货差赔偿费率=(货损货差赔偿金额/同期业务收入总额)\times100\%$$

$$缺货率=(缺货次数/客户要求次数)\times100\%$$

2. 仓库质量指标

$$仓库吞吐能力实现率=(期内实际吞吐量/仓库设计吞吐量)\times100\%$$

$$仓容利用率=(年度存储物品实际数量或容积/设计库存数量或容积)\times100\%$$

$$仓储吨成本=仓储费用/库存量(元/吨)$$

3. 运输质量指标

$$车辆满载率=(车辆实际装载量/车辆装载能力)\times100\%$$

$$运力利用率=(实际吨千米数/运力往返运输总能力)\times100\%$$

$$正点运输率=(正点运输次数/运输总次数)\times100\%$$

4. 设备质量指标

$$设备完好率=(期内设备完好台数/同期设备总台数)\times100\%$$

$$设备利用率=[全部设备实际工作时数/设备总的工作能力(时数)]\times100\%$$

12.4 提高物流质量管理的主要途径

提高物流质量管理的主要途径有以下四种。

1. 准确把握客户的需求

物流企业必须从以下三个方面把握客户的需求:

(1) 公司外部客户的需求。对公司的外部客户,要定期调查他们的质量要求,定期监测市场的变化。

（2）内部客户需求。物流过程涉及的公司内部运营部门和人员，都是物流服务供应环节的内部客户，必须了解他们对公司执行具体物流合同的需求。不能因为他们是内部人员，就理所当然地认为他们的作业质量达到合格标准。

（3）竞争对手的状况。把握竞争对手的质量执行标准，可以使企业对整体的市场质量标准有充足的认识，以竞争对手的质量标准为参考，可以节省同等级物流质量标准的支出。

2. 物流标准与物流成本的均衡

物流企业不可能不计成本地维持高质量的物流服务水准。经过客户需求与物流运作成本比较后，对不同成本的物流质量实行差别化对待，以合适的资源对应合适的客户，实现正确的质量要求。

3. 物流质量过程的控制

在物流运作过程中，控制物流质量是物流系统管理的关键，对物流运行时间、物流活动所需资源和物流作业人员进行有效的控制，才能最终控制物流质量过程。

4. 利用物流信息工具提高物流质量

（1）通过数据库和管理信息系统（MIS）掌握物流质量的实时状态；

（2）在物流作业过程中，采用电子订货系统（EOS）、物料需求计划（MRP）、全球定位系统（GPS），在码头和仓库中安装电子监控系统，提高对物流质量事故的快速反应能力。

本章小结

物流质量管理是以一定的质量标准对物流质量进行控制。本章依次介绍了物流质量的概念、物流质量管理的定义及特点、物流质量管理的主要指标，以及提高物流质量管理的主要途径。其中，物流质量管理的主要指标、提高物流质量管理是需要重点掌握的内容。

复习思考

1. 简述物流质量的概念。
2. 简述物流质量管理的定义及特点。

3. 简述物流质量管理的主要指标。
4. 简述提高物流质量管理的主要途径。

 案例讨论

某物流公司提升物流工作质量

山东某物流有限公司成立于1995年,注册资本2 700万元,位于山东胶东半岛地区。公司的主要业务涵盖国际集装箱堆存、物流仓储、集装箱检修等三大核心物流功能,拥有专业技术人员近300名。公司还拥有自己的报关行及仓库,能为客户提供全套的进出口报关、商检、仓储、拖车、分拨及相关服务,实行"一票在手,全程无忧"的24小时服务。经过20多年的发展,公司已成为山东地区规模最大、功能最齐全、综合实力最强的集装箱物流企业之一。

鉴于物流行业的特殊性及从业人员的特点,公司的人员流动较为频繁,很多员工在熟悉了岗位操作及工作标准之后就离开,公司不得不重新招聘,再培训,周而复始。这样一方面导致员工培训成本增加,另一方面,由于人员都是"新手",服务质量也难以保证。面对人员频繁流动给公司造成的压力,公司领导提出了工作标准化的需求,希望能通过对各个岗位工作标准的梳理和规范,打造统一的服务模式,提高服务质量。

1. 梳理工作流程,提高工作效率

针对各岗位的具体工作职责,梳理具体的工作流程,编制"流程图",并明确对接部门、具体对接人等信息,具体从事某项工作的人对照工作流程图即可清晰地知道做什么、怎么做、找谁做等信息,从而大大提高了工作效率。同时,工作人员还可以利用流程图有效地跟踪工作进度,确保在时间节点之前完成工作。此外,明确关键流程的控制点,如完成具体工作的时间节点、信息传递的具体人员等,进一步确保了工作职责的有效执行。

2. 明确工作标准,保证工作质量

原有的工作标准多为定性描述,如"及时""一定"等词语,员工具体开展工作时也不清楚工作做到什么程度是达到标准的,做到什么程度是可以被评为优秀的,这种情况也在一定程度上助长了员工敷衍了事的工作态度,工作质量也难以得到保证。基于此,公司对具体工作职责制定明确的工作标准要求,对"及时"等定性描述语言予以进一步明确,如:将"及时接听电话"进一步明确为"电话铃声响三声之内接听电话",以确保员工能够清楚地了解工作标准。同时,将工作标准分为合格标准和优秀标准,确保工作保质保量完成的

同时,有效地引导员工的工作行为,鼓励员工主动提升工作技能。

3. 固化工作经验点,将个人经验转变为组织经验

现阶段,老员工或优秀员工的工作经验始终存留在脑海中,一旦这些人离职或升迁,其宝贵的工作经验也随之流失,新员工必须在失误中再不断摸索经验,在一定程度上等同于重复工作。基于此,公司设计了相关工具,针对具体工作事项,从容易出错、关键控制点等角度出发,固化工作经验点,将老员工和优秀员工脑海中的个人经验转变为组织经验,在很大程度上减少了各岗位对老员工和优秀员工的依赖性,解决了人员配置的矛盾。同时,将各岗位的工作经验点作为具体岗位人员的培训教材,在提高培训有效性的同时,也确保了工作职责的顺利执行。

资料来源:田凤权.物流管理案例分析[M].北京:电子工业出版社,2010.

案例分析题:该物流公司是如何提升工作质量的?

第十三章　物流战略管理

知识目标

了解物流战略的定义；

了解物流战略管理的定义；

掌握物流战略管理的内容。

技能目标

掌握运用物流战略进行分析的方法。

引导案例

海尔集团与阿里巴巴集团达成战略合作

2013年12月9日，海尔集团与阿里巴巴集团联合宣布达成战略合作。双方将基于海尔集团在供应链管理、物流仓储、配送安装服务领域的优势，以及阿里巴巴集团在电子商务生态体系的优势，联手打造全新的家电及大件商品的物流配送、安装服务等整套体系及标准，该体系将对全社会开放。

本次战略合作中，阿里巴巴集团对海尔集团子公司海尔电器集团有限公司（以下简称"海尔电器"）进行总额为28.22亿元港币的投资。其中，阿里巴巴集团对海尔电器旗下日日顺物流投资18.57亿元港币，设立合资公司，包括：①认购日日顺物流9.9%的股权，金额为5.41亿元港币；②认购海尔电器发行的金额为13.16亿元港币的可转换债券，该可转换债券未来可转换成日日顺物流24.1%的股份。此外，阿里巴巴集团以认购新股的方式对海尔电器投资9.65亿元港币，获得投资后海尔电器2%的股份。

海尔集团致力于为全球消费者提供美好的居家生活解决方案。其子公司海尔电器在家电及大件商品配送安装服务领域有着深度的布局——海尔电器旗下的日日顺物流在全国拥有9个发运基地、90个物流配送中心,仓储面积达200万平方米以上。同时已建立7 600多家县级专卖店,约26 000个乡镇专卖店,19万个村级联络站。并在全国2 800多个县建立了物流配送站和17 000多家服务商网点,已在全国串成一张家电及大件商品的仓储、物流、配送、安装一体的服务网络。

日日顺物流是海尔电器打造的开放性平台之一,是中国首家物流示范基地。日日顺物流致力于打造全流程客户最佳体验,在业内率先推出"按约送达、送装一体、超时免单"等差异化服务。通过在全国2 800多个县建立的物流配送站,实现了"销售到村,送货到门,服务到户"。目前,日日顺物流已成为国内外家电、家具、家装、家饰名牌在中国市场的首选物流平台。日日顺物流标准被中国标准化协会评为中国首个大件物流行业标准。

阿里巴巴集团一直致力打造良性的社会商业生态。其中,阿里巴巴集团旗下B2C平台天猫已有7万家品牌商户进驻,2012年交易额突破2 000亿元。2013年,天猫"双十一"购物狂欢节,单日聚集4亿消费者参与,交易额突破350亿元。当天,天猫大家电交易额同比增幅达350%以上,而包括家具在内的大件商品交易额同比增幅达150%。

本次战略合作后,双方将各自投入优势资源,充分利用海尔集团在物流及服务上十余年的先进运营经验和阿里巴巴在互联网电子商务、数据及信息领域的领先优势,为广大消费者提供方便、快捷、放心的全流程体验。双方将通过新设立的日日顺物流合资公司,共同建立行业领先的端到端大件物流服务标准,打造覆盖各级市场的领先的家电及大件物品的物流及服务网络。在此基础上,双方将共同开发、提供创新的供应链管理解决方案及产品,推动中国物流产业的跨越式进步。基于本次战略合作,日日顺物流及服务网络将同时全面支持天猫的发展,为天猫商家及消费者提供高质量的家电及大件商品的物流、配送和安装服务。

海尔集团董事局主席、首席执行官张瑞敏表示,未来的经济是体验经济,客户不再是一个购买者,而变成全流程体验的参与者。这是所有企业今后努力的一个方向,也是所有企业乃至全世界企业必须面对的。此次与阿里巴巴的合作,海尔可以更好地向阿里巴巴学习,双方合作的目的不仅仅是把业务做到多大,而是更好地满足客户的体验。"行到水穷处,坐看云起时","行到水穷处"就是指如果传统模式、传统经济不颠覆,就会到山穷水尽的地步;"坐看云起时",就是指互联网这朵"云"已升起,双方将通过战略合作,整合优势资源,共同打造一朵最亮丽的"云"。

阿里巴巴集团董事局主席马云表示,特别感谢海尔集团对阿里巴巴的信任,也特别欣赏海尔集团拥抱变化的心态。阿里巴巴与海尔集团的此次合作是一个"WWW"的合作,即"Win,Win,Win",三个赢。阿里巴巴非常荣幸能与海尔集团通过这样的共同理念,联手打造一个平台,让中国的制造业借此平台遍布全国各地,乃至世界各地。

资料来源:海尔集团与阿里巴巴集团达成战略合作.新华网,http://news.xinhuanet.com/tech/2013-12/09/c_125828456.htm,2013.10.

思考

海尔集团与阿里巴巴进行物流战略合作的意义何在?

13.1 物流战略概述

物流战略是企业的物流活动在一个周期内的发展方向和内容,它在企业的初创时期和企业的转型时期尤为重要。物流战略的核心是持续保持和增强企业在物流领域的竞争力。具体表现在以下三个方面:

1. 提高投资收益

物流战略设计的目标是物流系统投资回报率高于社会平均收益率。物流系统中的固定资产集中在港口、码头、配送中心和仓库等设施上,对投资资本回报的首要考核是投入与产出的平衡点,即在最短的周期内形成收支平衡。然后是盈利的周期长短,即在多长时间内保持正常的盈利能力。

2. 降低运营成本

物流战略实施的目标是降低物流总成本中的可变资本支出,通过评价不同作业方案,在保持一定服务水平时,寻求可变成本最低的方案,特别是运输和配送方案的选择。

3. 改进服务水平

随着市场营销的加强,原有物流系统的物流服务水平会下降,或相对下降。如果在原物流系统的基础上提高服务水平,就会引起物流成本的大幅度回升。因此,需要设计新的物流系统,以新的物流运作能力改进物流服务水准。要使物流战略取得良好的效果,必须制定与竞争对手不同的服务战略。

13.2 物流战略管理的定义

物流战略管理指通过物流战略设计、战略实施、战略评价与控制等环节,调节物流资源、组织结构等最终实现物流系统宗旨和战略目标的一系列动态过程的总和。

物流战略管理的目标是:成本最小、投资最少、服务改善。

1. 成本最小

成本最小指降低可变成本,主要包括运输和仓储成本,如物流网络系统的仓库选址、运输方式的选择等。

面对诸多竞争者,企业应达到何种服务水平是早已确定的事情,成本最小是在保持服务水平不变的前提下选出成本最小的方案。当然,利润最大一般是企业追求的主要目标。

2. 投资最少

投资最少指对物流系统的直接硬件投资最小化从而获得最大的投资回报率。

在保持服务水平不变的前提下,可以采用多种方法降低企业的投资,如:不设库存而将产品直接送交客户,选择使用公共仓库而非自建仓库,运用JIT策略避免库存积压或利用第三方物流服务等。这些措施导致可变成本的上升,但只要其上升值小于投资的减少,则这些方法均不妨一用。

3. 服务改善

服务改善是提高竞争力的有效措施。

随着市场的完善和竞争的加剧,客户在选择企业时,除了考虑价格因素,及时准确的到货也越来越成为企业有力的筹码。高的服务水平要由高成本来保证,因此,权衡利弊对企业来说至关重要。

服务改善的指标值通常是用客户需求的满足率来评价,但最终的评价指标是企业的年收入。

13.3 物流战略管理的内容

13.3.1 设施选址战略

1. 区域性物流基地选址

物流基地是区域性货物的集散中心、转运中心和管理中心,如上海与深圳。物流基地必须具有经济与地理两方面的优势:经济环境是表明物流基地所在区域商业交易与货物集中的优势;自然条件是货物流动依赖地理环境所形成的运输优势。只有满足这两大条件,才能考虑设置区域物流中心。

2. 物流中心选址

物流中心必须选在各种类别物流企业集中的地区,能够向周围企业提供综合性的物流服务。物流中心的位置必须考虑周围企业所有物品的移动过程和相关成本,包括从工厂、供应商或港口发货途径中转仓库,达到客户指定收货仓库的物品移动过程和成本。

3. 配送中心选址

配送中心是为周边企业与居民提供物流终端服务的,其设置的根据是终端配送的便利程度和配送成本。配送中心的位置应方便配送车辆进出快速公路,以减少短途运输的时间成本。

13.3.2 运营战略

运营战略集中反映在客户服务战略、存货战略和运输战略三个方面。

1. 客户服务战略

在市场经济环境中,客户服务战略是任何行业战略的首要因素,物流也不例外。物流客户服务战略可以分为以下三个阶段:

(1)第一阶段——市场进入。在这个阶段,物流企业应在成本控制的范围内,向客户提供无差别的基本服务。如果不能提供基本服务,该物流企业不应进入这个市场。如果可以提供超出基本服务的内容,则应降低成本,仅仅保持基本服务。在该阶段,物流企业的服务对象是一般客户。

(2)第二阶段——市场扩张。市场扩张阶段内主要提供无缺陷作业服务,引入增值服务,发展潜力客户。物流企业将增加的成本用于有选择地向客户提供较高级的服务,增加市场份额。

(3)第三阶段——市场创新。物流企业的市场创新使其站在整个市场的高端。在这个阶段,物流企业成功地对客户实行了有差别的客户服务,带领自己的客户群和其他物流企业,将其所在的整个物流市场推上新的服务平台。在这个阶段,物流企业的成本效益达到高点,它能力采用广告等方式,扩大自己的品牌影响力,站在比竞争对手更有利的市场位置上。

2. 存货战略

存货战略是存货管理的方式,主要由存货水平战略和仓库设施选址战略组成。

存货水平是企业为维持正常经营设立的库存量。维持企业最低需求的库存为安全库存,它的优点是节省流动资金,减少仓储费用;缺点是使企业运营不安全,对市场变动的适应能力低。企业经营需要的最高库存是经常库存,它是可靠性库存,但逆效应是库存成本高。在实际管理过程中,一直维持最高的经常库存是一种资源浪费。

存货水平战略是在保持企业较低需求的状态下增加进货频率,以动态流通性存货满足经营需要。

在仓库选址战略上,销售型仓库首先考虑客户的需求,然后才是运营成本,仓库的地理位置应接近主要的客户群,并接近干线快速公路。制造型仓库坐落在工厂客户的加权距离中心位置,便于装配和集货运输作业,物品进出量越大的货主企业,其与仓库的距离应越小。反之,物品进出口量不大的货主企业,可以将其与仓库的距离作为次要因素予以考虑。

3. 运输战略

运输战略的基点是将传统的干线或端点之间的货物位移向终端客户的发货仓和收货仓延伸。一般来说,从干线或端点的货运站到客户指定的发货仓库间的短途集货与配货的单位成本比干线运输单位成本高,因此,必须将长距离的干线运输与短距离的配送相结合,降低物品从最初供应方到终端客户间的运输成本。

运输战略包括运输方式、运输批量、运输路线、运输转换和运输时间的选择。随着竞争的加剧和运输工具的改善,运输战略选择发生变化的周期越来越短,成为运营战略的三个因素中变化最快的。

13.3.3 组织战略

根据物流战略调整的物流组织结构有如下三种:

1. 以物流功能过程为基础的组织构造

物流战略要求把物流活动作为供应链中主要的增值环节,强调物流的效率。在这种战略之下,物流组织是一种直接经营型组织结构,如图 13-1 所示。

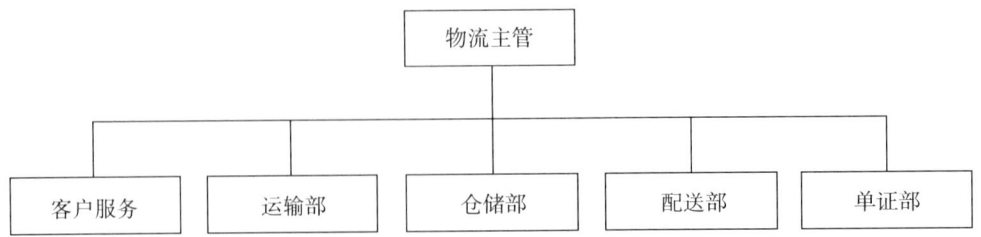

图 13-1　直接经营型组织结构

第三方物流企业的组织结构是物流功能过程组织结构的最好模式,随着业务的发展,其功能部门将逐渐细化。

2. 以客户群为基础的组织结构

以客户为中心的物流战略将不同客户群划分为不同的部门,使区域的物流资源管理实现差别化,如图13-2所示。这种结构适合跨地区运作的物流企业,如零担货物运输公司和远洋运输公司。

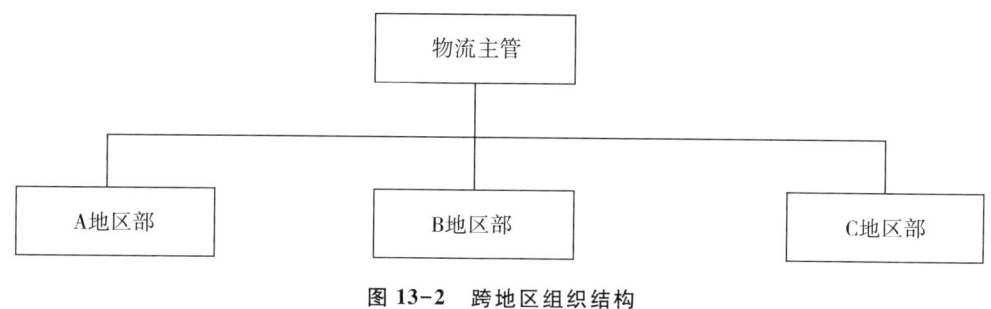

图13-2 跨地区组织结构

3. 管理职能与运营职能分离的组织结构

对于业务多样化的大型物流企业,物流战略要求其将业务运营与管理分开,设立管理部门专门负责企业的管理,业务部门按分公司的形式独立经营物流业务,如图13-3所示。

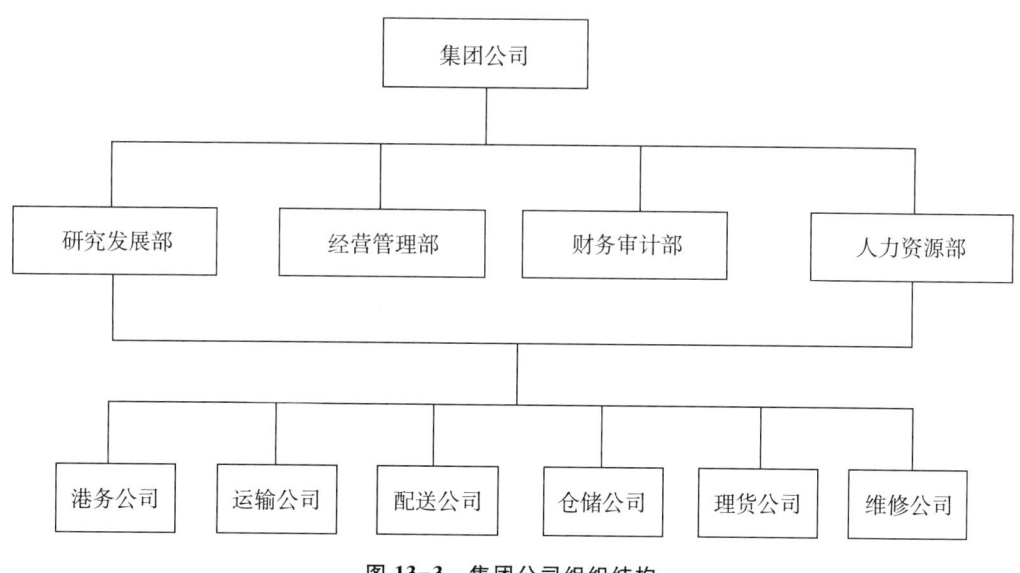

图13-3 集团公司组织结构

为避免客户管理部门的形式主义和官僚倾向,管理部门与运营部门之间应有明确的权利界定。管理部门执行监督管理和咨询功能,业务部门在日常业务运作中享有很大的独立性。

本章小结

物流战略管理指站在企业长远发展的立场上,就企业物流的发展目标、物流在企业经营中的战略定位、物流服务水准以及物流服务内容等问题做出整体规划。本章依次介绍了物流战略的定义、物流战略管理的定义及主要目标、物流战略管理的主要内容,其中,物流战略管理的主要内容是需要重点掌握的内容。

复习思考

1. 简述物流战略的定义。
2. 简述物流战略管理的定义及主要目标。
3. 简述物流战略管理的主要内容。

案例讨论

从物流到供应链:宝供物流的战略转型

在一个小型的媒体见面会上,宝供物流企业集团有限公司(以下简称"宝供物流")总裁刘武偕 IBM 工商企业事业部南中国区经理黄建新一起亮相,宣布宝供物流将与 IBM 合作,为企业提供供应链一体化解决方案,并证实了宝供物流由第三方物流企业向供应链服务商进行战略转型的消息。

储运利润摊薄,宝供物流携手 IBM 瞄准新的利润源

作为国内较为成功的第三方物流企业,宝供物流在短期内似乎并无利润之忧。从承包一个铁路货运转运站到成为业内的翘楚,刘武和宝供物流的故事一度被作为国内第三方物流兴起的典范而广为流传。但不可忽视的是,物流行业的整体利润正日趋摊薄却是不争的事实。随着传统行业的竞争日趋激烈,这些企业为获得竞争优势而纷纷在压缩成本方面下工夫,而储运成本在很多时候成为它们下手的首要目标。两三年前,一辆载重为 5 吨的 7.2 米货车从广州到上海的价格五六千元,高的时候甚至达七八千元,而现在的价格则只有 3 000 元左右,刨除燃油、车辆损耗和沿途的路桥收费等各项成本,跑一趟下来还赚不了百十来块钱。

另外，由于许多企业缺乏对从上游的原材料供应商、自身内部的生产流程到下游的仓库配送商、承运商直到零售商等物流环节的全过程整体规划，致使因在物流的某一环节压缩成本而导致整体成本上升的事情时有发生，许多企业正在为供应链问题付出高昂的代价。有人分析，像之前出现巨额亏损的康佳，巨量库存导致其销售渠道和销售策略出现了问题，更进一步说，就是因为它们的供应链出现了问题。目前，国内家电类企业因供应链不畅而造成的成本损失一般要占到其年营业额的10%左右，问题所在恰恰是市场之所在。

此外，随着专业分工的细化，越来越多的企业开始将主要精力放在自己的核心竞争力上，除了主要技术的研发和产品主要部件的生产，越来越多的业务正在被外包出去，它们愿意花在上游的原料采购及下游的产品销售环节的精力也在变少。在这种情况下，它们就更加希望与其合作的物流公司能以专业公司的身份对它们的整个物流体系提出一个一揽子解决问题的方案，而不需要它们为这些问题操心。这些都在推动着物流企业向供应链方向靠拢。

也正是在这种背景下，宝供物流提出了要向供应链方向转型。刘武表示，为了确保转型，宝供物流目前主要采取了三个方面的措施：一是对运作资源进行整合。最近，宝供物流正投入巨额资金在广州、上海、苏州、合肥等地建设大型的物流基地。二是加强信息技术。目前，宝供物流正在开发仓库管理系统，并计划实施 ERP 系统。三是提高人员素质，邀请专家加盟，充实物流规划方面的人员，并实施其用于加深员工对供应链认识的人员培训计划——"北极星计划"。在外部，宝供物流也在力图为这种转型创造条件：一方面，宝供物流将由其主办的第六届物流技术与管理研讨会的主题定为"供应链变革——问题与解决方案"；另一方面，宝供物流还与 IBM 联系合作事宜，以期利用 IBM 在信息技术方面的优势共同切入供应链服务这一市场。

刘武称，"宝供物流与 IBM 的合作，正所谓一个上天，一个下地。对 IBM 来说，通过与我们的合作使得他们的技术和工具落到了实处；而对我们来说，与 IBM 合作使我们的服务得到了提升"。IBM 与宝供物流的合作是一种互补的关系，IBM 提供工具而宝供物流实施服务，共同来解决供应链的问题。

信息不透明，利益难平衡，宝供物流胜算几何？

"以后我们的主要业务，一是与需要服务的企业一起制订一个合理的供应链解决方案，二是通过我们的物流服务确保这个方案的实施能达到目标。"宝供物流相关人士说。

"宝供物流的这步转型应该说已经涉及他们核心价值的转移，他们以后的利润着眼点和现在将会有很大的区别。"一位物流专业人士分析道。宝供物流以物流专业公司的身份参与到企业物流计划的制订中去，对以前的销售、生产、采购等单个环节的物流业务进行综合性的规划，以自身的专业经验为企业提供更为优化的物流方案，这不仅能为企业压缩物流成本，也使得宝供物流在物流企业传统的运输费、仓储费等收入的利润空间正在缩小的条件下，获得了一个新的且主要的利润来源。通俗一点说，就是宝供物流以前主要靠储运业务赚钱，以后则主要靠供应链解决方案赚钱了。

宝供物流转型的底气主要来自三个方面：一是宝供物流丰富的专业经验，二是宝供物流在业内较高的运作水平，三是宝供物流的人力资源水平及由此带来的较高的规划和执行能力。宝供物流不仅要以自身的专业经验与企业共同制订一个合理的方案，更要具体执行这个方案来确保达到提出的目标，因而，对于服务的企业而言，宝供物流提供的方案将显得更有可信度和可操作性。

但在另外一些人看来，宝供物流要向供应链服务商的角色转型，其面临的困难也不小。

首要的一个困难来自信息的透明化。目前，国内第三方物流企业主要的服务对象都是三资企业。刘武也对记者坦陈，宝供物流自身80%的客户都是这类的企业，国内目前应用第三方物流的传统企业只占2%—3%。对于国内的许多企业而言，它们不愿意应用第三方物流，并不是没有意识到其中的好处，而是因为应用第三方物流，则意味着原先许多不规范的暗箱操作要在与第三方物流信息共享时做到透明化。而供应链的整合尤其是对上游供应商材料采购的物流整合则直接牵涉到企业自身的生产计划等核心信息，要使这部分信息做到透明化，更是难上加难。

更大的困难来自相互间的利益平衡问题。供应链整合的一大基础在于分工细化的各个企业专注于自身的核心竞争力。对于国内许多缺乏领先技术的企业来说，它们的比较优势就在于生产和营销等环节。目前，国内许多的企业都拥有一个庞大的营销体系，这不仅是它们的利润来源之一，更是它们同下游的经销商们讨价还价的一张底牌。如果在供应链整合的过程中需要对这一环节进行调整，要遇到的阻力可想而知。

资料来源：物流案例之从物流到供应链：宝供战略转型.正保职业教育培训网，http://www.chinatat.com/new/201009/zh325421726132901021944.shtml，2010.9.

案例分析题：宝供物流为什么要进行物流战略转型？

第十四章 物流标准化管理

知识目标

了解物流标准化的概念、内容、特点及作用；

熟悉物流标准化体系与种类；

掌握物流标准化的方法。

技能目标

掌握运用物流标准化的方法进行标准化。

引导案例

托盘标准化案例

只因为托盘，中日韩三国物流界人士坐在了一起。这源于一场主题为"关于托盘标准化和托盘共用系统建设"的研讨会。2003年11月在京召开，由中国物流与采购联合会、《物流技术与应用》期刊共同举办的研讨会，虽然规模仅为40人，却开得颇为高调，并且云集了来自中国物流与采购联合会、日本物流系统协会、韩国物流产学研协会的三国专家。高调之余，会议颇有斩获。在持续了2个多小时的研讨会上，三国专家在托盘标准化上看到了希望。

一切都源于我国物流标准化的缺失。由于缺乏相关的标准和规则，物流行业的发展正面临瓶颈之痛。目前，国内企业在建立物流系统的过程中，普遍存在着流通信息不畅、流通环节多、流通费用高、整体物流效益偏低的问题。统计显示，我国目前每万元GDP产生的运输量为4 972吨千米，而美国和日本的这一指标仅分别为870吨千米和700吨千

米。物流企业的"非标准化状态"也让国民经济付出了高昂的代价。以2013年为例,我国社会物流总费用高达10万亿元,约占GDP的18%,如果物流费用所占比例降低1个百分点,就可节约近1 000亿元。高昂的代价下,物流标准化势在必行。而物流标准在从无到有确立的过程中,起始的一步艰难并关键。

物流标准化的体系主要包括四部分:基础性标准、现场作业标准、信息化标准和物流服务规范。其中,基础性标准包括托盘、条码、集装箱等。物流专家们从托盘身上看到了希望。他们认为,欲使物流标准化,不妨先使托盘标准化。

资料来源:中国就业培训技术指导中心.物流师(基础知识)(第2版)[M].北京:中国劳动社会保障出版社,2013.

思考

结合案例谈谈实现托盘标准化的意义。

14.1 物流标准化概述

1. 物流标准化的概念

物流标准就是物流领域内为获得最佳秩序和效益,对物流活动或其结果所作的统一规定。物流标准化就是以物流系统为对象,围绕运输、储存、装卸、包装,以及物流信息处理等物流活动制定、发布、实施有关技术和工作方面的标准,并按照技术标准和工作标准的配合性要求,统一整个物流系统标准的过程。

物流标准化是现代物流发展的基础,是提高物流效率的重要途径,是构筑全球物流大通关必要的前提条件。推行物流标准化,可有效克服物流系统存在的环节离散、信息孤立和衔接困难等问题,达到物畅其流、快捷准时、经济合理和满足客户要求的目的。

2. 物流标准化涉及的内容

(1) 物流设施标准化,包括托盘标准化、集装箱标准化等;

(2) 物流作业标准化,包括包装标准化、装卸/搬运标准化、运输作业标准化、存储标准化等;

(3) 物流信息标准化,包括EDI/XML标准电子报文标准化、物流单元编码标准化、物流节点编码标准化、物流单证编码标准化、物流设施与装备编码标准化、物流作业编码标准化。

3. 物流标准化的特点

（1）涉及面更为广泛。与一般标准化系统不同，物流系统标准化的涉及面更为广泛，涵盖了机电、建筑、工具、工作方法等许多种类。虽然处于一个大系统中，但缺乏共性，从而造成物流标准种类繁多、标准内容复杂，给物流标准的统一性及配合性带来了很大困难。

（2）属于二次系统（后标准化系统）。物流标准化系统属于二次系统（或称为后标准化系统），这是由于物流及物流管理思想产生较晚，组成物流大系统的各个分系统在过去没有归入物流系统之前，早已分别实现了系统的标准化，并历经多年的应用、发展和巩固，已很难改变。在推行物流标准化时，必须以此为依据；个别情况也可以把旧标准推翻，按物流系统提出的要求重新建立标准化体系。总体来说，通常是在各个分系统标准化的基础上建立物流标准化系统，这就必然要从适应及协调角度建立新的物流标准化系统，而不可能全部创新。

（3）体现科学性、民主性和经济性。物流标准化更应体现科学性、民主性和经济性，这是标准化的"三性"，是物流标准化的特殊性所要求的。科学性指要体现现代科技成果，以科学实验为基础，要求与物流的现代化相适应，能更好地结合现代科技成果；民主性指标准制定采用协商一致的办法，广泛考虑各种现实条件，广泛听取意见，使标准更具权威，减少推行阻力；经济性是物流标准化的主要目的之一，也是标准生命力的决定因素。物流过程的增值是有限度的，物流中的超额支出必然影响效益，故不能片面追求科技水平，引起物流成本的增加，否则会使标准失去生命力。

（4）物流标准化具有非常强的国际性。由于我国坚持推行开放政策，对外贸易和交流有了大幅度的上升，特别是加入WTO（世界贸易组织）以后，国际交往、对外贸易越来越重要，而国际贸易都是靠国际物流来完成的，这就要求各个国家间的物流相衔接，力求使本国标准与国际物流标准体系相一致，否则会加大国际交往的难度；如果在本来就已经很高的国际物流费用的基础上，再增加由于标准化不统一造成的损失，势必会增加国际贸易成本。因此，物流标准化的国际性也是其区别于其他产品标准的重要特点之一。

4. 物流标准化的作用

物流标准化对于提高物流作业效率、加快商品流通速度、保证物流质量、减少物流环节、提高物流管理效率、降低物流成本具有巨大的促进作用，同时也有利于推动物流技术的发展。

（1）物流标准化是实现物流各环节衔接的一致性及加快流通速度的需要。通过制定和执行物流工作中的相关标准,不仅可以保证物流活动各环节的技术衔接和协调、规范服务质量、加快流通速度,而且可以合理地利用物流资源,提高资源利用效率。

(2) 物流标准化是进行科学化物流管理的重要手段。物流标准化为物流管理的规范化提供了基础,使得物流管理目标更加明确,有利于提高物流管理效率,实现整个物流大系统的高度协调统一。

(3) 物流标准化是降低物流成本的有效手段。通过物流标准化,可以实现物流各个环节的有机结合,减少中间环节和无效劳动,提高设备、设施及其器具的使用效率,从而达到降低物流成本、提高经济效益的目的。

(4) 物流标准化有利于提高技术水平,推动物流技术的发展。标准化有利于在运输工具、装卸、包装等方面采用国际标准,为开展国际交流与合作,便于与国外物流设施、设备、器具的相互配合创造了条件。

(5) 物流标准化便于同外界系统的联结。物流活动中使用的设施和设备需要由机械制造企业提供,货源来自生产企业和流通企业等,即物流活动不仅是物流系统本身的问题,还涉及产品的生产、流通以及物流设施和设备的生产制造系统。实施物流标准化可以促进这些系统的有效衔接。

我国的物流标准化工作还处于起步阶段,诸多方面和环节都缺乏统一、规范的标准,这也是制约国内物流水平提高的重要因素之一。加快物流标准化进程,是我国物流行业面临的重要课题。

14.2 物流标准化体系与种类

现有的物流标准主要包括:托盘标准、集装箱标准、包装标准、装卸/搬运标准、存储作业标准、条码技术标准、物流单元编码标准、物流单证编码标准、物流设施与装备编码标准。

14.2.1 托盘标准化

1. 托盘标准化的目的

制定托盘标准的目的是由托盘产品功能的目的性决定的。托盘作为物流产业中最基本的集装单元和搬运器具,是传统物流向现代物流转变的过程中,静态货物转变为动态货物,提高供应能力、缩短供应时间、改善服务质量、实现机械化操作的基础。

（1）用托盘标准规范和控制物流过程。只有在托盘标准化的基础上，才能实现托盘一贯化作业，使得生产企业、物流企业、批发企业、零售企业和客户之间的物流更加顺畅，从而提高物流效率，降低物流成本。

（2）用托盘标准整合物流过程中的"不标准"。由于托盘具有重要的衔接作用、大范围的应用性和举足轻重的连带性，在装卸、搬运、保管、运输和包装等各个物流环节的效率化中处于中心的位置，因此，托盘的标准化及其推广可以使物流企业进行与标准托盘相关的物流设备、设施乃至物流信息系统的整合。

（3）用托盘标准推进托盘行业的发展。托盘集装单元是现代物流系统中最基本的作业单元，也是物流系统合理化的基础。托盘标准化是实现托盘联运的前提，也是实现物流机械和设施标准化的基础及产品包装标准化的依据。标准化托盘的大量使用将有利于托盘集装单元化和实行托盘作业一贯化，有利于衔接货架、物流设备、运输车辆以及集装箱的尺寸，进而促进物流托盘化的发展，降低物流成本，提高物流效率。

2. 托盘的国内/国际标准

1988年，国际标准化组织托盘委员会（ISO/TC51）为了防止托盘规格增加，引起世界物流系统的混乱，把1961年（ISO/R198）推荐采用的三个规格（1 200系列：1 200毫米×800毫米、1 200毫米×1 000毫米、1 000毫米×800毫米）、1963年（ISO/R329）增加采用的两个规格（1 200系列：1 200毫米×1 600毫米、1 200毫米×1 800毫米），以及1971年增加的三个规格（1 100系列：1 100毫米×800毫米、1 100毫米×900毫米和1 100毫米×1 100毫米）整合为四个规格（1 200毫米×800毫米、1 200毫米×1 000毫米、1 219毫米×1 016毫米和1 100毫米×1 100毫米）。

为了推行中国标准化事业，我国专家在1996年首次对托盘尺寸标准进行了修订，等效采用了ISO 1988年推荐使用的四种规格。但经过近10年的实践后发现，尽管在实践中使用的托盘规格还是较多，但多数托盘规格主要集中在1 200毫米×1 000毫米和1 100毫米×1 100毫米两种规格上，而且2003年ISO在难以协调世界各国物流标准利益的情况下，在保持原有四种规格的基础上又增加了两种规格（1 100毫米×1 100毫米和1 067毫米×1 067毫米），迫使我国不得不重新全盘考虑我国托盘标准的适应性。

2006年，我国物流专家再次提出对我国托盘标准进行修订。在充分考虑我国对欧美贸易、东北亚贸易和东盟贸易发展的现实需要，结合我国托盘使用现状、当前物流设备之间的系统性、ISO 2003年推荐的六种规格之间的互换性与相近性，以及托盘规格多样会降低物流系统运行效率的弊端，充分借鉴国际经验和广泛听取托盘专家意见的基础上,最终选定了 1 200 毫米×1 000 毫米和 1 100 毫米×1 100 毫米两种规格作为我国托盘国家标准,并向企业优先推荐使用 1 200 毫米×1 000 毫米,以实现逐步过渡到一种托盘规格的理想目标。

14.2.2 集装箱标准化

1. 集装箱标准化的意义

(1) 国际运输的必然要求。集装箱运输是一种国际运输方式,同一种运输设备要在全球各个国家间运输、交接与周转,则其外形、结构、标志等就必须标准化,以保证其经过的各个国家(地区)都能通过,使各个国家(地区)的装卸设备、运输工具均能适应。

(2) 多式联运方式的必然要求。集装箱运输本质上是一种"多式联运",即在多数情况下,一个集装箱要经过两种或两种以上的运输工具,完成它的"门到门"运输。因此,集装箱的外形和结构必须标准化,以便在船舶、火车、卡车、飞机之间快速地换装,并且便于紧固和绑扎。

(3) 集装箱运输自身特点的必然要求。集装箱运输是一种消除了具体运输货物的物理、化学特性区别的运输方式。在这种运输方式中,外形、特征各异的具体货物都演变成了千篇一律的金属箱子,原来可凭人们视觉、嗅觉等感官直接加以区别的特征都没有了。这就要求集装箱有一些标准化的标记,便于相互识别、记录与传递。同时,集装箱本身是一种昂贵的运输设备,货主不可能为了少数几次运输而自行购置集装箱,一般都通过租用的方式。因此,货主,箱主,装卸的物流节点,运输的船舶、卡车、火车之间就构成了很复杂的运输链及交接关系,这也要求集装箱必须拥有标准、鲜明的外部标记,便于识别、记录与及时传输。

(4) 集装箱运输过程安全的必然要求。集装箱是用来运输货物的,本身必须承载较大的负荷。集装箱经常需要在较为恶劣的环境下运输,如:必须能承受远洋运输途中船舶的剧烈摇晃;火车、卡车启动与刹车的冲击;装卸过程中的冲击等,因此,集装箱在强度上必须有相应的标准规定,并有必要的检验与准用程序和规定。

2. 集装箱的国际标准

集装箱使用标准化主要包括《系列 1 集装箱——装卸和紧固》和《集装箱代号、识别和标记》等国际标准。

现行的国际标准集装箱为第 1 系列共 13 种,具体如下:宽度均为 2 483 毫米;长度有 12 192 毫米、9 125 毫米、6 058 毫米、2 911 毫米共 4 种,即 40 英尺(1 英尺=30.48 厘米)、

30英尺、20英尺、10英尺;高度有2 896毫米、2 591毫米、2 438毫米、<2 438毫米共4种,其中,2 591毫米应用得较为普遍。

表14-1所示为现行国际标准集装箱规格,表14-2所示为常用集装箱的最小内部尺寸和容积。

表14-1 国际标准集装箱规格

箱型	外部尺寸						质量	
	英制(英尺)			公制(毫米)			千克	磅
	长	宽	高	长	宽	高		
1AAA	40	8	9.5	12 192	2 438	2 896	30 480	67 200
1AA	40	8	8.5	12 192	2 438	2 591	30 480	67 200
1A	40	8	8.0	12 192	2 438	2 438	30 480	67 200
1AX	40	8	8.0	12 192	2 438	2 438	30 480	67 200
1BBB	30	8	9.5	9 125	2 438	2 896	25 400	56 000
1BB	30	8	8.5	9 125	2 438	2 591	25 400	56 000
1B	30	8	8.0	9 125	2 438	2 438	25 400	56 000
1BX	30	8	8.0	9 125	2 438	2 438	25 400	56 000
1CC	20	8	8.5	6 058	2 438	2 591	24 000	52 920
1C	20	8	8.0	6 058	2 438	2 438	24 000	52 920
1CX	20	8	8.0	6 058	2 438	2 438	24 000	52 920
1D	9.8	8	8.0	2 991	2 438	2 438	10 160	22 400
1DX	9.8	8	8.0	2 991	2 438	2 438	10 160	22 400

表14-2 国际标准集装箱的内部尺寸

箱型	最小内部尺寸(毫米)			最小内容积(立方米)
	长	宽	高	
1A	11 997	2 300	2 195	60.5
1AA	11 997	2 300	2 350	64.8
1B	8 930	2 300	2 195	45.0
1C	5 867	2 300	2 195	29.0
1D	2 802	2 300	2 195	14.1
1E	1 780	2 300	2 195	9.0
1F	1 273	2 300	2 195	6.4

国际上集装箱运输最常用的是20英尺和40英尺的集装箱。为便于统计,将一个20英尺的标准集装箱作为国际标准集装箱的标准换算单位,称为换装箱或标准箱,简称TEU(Twenty-foot Equivalent Unit)。一个40英尺的集装箱,简称FEU(Forty-foot Equivalent Unit),1 FEU = 2 TEU。

目前,国际上集装箱的尺寸已发展到45英尺、48英尺,在重量上发展到35吨以上。

3. 集装箱使用标准化

国际标准 ISO3874《系列1集装箱——装卸和紧固》规定集装箱的起吊方法有:用吊具吊顶、用吊索吊顶、用吊具吊底、侧吊、端吊、用叉车叉举、用抓臂起吊。

集装箱起吊应注意的事项有以下三点:

(1)箱内货物偏离重心装卸时,严禁用单根钢丝绳吊起;

(2)箱内装载高重心货物时,禁止起吊后高速选装;

(3)装卸超高货集装箱时,要用专用的超高货吊索。

集装箱装卸应注意的事项有以下四点:

(1)集装箱着地时,应注意慢慢放下,避免使集装箱受到猛烈冲击而损坏箱内货物;

(2)集装箱在下降过程中不能突然停止;

(3)不准在其他集装箱上拖拽集装箱;

(4)不能用滚轮或圆棍棒移动集装箱。

集装箱的固定有以下三种情况:

(1)在公路车辆上固定集装箱时,用四个底角件固定,常用的固定件有扭锁、锥体。

(2)在铁路车辆上固定集装箱时,用四个底角件固定,常采用锥体固定件来固定。

(3)若集装箱装载在集装箱专用船的箱格内,则不用固定;如装在甲板上,则可用箱格导柱固定或插接框架固定。

14.3 物流标准化的方法

物流标准化的方法主要指初步规格化的方法,具体包括以下内容:

1. 确定物流基础模数尺寸

物流标准化的基础是物流基础模数尺寸,它的作用与建筑模数尺寸的作用大体相同,考虑的基点主要是简单化。基础模数尺寸一旦确定,设备的制造、设施的建设、物流系统中各个环节的配合协调、物流系统与其他系统的配合就有了依据。目前,ISO制定的物流基础尺寸的标准为如下所示。

（1）物流基础模数尺寸：600毫米×400毫米；

（2）物流集装基础模数尺寸：1 200毫米×1 000毫米，1 100毫米×1 100毫米，1 200毫米×800毫米；

（3）物流基础模数尺寸与物流集装模数尺寸的配合关系如图14-1所示（单位：毫米）。

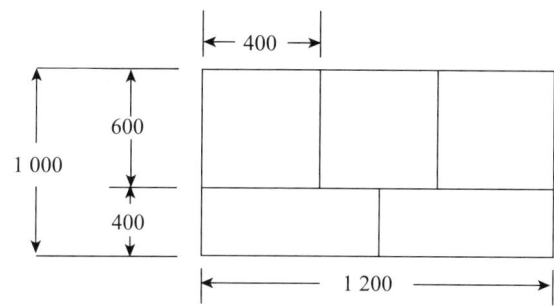

图14-1　物流基础模数尺寸与集装模数尺寸的配合关系

2．确定物流模数

中华人民共和国国家标准《物流术语》（GB/T 18354-2006）中对物流模数的定义是："物流设施与设备的尺寸基准。"物流模数即集装单元基础模数尺寸（即最小的集装尺寸），集装模数尺寸影响和决定了与其有关的各个环节的标准化。

集装单元基础模数尺寸可以从600毫米×400毫米按倍数系列推导出来，也可以在满足600毫米×400毫米的基础模数的前提下，从载货车或大型集装箱的"分割系列"推导出来。物流基础模数尺寸与集装单元基础模数尺寸的配合关系，可用集装单元基础模数尺寸的1 200毫米×1 000毫米为例说明。由图14-1可以看出，集装单元基础模数尺寸可以由5个物流基础模数尺寸组成。

3．以分割及组合的方法确定物流各环节的系列尺寸

物流模数作为物流系统各环节标准化的核心，是形成系列化的基础。可依据物流模数确定有关系列的大小及尺寸，再从中选择全部或部分，作为定型的生产制造尺寸。由图14-2物流基础模数与设施设备的关系可以确定包装容器、运输装卸设备、保管器具等系列尺寸。例如：日本工业标准（JIS）规定的"输送包装系列尺寸"，就是以1 200毫米×1 000毫米推算的最小尺寸为200毫米×200毫米的整数分割系列尺寸来确定的。

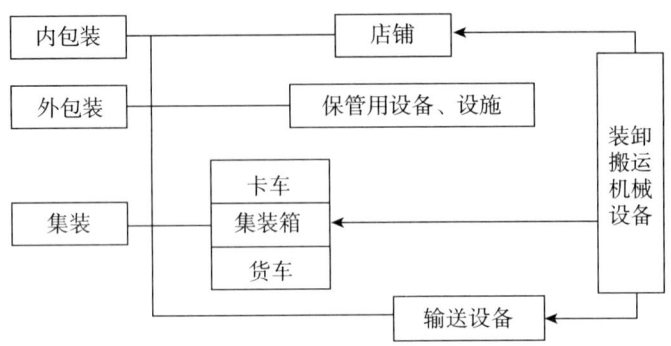

图 14-2　物流基础模数与设施设备的关系

本章小结

物流标准化指以物流系统为对象，围绕运输、储存、装卸、包装，以及物流信息处理等物流活动制定、发布、实施有关技术和工作方面的标准，并按照技术标准和工作标准的配合性要求，统一整个物流系统标准的过程。本章依次介绍了物流标准化的概念、内容、特点及作用，重点介绍了物流标准化体系中的托盘标准和集装箱标准，最后总结了物流标准化的方法。

复习思考

1. 简述物流标准化的内容。
2. 简述物流标准化的作用。
3. 简述集装箱标准化的意义。
4. 简述物流标准化的方法。

案例讨论

物流业标准化"短板"亟待解决

随着"互联网+"时代的到来，现代物流逐渐与"互联网+"技术产生深度融合。2015年7月，国家商务部办公厅下发了《关于智慧物流配送体系建设的实施意见》，其中指出了智慧物流配送体系是一种以互联网、物联网、云计算、大数据等先进信息技术为支撑的现代综合性物流系统,是推动电子商务发展的重要支撑,也是今后物流业发展的趋势和竞争制高点。国家发改委经贸司副司长刘小南也表示,重大工程实施中的现代物流重大工程,将充分体现国务院关于"互联网+"的一系列要求。

对此,专家分析指出,现代物流在"互联网+"的转型过程中,物流标准化建设成为转型的必要前提。物流标准化指以物流为一个大系统,制定系统内部设施、机械装备、专用工具等的技术标准和包装、装卸、运输、配送等各类作业的作业标准与管理标准,以及作为现代物流突出特征的物流信息标准,并形成全国及与国际接轨的标准化体系,推动物流业的发展。

我国物流标准相对滞后

近几年,我国物流行业发展迅猛,各行业的物流标准还未能够完全统一,政府各部门、行业协会、各企业正在共同推进物流标准的制定和实施,在物流标准化建设的过程中,也必然会遇到许多问题和困难。

事实上,由于我国物流标准化建设处于起步阶段,且各个行业标准参差不齐,标准化建设工作进程十分缓慢。中物汇成物流研究院物流专家刘学亮在接受记者采访时表示:"各行各业都拥有各自的物流标准,且物流标准都不一致,导致物流标准化工作复杂且进程缓慢,除此之外,物流标准化工作包括硬件、软件、术语、文件等各方面的标准化,具体如车辆的型号、拖牌的型号、信息的接口都必须标准化。同时,物流标准化建设不仅包括行业内部的标准化,还包括行业之间的物流标准化,如之前公路和铁路两种运输方式因托盘尺寸不一致,导致衔接问题的出现。另外,由于物流设备标准化的转化成本较高,且需要一定的周期,所以标准化建设仍然在艰难地进行中。"

另外,有分析人士指出,我国物流标准化基础薄弱,在物流的基础设施、管理体制、管理水平、人员素质等许多方面还存在明显的不足,物流标准缺乏统一规范,物流设施和结构布局不够合理,物流包装标准与物流设施标准之间缺乏有效衔接,导致物流无效作业增多,物流成本上升。

据悉,国务院在《物流业发展中长期规划(2014—2020年)》中就物流标准化提出的相关指导性意见称:"完善标准,提高效率。推动物流业技术标准体系建设,加强一体化运作,实现物流作业各环节、各种物流设施设备以及物流信息的衔接配套,促进物流服务体系高效运转。"

影响"走出去"进程

目前,我国各行各业已经相继加入物流标准化建设的潮流中,标准化建设工作也已初

显成效。据了解,2015 版《物流标准目录手册》搜集整理了我国已经颁布的现行物流国家标准、行业标准以及地方标准目录,共计 835 项,比上年新增 65 条标准。《物流标准目录手册》内容分为基础性标准、公用类标准、专业类标准和标准化指导性文件四大部分,而每部分中又按基础性标准、物流装备、物流技术、物流服务及管理、物流信息进行细分。

2015 年 3 月,国务院印发了《深化标准化工作改革方案》,方案对现行的标准体系和标准化管理体制提出新的总体要求、改革措施及实施计划。

我国各行各业也在积极推进物流标准化工作。据了解,为了加快物流标准化建设,近几年国内临时成立了全国物流标准化技术委员会,专门负责交通、贸易、邮政、粮食、医药、信息产业以及军事后勤等多个行业的物流标准化工作,以促进我国物流行业统一标准的形成。

在 2015 年 4 月的"第二届中国国际物流发展大会"上,交通运输部综合规划司副司长彭思义对"十三五"规划中物流的发展规划做了介绍,明确了七方面的重点工作,其中三方面与物流标准化有关:一是将着力突破多式联运发展中政策制度、标准规范不统一的瓶颈,依托物流大通道开展试点示范;二是推行车型标准化,加快推动相关国家标准的建设,加强超载超限源头治理,加快淘汰非标准车型;三是加快推进行业信用体系、标准规范、监管体系、诚信体系建设。

此外,有学者指出,随着国际贸易的频繁往来,国内物流业正在逐渐"走出去"。物流企业国际化战略的实施也将有助于我国更好地参与国际经济合作,为我国开放型经济发展注入新动力。

物流行业分析人士指出,物流业是经济全球化的主要产物,也是我国最早实行对外开放的行业,一直是引进外资的重要领域。但是我国物流业"请进来"有余、"走出去"不足的这个特点一直表现得十分明显。

标准化建设需与国际对接

中共"十八大"提出的"一带一路"战略中,国家鼓励众多企业"走出去",尤其是物流快递企业。据了解,顺丰速运集团的国际电商物流服务平台"顺丰国际(SFb2c)",目前已覆盖全球 240 多个国家和地区。

阿里巴巴通过出资购买了新加坡邮政 10.23% 的股份,以及增资获得新加坡邮政旗下冠庭国际物流 34% 的股份。据业内人士分析,阿里巴巴此举将有助于菜鸟网络的全球化布局;中远集装箱运输有限公司能够在全球超过 49 个国家和地区的 162 个港口挂靠,经营了 84 条国际航线、23 条国际支线,拥有全球 400 多个代理和分支机构。

近几年,我国的国际物流合作项目越来越多,如:被誉为"钢铁丝绸之路"的泛亚铁路网、有"海上丝绸之路"之称的泛北港口合作项目、东南亚物流联盟、中欧列班等,这些国际物流的建设将大大有助于国际贸易往来关系的发展。但这些国际物流项目的标准化建设主要针对单一项目进行标准化,并没有大范围地全面推行。

随着国内物流的国际化布局,我国物流标准化建设需要进一步加强与国际标准的接轨。政府和企业要切实加强物流标准化建设,落实"加强"的具体措施,搭好上层框架;标准化工作要全方位推进,但也要有主次之分,分步实施,逐步推进,从简单到困难,从主要到次要;同时要普及物流技术,尤其是一些常规的物流技术,企业不要过分另辟蹊径,一味追求原创性技术,也可以多向国外学习经验,如RFID射频技术等,还要尽可能统一集装箱、托盘尺寸规格等硬件、软件设施,以便进一步与国际接轨。

资料来源:物流标准化"短板"或将影响"一带一路".南方网,http://car.southcn.com/7/2015-08/08/content_130182433.htm,2015.8.

案例分析题:试阐述国内实行物流标准化的重要意义。

高等职业教育财经类技术技能人才培养系列教材

第 4 篇

趋 势 篇

第十五章　第三方物流与第四方物流
第十六章　绿色物流与逆向物流
第十七章　供应链管理

第十五章　第三方物流与第四方物流

知识目标

了解第三方物流的定义及产生的原因；

了解第三方物流的优越性与风险；

了解第四方物流的定义及主要功能；

熟悉第三方物流的特点；

熟悉第四方物流的运作模式；

掌握第三方物流与第四方物流的联系和区别。

技能目标

掌握运用第三方物流与第四方物流的理论知识进行分析。

引导案例

麦当劳的第三方物流

谈到麦当劳的物流，不能不说到夏晖公司，这家公司几乎是麦当劳"御用 3PL"（该公司的客户还有必胜客、星巴克等）的物流公司，它与麦当劳的合作，至今在很多人眼中还是一个谜。麦当劳没有把物流业务分包给不同的供应商，夏晖公司也从未移情别恋，这种独特的合作关系需要建立在忠诚的基础上。麦当劳之所以选择夏晖公司，在于后者为其提供了优质的服务。

麦当劳对物流服务的要求是比较严格的。在食品供应中，除了基本的食品运输，麦当劳还要求物流服务商提供其他服务，如信息处理、存货控制、贴标签、生产和质量控制等，这些"额外"的服务虽然成本比较高，但它们使麦当劳在竞争中获得了优势。"如果你提供的物流服务仅仅是运输，运价是4角/吨，而我的价格是5角/吨，但我提供的物流服务中还包括信息处理、贴标签等工作，麦当劳仍会选择我做物流供应商。"夏晖公司的一位物流经理如是说。

另外，麦当劳要求夏晖公司提供一条龙式物流服务，包括生产和质量控制在内。在夏晖公司设在台湾的面包厂中，全部采用统一的自动化生产线，制造区与熟食区加以区隔，厂区装设空调与天花板，以隔离落尘，易于清洁，并应用严格的食品与作业安全标准。所有设备均由美国SASIB专业设计，每小时可生产24 000个面包。在专门设立的加工中心，物流服务商为麦当劳提供所需的切丝、切片生菜及混合蔬菜，该中心拥有生产区域全程温度自动控制、连续式杀菌及水温自动控制功能的生产线，生产能力为每小时1 500千克。此外，夏晖公司还负责为麦当劳上游的蔬果供应商提供咨询服务。

麦当劳利用夏晖公司设立的物流中心，为其各个餐厅完成订货、储存、运输及分发等一系列工作，使整个麦当劳系统得以正常运作，通过它的协调与连接，使每一个供应商与每一家餐厅达到畅通与和谐，为麦当劳餐厅的食品供应提供了最佳的保证。目前，夏晖公司在北京、上海、广州都设立了食品分发中心，同时在沈阳、武汉、成都、厦门建立了卫星分发中心和配送站，与设在香港和台湾的分发中心一起，组成全国性的服务网络。

为了满足麦当劳冷链物流的要求，夏晖公司在北京地区投资5 500多万元建立了一个占地面积达12 000平方米、拥有世界领先水平的多温度食品分发物流中心。该物流中心配有先进的装卸、储存、冷藏设施，5—20吨多种温度控制运输车40余辆，中心还配有电脑调控设施用以控制所规定的温度，检查每一批进货的温度。

"物流中的浪费很多，不论是人的浪费、时间的浪费，还是产品的浪费。而我们是靠信息系统的管理创造价值。"夏晖公司大中华区总裁很自豪地表示，夏晖公司的平均库存远远低于竞争对手，麦当劳物流产品的损耗率也仅有万分之一。

"全国真正能够在快餐食品中达到冷链物流要求的只有麦当劳。"白雪李称，"国内不少公司很重视盖库买车，其实谁都可以买设备盖库。但谁能像我们这样有效率地计划一星期餐厅送几次货，控制餐厅和分发中心的存货量，同时培养出很多具有管理思想的人呢？"与其合作多年的麦当劳中国发展公司北方区董事总经理赖林胜拥有同样的自信："我们麦当劳的物流过去是领先者，今天还是领导者，而且我们仍在不断地学习和改进。"

赖林胜说，麦当劳全国终端复制的成功，与其说是各个麦当劳快餐店的成功，不如说是麦当劳对自己运营的商业环境复制的成功，而尤其重要的是其供应链的成功复制。离开供应链的支持,规模扩张只能是盲目的。

让人很感兴趣的是,麦当劳与夏晖公司长达30余年的合作,为何能形成如此紧密无间的"共生"关系？甚至两者的合作竟然没有一纸合同？"夏晖公司与麦当劳的合作没有签订合同,而且麦当劳与很多大供应商之间也没有合同。"在投资建设北京配送中心时,调研投资项目的投资公司负责人向夏晖公司提出想看一下他们与麦当劳的合作合同。白雪李如实相告,令对方几乎不敢相信。不过仔细了解原因后,对方还是决定投资。

这种合作关系看起来不符合现代的商业理念,但麦当劳在夏晖公司创立一初就一直与其采取这种合作方式。"这种合作关系很古老,不像现代管理,但比现代管理还现代,它形成了超供应链的力量。"白雪李说,在夏晖公司工作的10余年,让她充分感受到麦当劳体系的力量。夏晖公司北方区运营总监林乐杰则认为,这种长期互信的关系使两者的合作支付了最低的信任成本。

多年来,麦当劳没有亏待它的合作伙伴,夏晖公司对麦当劳也始终忠心耿耿。白雪李说,有时长期不赚钱,公司也会毫不犹豫地投入。因为市场需要双方共同培育,而且在其他市场上这点损失也会被补回来。有一年,麦当劳打算开发东南亚某国市场,夏晖公司很快跟进在该国投巨资建配送中心。结果天有不测风云,该国发生骚乱,夏晖公司巨大的投入打了水漂。最后夏晖公司的这笔损失是由麦当劳弥补的。

资料来源:物流师案例分析:麦当劳的第三方物流案例分析.中国冷链产业网,http://www.lenglian.org.cn/news/jdal/1/15631_2.shtml,2012.6.

思考

夏晖公司第三方物流的成功经验带来了什么启示？

15.1 第三方物流

15.1.1 第三方物流的定义

第三方物流(Third Party Logistics,简称TPL或3PL)指由供方与需方以外的物流企业提供物流服务的业务模式。第三方指提供物流交易双方的部分或全部物流功能的外部服务提供者,它本身不拥有任何物流实体,而是通过签订合作协定或结成合作联盟,在特定时段内按照特定的价格向客户提供个性化的物流代理服务。

第三方物流的主要目标是为客户降低总物流成本,提高对消费者的服务水平;同时,通过扩大运输规模、提高运输效率增加其自身的赢利能力。

15.1.2 第三方物流产生的原因

1. 第三方物流的产生是社会分工的结果

各企业为增强市场竞争力,选择将企业的资金、人力、物力投入到其核心业务上,寻求社会化分工协作带来的效率和效益的最大化。专业化分工的结果导致许多非核心业务从企业生产经营活动中分离出来,其中包括物流业务。将物流业务委托给第三方专业物流公司负责,可以降低物流成本,完善物流活动的服务功能。

2. 第三方物流的产生是新型管理理念的要求

进入20世纪90年代,信息技术,特别是计算机技术的高速发展与社会分工的进一步细化,推动着管理技术和思想的迅速更新,由此产生了供应链、虚拟企业等一系列强调外部协调和合作的新型管理理念,既增加了物流活动的复杂性,又对物流活动提出了零库存、准时制、快速反应、有效的客户反应等更高的要求,这使得一般企业很难承担此类业务,由此产生了专业化物流服务的需求。第三方物流正是为满足这种需求而产生的。它的出现一方面迎合了个性化需求时代企业间专业合作(资源配置)不断变化的要求,另一方面实现了进出物流的整合,提高了物流服务质量,加强了对供应链的全面控制和协调,促进供应链不断趋于完善。

3. 第三方物流的产生是物流领域竞争的日趋激烈导致综合物流业务发展的必然

随着经济自由化和贸易全球化的发展,物流领域的政策不断放宽,导致物流企业自身竞争的日趋激烈,物流企业不断拓展其服务内涵和外延,从而导致第三方物流的出现。这是第三方物流概念出现的历史基础。

15.1.3 第三方物流的主要特点

第三方物流的主要特点包括以下四个方面。

1. 以合同为导向

第三方物流有别于传统的外包,外包只限于一项或一系列分散的物流功能,如运输公司提供运输服务,仓储公司提供仓储服务。第三方物流则根据合同条款规定的要求,而不是临时需求,提供多功能甚至全方位的物流服务。企业在选择第三方物流服务时一般都签订专门的合同,规定服务项目和目标,并且包括一定的惩罚措施,一部分企业还制定了一些激励条款。

2. 新型客户关系

企业选择第三方物流服务的动机主要包括降低成本、提高核心竞争力、寻求增值服务等，各类企业与第三方物流企业合作的方式有整体外包供应链物流业务、聘请物流公司来管理运作企业自有物流资产设备等多种形式。虽然形式各异，但是本质上是合作双方为了共同的战略目标，在信息共享的条件下，共同制订物流解决方案，其业务深深地触及客户企业销售计划、库存管理、订货计划、生产计划等整个生产经营过程，远远超越了与客户一般意义上的买卖关系，而是紧密地结合成一体，形成了一种战略伙伴关系。

3. 个性化

由于行业性质、产品特点、市场状态等方面的不同，传统的第三方物流提供的运输、仓储等基础性服务已远远不能满足目前企业的需要，这促使当今的第三方物流企业的经营理念从供给推动模式向需求拉动模式转换，第三方物流企业正在努力采用"一企一策"的方式为工商企业提供特殊的、个性化的专属服务。

4. 以信息技术为基础

信息技术的发展是第三方物流发展的必要条件。信息技术实现了数据的快速、准确传递，提高了库存管理、装卸运输、采购、订货、配送发运、订单处理的自动化水平，使订货、包装、保管、运输、流通加工实现了一体化；企业可以更方便地采用信息技术与物流企业进行交流和协作，企业间的协调和合作有可能在短时间内迅速完成；同时，电子信息软件的飞速发展，使混杂在其他业务中的物流活动成本能被准确地计算出来，还能有效地管理物流渠道中的商流，这就使企业有可能把原来在内部完成的作业交由独立的物流公司运作。常用于支撑第三方物流的信息技术有：实现信息快速交换的 EDI 技术、实现资金快速支付的 EFT（Electronic Funds Transfer，电子资金转账）技术、实现信息快速输入的条形码技术、实现网上交易的电子商务技术、实现信息化管理的软件技术与信息系统等。

15.1.4 第三方物流的优越性与风险

1. 第三方物流的优越性

第三方物流自 20 世纪 80 年代在欧美等工业发达国家出现以来，以其独特的魅力受到了企业的青睐，并得到迅猛发展，被誉为企业发展的"加速器"和 21 世纪的"黄金产业"。其优越性主要体现在以下五个方面：

（1）有利于企业集中核心业务，培育核心竞争力。对于绝大部分企业而言，其核心竞争力并不是物流，生产企业的核心能力是设计、制造和新产品开发。生产企业使用第三方物流可以使企业实现资源的优化配置,将有限的人力、财力集中于核心业务,进行重点研究,发展基本技术,努力开发新产品参与世界竞争,增强企业的核心竞争力。北京图书大厦专注于图书的采购、宣传和销售,对电话或网上购书的客户,委托邮政系统作为第三方物流进行配送,企业没有在物流上耗费太大的精力,却取得了很好的效果。当当网也是采用与邮政系统、速递企业合作的方式,迅速把业务触角伸向了大江南北。

（2）降低成本,减少资本积压。第三方物流利用规模生产的专业优势和成本优势,通过提高各环节的能力和利用率节省费用,使企业能从分离费用结构中获益。根据对工业用车的调查结果,通用汽车公司解散自有车队而代之以公共运输服务的主要原因就是为了减少固定费用,这不仅仅包括购买车辆的投资,还包括与车间仓库、发货设施、包装器械和员工有关的开支。国外咨询公司的一项调查显示：使用第三方物流使企业的物流成本下降了118%,货物周转期平均从71天缩短到39天,库存降低了82%。

（3）减少库存。企业不能承受原料和库存的无限拉长,尤其是高价值的部件要被及时送往装配点以保证库存的最小量。第三方物流提供者借助精心策划的物流计划和适时运送手段,最大限度地减少了库存,改善了企业的现金流量,从而实现成本优势。日本丰田集团的准时制生产方式得以实现的基本前提就是优质高效的第三方物流服务。

（4）提升企业形象。第三方物流提供者与客户是战略伙伴关系,他们的共同目标是为客户提供体贴的服务。通过全球性的信息网络使客户的供应链管理完全透明化,客户随时可通过互联网了解供应链的情况；第三方物流提供者是物流专家,他们利用完备的设施和训练有素的员工对整个供应链实现完全的控制,减少物流的复杂性；通过自己的网络体系,不仅帮助客户改进服务、树立品牌形象,而且使客户在竞争中脱颖而出。第三方物流提供者通过"量体裁衣"式的设计,制订出以客户为导向、低成本高效率的物流方案,为企业在竞争中取胜创造了有利条件。

（5）提高企业经营效率。第三方物流的介入可以使企业专心致志地从事自己熟悉的业务,将资源配置在核心业务上；另外,作为专业的物流行家里手,第三方物流提供者具有丰富的专业知识和经验,有利于提高货主企业的物流水平。第三方物流企业是面对社会多方企业提供物流服务,可以站在比单一企业更高的角度。随着市场环境的不断变化,企业的生产经营活动越来越复杂,要实现物流活动的合理化,仅仅将物流系统局限在企业内部是远远不够的。建立企业间、跨行业的物流系统网络,将原材料生产企业、制品生产企业、批发零售企业等生产流通全过程上下游相关的物流活动有机地联合起来,形成一个链状的商品供应系统,是现代物流系统的要求。第三方物流系统通过其掌握的物流系统开发设计能力、信息技术能力,成为企业间物流系统网络的组织者,开展个别企业特别是中小型企业无法完成的工作。

2. 第三方物流的风险

虽然第三方物流的机制是先进的,但是企业在使用这种模式时,仍然要承担一定的风险,这是由企业的内外部环境决定的。

(1) 技术与信息资源风险。信息共享使企业能够及时了解市场供求,更好地安排生产作业,及时配送产品,在降低成本的同时提高客户的满意度。但信息共享会增加企业的风险成本,按照公共选择理论,具有公共物品性质的集体利益与排他的私利有着严重冲突,成员不会为推进集体的利益采取自愿行动。企业可能会由于物流服务商的"不忠"而导致企业信息资源损失,以及核心技术和商业机密泄露。

(2) 交易费用过高的风险。在最广泛的意义上,交易费用指经济系统的运行成本,其中包括信息成本、谈判成本、起草和实施合约的成本、界定和实施产权的成本、监督管理的成本和改变制度安排的成本等。较之于单一的第三方物流合作而言,与多家第三方物流合作必然会增加发现信息、谈判、组织、协调、监督和评价对方劳动等各种费用。按照总成本最小化原则的要求,在总收益不变的情况下,与多家第三方物流合作会增加企业使用第三方物流的成本,不利于物流需求企业利益最大化目标的实现。

(3) 企业联盟中的信任风险。与生产销售不同,物流活动是一项委托与被委托、代理与被代理的关系,是完全以信用体系为基础的。在第三方物流运作体系中的企业都是独立的利益主体,相互之间缺乏信任,这使得供应链运行成本较高。零售企业、供应商与第三方物流企业之间的信用关系非常微妙,物流责任界限的划分方面存在变数,致使物流外包中的联盟企业之间存在很大的信任风险。

(4) 业务流程失控的风险。将物流业务外包后,企业的生产运营便在一定程度上依赖于第三方物流企业的绩效。随着第三方物流介入程度的加深,其物流运营能力越强,对企业形成的潜在威胁越大,企业面临的一个更大的难题是某些控制权将逐渐削弱。因此,多数企业都宁愿有一个"小而全"的物流部门,也不愿把对这些功能的控制权交给外人。此外,供应链流程的部分功能需要与客户直接打交道,多数企业担心如果失去内部物流能力,会在客户交往和其他方面过度依赖第三方物流企业。

(5) 企业内部结构变革的风险。诸多生产与流通企业本身有较强的物流能力,实施第三方物流意味着裁员和资产出售,企业管理结构将会发生巨大变化。企业内部管理结构的重大调整可能会引发系列的经营风险,这种疑虑使得企业掌舵者不敢轻易将物流业

务外包出去。

综上所述,在竞争日益激烈的21世纪,进一步降低物流成本,选择最佳的物流服务,提升自身产品的竞争力,必将成为企业在激烈的商战中取胜的主要手段。虽然企业在选择第三方物流合作方时存在一定的风险,但总体上说还是利大于弊。企业在与第三方物流提供者合作时如能有效地"趋利"而"避害",将极大地提升企业竞争力,使企业在激烈的市场竞争中占据一席之地。

15.2 第四方物流

15.2.1 第四方物流的定义

第四方物流(Fourth Party Logistics,简称 FPL 或 4PL)是一个供应链的集成商,是供需双方及第三方物流的领导力量。它通过拥有的信息技术、整合能力及其他资源提供一套完整的供应链解决方案,以此获取一定的利润。第四方物流是帮助企业实现降低成本和有效整合资源,并且依靠优秀的第三方物流供应商、技术供应商、管理咨询公司以及其他增值服务商,为客户提供独特而广泛的供应链解决方案。

15.2.2 第四方物流的主要功能

第四方物流的主要功能有以下三个:

(1) 供应链管理功能。第四方物流负责管理从货主、托运人到客户的全程活动。

(2) 运输一体化功能。第四方物流负责管理运输公司、物流公司之间在业务操作上的衔接与协调。

(3) 供应链再造功能。根据货主在供应链战略上的要求,及时改变或调整运营方案与规划,使其保持高效率运作。

15.2.3 第四方物流的运作模式

结合自身的特点,第四方物流的主要运作模式包括协同运作模式、方案集成商模式和行业创新者模式。

1. 协同运作模式

这种运作模式下,第四方物流只与第三方物流有内部合作关系,即第四方物流服务供应商不直接与企业客户接触,而是通过第三方物流服务供应商将其提出的供应链解决方案、再造的物流运作流程等实施。这就意味着第四方物流与第三方物流共同开发市场,在开发的过程中第四方物流向第三方物流提供技术支持、供应链管理决策、市场准入能力和项目管理等,它们之间的合作关系可以采用合同方式绑定或采用战略联盟方式形成。

2. 方案集成商模式

这种运作模式下,第四方物流作为企业客户与第三方物流的纽带,将企业客户与第三方物流连接起来,企业客户不需要与众多第三方物流服务供应商进行接触,而是直接通过第四方物流服务供应商实现复杂的物流运作管理。在这种模式下,作为方案集成商,第四方物流除了提出供应链管理的可行性解决方案以外,还要对第三方物流资源进行整合,统一规划为企业客户服务。

3. 行业创新者模式

行业创新者模式与方案集成商模式有相似之处:它们都是作为企业客户与第三方物流沟通的桥梁,将物流运作的两个端点连接起来。两者的不同之处在于:行业创新者模式的客户是同一行业的多个企业,而方案集成商模式只针对一个企业客户进行物流管理。在这种模式下,第四方物流提供行业整体物流的解决方案,其运作规模更大限度地得到扩大,使整个行业在物流运作上获益。

第四方物流无论采取哪一种模式,都突破了单纯发展第三方物流的局限性,能够真正地低成本运作,实现最大范围的资源整合。因为第三方物流缺乏跨越整个供应链运作和真正整合供应链流程所需的战略及专业技术,第四方物流则可以不受约束地将每一个领域的最佳物流提供商组合起来,为客户提供最佳物流服务,进而形成最优物流方案或供应链管理方案。

15.2.4 第三方物流和第四方物流的联系与区别

1. 第三方物流与第四方物流的联系

第三方物流是由物流劳务的供方、需方之外的第三方完成物流服务的物流运作模式。第三方物流供应商为客户提供所有的或一部分供应链物流服务,以获取一定的利润。第三方物流供应商提供的服务范围很广,其可以简单到只是帮助客户安排一批货物的运输,也可以复杂到设计、实施和运作一个企业的整个分销和物流系统。

第四方物流是供应链的集成者、整合者和管理者,它通过对物流资源、物流设施和物流技术的整合,提出物流全过程的方案设计、实施办法和解决途径,形成一体化的供应链物流方案,根据方案将所有的物流运作和管理业务全部外包给第三方物流公司。

第四方物流以第三方物流为基础,整合了整个供应链的物流资源和技术,能够使企业更有效率地快速反应供应链的整体需求,最大限度地满足客户的需求,从而提高客户满意度,提升供应链的竞争力。第四方物流的思想必须依靠第三方物流的实际运作来实现并得到验证;第三方物流又迫切希望得到第四方物流在优化供应链流程与方案方面的指导。

要发展第四方物流,就必须大力发展第三方物流,为第四方物流的发展做铺垫,提高物流产业水平。只有二者有机结合起来,才能更好及全面地提供完善的物流运作和服务。第三方物流与第四方物流联合成为一体以后,将第三方物流与第四方物流的外部协调转化为内部协调,使得两个相对独立的业务环节能够更和谐、更一致地运作,物流运作效率会得到明显改善,进而增大物流成本降低的幅度,扩大物流服务供应商的获利空间。

2. 第三方物流与第四方物流的区别

(1) 第三方物流建立在企业物流业务外包的基础上,而第四方物流是建立在第三方物流基础上的企业物流规划,通过整合资源进行物流软件的开发、运营和管理,促进企业运作效率的提高。

(2) 第四方物流能够提供比第三方物流范围更广的服务,包括进入市场的技术、供应链策略技能及能力。

(3) 第四方物流是物流软件的运营者,第三方物流是物流硬件的供应商。

本章小结

第三方物流和第四方物流都是因物流业务外包而产生的业务模式。第三方物流是相对于自营物流而言的,为客户提供以合同为约束、以结盟为基础的、系列化、个性化、信息化的物流代理服务,而第四方物流是供应链的集成者、整合者和管理者,它提出物流全过程的方案设计、实施办法和解决途径,形成一体化的供应链物流方案。本章依次介绍了第三方物流的定义、产生的原因、主要特点、优越性及风险,第四方物流的概念、主要功能、运作模式,最后总结了第三方物流与第四方物流的联系和区别。

复习思考

1. 简述第三方物流的主要特点。
2. 简述第四方物流的运作模式。

3. 简述第三方物流与第四方物流的区别。

 案例讨论

海尔物流

海尔物流成立于1999年,它依托于海尔集团的先进管理理念和强大的资源网络构建起集团物流的核心竞争力,为全球客户提供最有竞争力的综合物流集成服务,成为全球最具竞争力的第三方物流企业。

海尔物流十分注重整个供应链全流程最优与同步工程,不断消除企业内外部环节的重复及无效劳动,让资源在每一个过程流动时都实现增值,使物流业务能够支持客户实现快速获取订单与满足订单的目标。

在海尔市场链流程再造与创新的过程中,JIT采购配送中心整合海尔集团的采购与配送业务,形成了极具规模的网络化、信息化JIT采购及配送体系。

海尔物流JIT采购管理体系的主要内容包括:为订单而采购,降低物流采购成本;推行模式,建立与供应商的战略合作伙伴关系,实现与供应商的双赢合作。目前,海尔采购面向50余个世界500强企业的供应商实施全球化采购业务,在全面推进实施VMI采购模式的同时可为客户提供一站到位的第三方服务业务。

海尔物流JIT配送管理体系的主要内容包括:提高原材料配送的效率,"革传统仓库管理的命",通过建立2个现代智能化的立体仓库和1个自动化物流中心,以及利用物流信息管理手段对库存进行控制,实现JIT配送模式。从物流容器的单元化、标准化、通用化到物料搬运的机械化,再到车间物料配送的"看板"管理系统、定置管理系统、物耗监测和补充系统,改革全面铺开,实现了"以时间消灭空间"的物流管理目标。

目前,JIT配送全面推广信息替代库存,使用电子标签、条码扫描等国际先进的无纸化办公方法,实现物料出入库系统自动记账,达到按单采购、按单拉料、按单拣配、按单核算投入产出、按单计酬的目标,形成了一套完善的看单配送体系。

有了先进的JIT采购及配送管理体系、丰富的实践运作经验、强大的信息系统,海尔JIT采购配送中心将打造出新时代的采购配送流程。

另外,海尔物流还可以根据客户需求提供打码、再包装、扫描等业务,设计业务流程规避风险,保险、货单抵押、再加工等增值服务,使物流服务升级,实现精细化物流的目标。

海尔物流能够结合自身的优势、特点,以及每个行业不同的特性,为客户量身定制个

性化的物流解决方案。目前,它已经在汽车行业、快速消费品行业、家具行业、IT(信息技术)行业、电子电器行业、石化行业等多个领域开展个性化物流方案设计,为通用电气、五菱汽车、宜家家居、富士康、陶氏化学、伊利、张裕等国内外知名企业提供物流供应链服务。

资料来源:韦克俭.现代物流管理基础[M].北京:电子工业出版社,2012.

案例分析题:结合案例分析海尔物流的成功之处。

第十六章 绿色物流与逆向物流

知识目标

了解绿色物流的起因；

了解绿色物流的实施战略；

熟悉绿色物流管理的主要内容；

熟悉逆向物流的特点；

掌握逆向物流运行的内容。

技能目标

掌握运用绿色物流的理念进行物流管理。

引导案例

FedEx 的绿色物流

世界快递巨头联邦快递(FedEx)在发展自身业务的同时，致力于节能和环保事业，不仅节约了大量成本，也树立了其履行企业责任的良好形象。

2011年，FedEx每天向世界220多个国家和地区发送850多万个包裹，飞行里程约50万千米，行驶近190万千米。假设在这一过程中忽略了节能和环保，那么这一系列的高强度物流活动将会对气候和环境造成严重的污染及破坏。

FedEx在节能和环保领域进行了积极探索，取得了一系列令人瞩目的成果，如：大规模采用高效飞机，提倡建立轻型车辆运输系统；增加对电力的使用，减少对石油的依赖；开发新技术，使物流系统、运输工具和线路效率更高等，这些成果既体现了FedEx在保护环

境、提高人类生存质量方面的社会责任,更在行业内树立了标杆,为其他企业在此方面做出了榜样。

大规模采用高效飞机

近些年来,FedEx 注意到现代飞机技术发展日新月异、新型飞机层出不穷、飞机燃油效率不断提高的现实,开始引入一些新机型,如波音 777F 和波音 757。新机型拥有更高的燃油效率和更大的载货量,能够显著降低货运燃料消耗。如:波音 777F 就比先前的 MD-11 载货更多、耗油更省、飞行更远,大幅减少了每一运输单位的成本和废气排放。经计算,波音 777F 可直飞 5 800 多海里,比 MD-11 多 1 900 海里的范围;能运载 17.8 万磅的货物,比 MD-11 多 1.4 万磅的载货量。但波音 777F 消耗的燃料却比 MD-11 减少了 18%,同时每吨货物减少了 18% 的废气排放量。

鉴于波音 777F 的巨大优势,FedEx 又新近购置了 6 架波音 777F 型飞机,使波音 777F 的架数增至 12 架,并借此开通了孟菲斯至韩国和中国东南部的波音 777F 直达航班。根据当前的采购方案和约定,在 2020 年前,FedEx 将扩充 777F 的机队规模,将波音 777F 总量增至 45 架。

在大量购置波音 777F 的同时,FedEx 也提高用新型飞机替换旧有飞机的数额,如:开始使用波音 757 替换波音 727,进而使每磅载货量的燃料消耗减低了 47%,并减少了维护费用。在飞机更换一项上,就为 FedEx 节约了大量的燃油,减少了大笔经营成本。

使用电动汽车

电动汽车指以车载电源为动力,用电机驱动车轮行驶的车辆。混合动力电动汽车指车上装有两个以上的动力源,包括由电机驱动的汽车。车载动力源有多种:蓄电池、燃料电池、太阳能电池、内燃机车的发电机组。这两种汽车能显著减少汽油的使用,进而减少碳排放。经过 FedEx 的计算,43 辆电动汽车或者 365 辆混合动力电动汽车的二氧化碳的排放量与 10 辆燃油卡车相当。

正因为如此,FedEx 在过去的几年中加大了对电动汽车和混合动力电动汽车的购置力度,新能源汽车在车队中的比重不断提高。在 2011 财年末之前,FedEx 全球的电动汽车和混合动力电动汽车总数增至 408 辆,增长近 20%;新能源汽车车队行驶里程近 950 万英里,几乎是往返月球距离的 20 倍,节约了大约 27.6 万加仑的燃油并减少了近 2 800 吨的二氧化碳排放。

降低燃油消耗

尽管 FedEx 大量采用了电动汽车和混合动力电动汽车,但是在 FedEx 车队当中仍有大量的燃油卡车。针对这种情况,FedEx 致力于汽车燃油效率的提高,通过新技术研发来改善燃油效率。在过去的几年当中，FedEx 车队的燃油效率已经从 2006 财年的 5.4%上升到 2010 财年的 15.1%。未来几年中，FedEx 还将继续着力于汽车燃油效率的提高，目标是在 2020 年将公司车队的燃油效率提高 20%。

除了提高汽车燃油效率，FedEx 还从细节入手减少燃油消耗。就如何使用送货车来说，FedEx 通过试验和经验积累，清楚地知道驾驶时有三种情况会影响能源消耗：开什么车、到哪里和由谁来开。因此，FedEx 每年都会选用一批更高效的车辆上路；每天都会根据交通情况的变化通过技术改变线路；此外，FedEx 还会不断向团队成员传授最优驾驶方法。FedEx 在亚太地区推行了一项名为节能驾驶（Eco-Driving）的项目，这个项目旨在通过改变司机日常的驾驶习惯，减少对环境的影响。一位日本的 FedEx 代理商就是该项目中的数百名团队成员之一，当时他作为速递员加入 FedEx，现在为所有日本驾驶员管理燃料消耗。这位代理商清楚地知道驾驶对环境的影响，因此，他一直致力于降低燃油消耗。现在他每天总是先浏览东京街道的交通状况之后再去上班，以便为送货车提供最佳的行车路线。其他为数众多的 FedEx 成员也在为改善环境质量而不懈努力。

FedEx 还与五十铃汽车公司合作制定了节能驾驶方法。五十铃汽车公司对日本速递员的驾驶情况进行了详细的统计，发现日本的速递员有大约 70%的时间待在车里，每天驾驶大约 60 英里，停车 30 次。根据五十铃汽车公司的调查结果，FedEx 发现了 20 种行为可以减少车辆废气排放，其中包括缓慢加速、匀速、提前加速、慎用空调和减少空转时间等。FedEx 认为，减少废气排放的责任首先落在驾驶员身上。因此，FedEx 将节能驾驶提示置于车内的突出位置；而驾驶员用的钥匙链上也标记着节能驾驶五项原则。自 18 个月之前开始实施计划以来，在日本拥有 150 条线路的最大操作站的燃油效率提高了 14%。

目前，FedEx 还在社区内指导节能驾驶，为所有有条件实施计划的操作站里的团队成员举办节能驾驶讲座，并邀请社区人士参与，为整个地区的节能降耗做出了贡献。

资料来源：田凤权.物流管理案例分析[M].北京：电子工业出版社，2010.

思考

FedEx 的绿色物流给我们带来了哪些启示？

16.1 绿色物流

16.1.1 绿色物流的产生

自 20 世纪 90 年代初起，西方国家的企业界及物流学术界的学者们就提出绿色物流（Green Logistics）的概念，绿色物流很快得到了政府、学术界和企业界的高度重视。多数国家的政府部门通过立法限制物流过程中的环境影响,例如:欧盟国家、美国和日本等都制定了严格的法规限制机动车尾气排放和废弃物污染;很多跨国公司如施乐、柯达、美辛、惠普等都实施了可利用废弃物的回收项目,收益显著。归纳绿色物流产生的原因,主要包括下述四个方面。

1. 环境问题广受关注

自20世纪70年代始,环境问题受到越来越多的关注,几乎融入社会经济的每一个领域,这其中也包括环境问题对物流行业的影响,绿色物流应运而生。绿色物流可以追溯到20世纪90年代初人们对运输引起环境退化的关注:道路、码头和机场等交通基础设施的建设占用了大量土地;汽车等交通工具尾气排放成为城市空气的主要污染源之一。因此,一些专家学者建议把环境问题作为物流规划的一个影响因素,这成为绿色物流的雏形。此后,绿色物流从运输逐渐扩展到包装、仓储等活动中,逐渐形成一个比较完整的概念和体系。同时,绿色消费运动在世界各国兴起,消费者不仅关心自身的安全和健康,还关心地球环境的改善,拒绝接受不利于环境保护的产品、服务及相应的消费方式,进而促进绿色物流的发展。

2. 物流市场的不断拓展

从传统物流到现代物流,物流市场在不断地扩张和发展。传统物流只是关注从生产到消费的流通过程,现代物流则将这一过程延伸至从消费到再生产的流通。逆向物流由此诞生。它包括废旧商品的循环流通和废弃物的处理、处置、运输、管理。逆向物流可以减少资源消耗,控制有害废弃物的污染,因此也属于绿色物流的范畴。

3. 经济全球化潮流的推动

随着经济全球化的发展,一些传统的关税和非关税壁垒逐渐淡化,环境壁垒逐渐兴起。为此,ISO14000成为众多企业进入国际市场的通行证。ISO14000的两个基本思想是预防污染和持续改进,它要求建立环境管理体系,使企业经营活动、产品和服务的每一个环节对环境的影响最小化。ISO14000不仅适合于第一产业、第二产业,也适合于第三产业,尤其适合于物流行业。物流企业要想在国际市场上占有一席之地,发展绿色物流是其理性选择。

4. 各国政府和国际组织的倡导

绿色物流的发展与政府行为密切相关。凡是绿色物流发展比较快的国家,都得益于政府的积极倡导。各国政府在推动绿色物流发展方面所起的作用主要表现在:①追加投入以促进环保事业的发展;②组织力量监督环保工作的开展;③制定专门政策和法令引导企业的环保行为。联合国环境署、WTO 环境委员会等国际组织举行了许多环保方面的国际会议,签订了许多环保方面的国际公约与协定,这在一定程度上为绿色物流的发展铺平了道路。

16.1.2 绿色物流管理的内容

绿色物流是一个多层次的概念,既包括企业的绿色物流活动,又包括社会对绿色物流活动的管理、规范和控制。从环保物流活动的范围来看,它既包括各个单项的绿色物流作业(如绿色运输、绿色包装、绿色流通加工等),还包括为实现资源再利用而进行的废弃物循环物流,是物流操作和管理全程的绿色化。

绿色物流作为当今经济可持续发展的重要组成部分,对经济的发展和人民生活质量的改善具有重要的意义,无论政府有关部门还是企业界,都应强化物流管理,共同构筑绿色物流发展的框架。

1. 政府部门绿色物流管理的内容

(1)对发生源的管理。它主要是对物流过程中产生环境问题的来源进行管理。由于物流活动的日益增加和配送服务的发展,在途运输车辆随之增加,这必然导致大气污染的加重。为此可以采取以下措施对发生源进行控制:①制定相应的环境法规,对废气排放量、噪声及车种进行限制;②采取措施促进使用符合限制条件的物流运输工具;③普及使用低公害物流运输工具等。我国自 20 世纪 90 年代末开始不断强化对污染源的控制,如:北京市为治理大气污染发布两阶段治理目标,不仅对新生产的车辆制定了严格的排污标准,而且对在用车辆进行治理改造;在鼓励更新车辆的同时,采取限制行驶路线、增加车辆检测频次、按排污量收取排污费等措施;经过治理的车辆,污染物排放量大为降低。

(2)对交通量的管理。它主要包括:①发挥政府的指导作用,推动企业从自用车运输向第三方物流运输转化;②促进企业选择合理的运输方式,发展共同配送;③政府统筹物流中心的建设;④建设现代化的物流管理信息网络等。通过这些措施来减少货流,可有效地消除对流运输,缓解交通拥挤状况,从而最终实现物流效益化,提高货物运输效率。

(3)对交通流的管理。它主要包括:①政府投入相应的资金,建立都市中心环状道路,制定有关道路停车管理规定,采取措施实现交通管制系统的现代化;②促进公路与铁路的立体交叉发展,从而减少交通堵塞,提高配送的效率,达到环保的目的。

(4)对物流包装的管理。它指对物品的包装制定相关政策,采取行政措施,限制包装污染,尤其是"白色污染"。为此应鼓励采用可回收利用的包装(如啤酒瓶等),并对产生污染包装的企业采取严厉的惩罚措施,以减少因包装产生的对环境的压力,减少资源的浪费,形成资源的可持续发展。

2. 企业绿色物流管理的内容

● 绿色运输管理

(1) 开展共同配送。共同配送指由多个企业联合组织实施的配送活动。几个中小型配送中心联合起来,分工合作对某一地区的客户进行配送,主要适用于某一地区的客户所需要物品数量较少而使用车辆不满载、配送车辆利用率不高等情况。从货主的角度来说,通过共同配送可以提高物流效率,如:中小批发商如果各自配送难以满足零售商多批次、小批量的配送要求,而采取共同配送,送货者可以实现少量配送,收货方可以进行统一验货,从而达到提高物流服务水平的目的;从物流企业的角度来说,特别是一些中小物流企业,由于受资金、人才和管理等方面的制约,运量少、效率低、使用车辆多、独自承揽业务,难以实现物流合理化和提高物流效率,如果分工合作,开展共同配送,则可以筹集资金运输大宗货物,通过信息网络提高车辆利用率。因此,共同配送可以最大限度地提高人力、物资、资金等资源的利用效率,使经济效益最大化,同时可以避免多余的交错运输,并取得缓解交通、保护环境等社会效益。

(2) 采取复合一贯制运输方式。复合一贯制运输是指吸取铁路、汽车、船舶和飞机等基本运输方式的长处,把它们有机结合起来,实行多环节、多区段、多运输工具相互衔接进行商品运输的一种方式。这种运输方式以集装箱作为连接各种工具的通用媒介,因而要求装载工具及包装尺寸都要做到标准化。采取复合一贯制运输方式的优势在于:一方面,克服了单个运输方式固有的缺陷,在整体上保证了运输过程的最优化和效率化;另一方面,从物流渠道来看,有效地解决了由于地理、气候、基础设施建设等各种市场环境差异造成的商品在产销空间、时间上的分离,促进了产销之间的紧密结合,以及企业生产经营的有效运转。

(3) 大力发展第三方物流。第三方物流是由供方和需方以外的物流企业提供物流服务的业务方式。由专门从事物流业务的企业为供方和需方提供物流服务,可以从更高、更广泛的层面考虑物流合理化问题,通过简化配送环节,进行合理运输,有利于在更广泛的范围内对物流资源进行合理利用和配置,避免自有物流带来的资金占用、运输效率低、配送环节烦琐、城市污染加剧等问题。除此之外,企业对各种运输工具还应采用节约资源、减少污染环境的原料作为动力,如使用液化气、太阳能作为城市运输工具的动力;响应政府的号召,加快运输工具的更新换代等。

- 绿色包装管理

绿色包装指节约资源、保护环境的包装。绿色包装管理的内容有:促使生产部门采用尽量简化的、由可降解材料制成的包装;在流通过程中,应采取措施实现包装的合理化与现代化。其实现途径主要有以下四种:

（1）包装模数化。确定包装基础尺寸的标准,即包装模数化。包装模数标准确定后,各种进入流通领域的产品便需要按模数规定的尺寸包装。包装模数化有利于小包装的集合,利用集装箱及托盘装箱、装盘。包装模数如能与仓库设施、运输设施尺寸模数统一,也有利于运输和保管,从而实现物流系统的合理化。

（2）包装大型化和集装化。包装大型化和集装化有利于物流系统在装卸、搬迁、保管和运输等过程中的机械化,提高这些环节的作业速度,减少单位包装,节约包装材料和包装费用,保护货体。

（3）包装多次反复使用和废弃包装的处理。采用通用包装,不用专门安排返回使用;采用周转包装,可多次反复使用,如饮料盒、啤酒瓶等;梯级利用,即一次使用后的包装物,用后转作他用或简单处理后转作他用;对废弃包装物经再生处理,转化为其他用途或制作新材料。

（4）开发新的包装材料和包装器具。其发展趋势是包装物的高功能化,用较少的材料实现多种包装功能。

- 绿色流通加工

流通加工指物品在从产地到使用地的过程中,根据需要施加包装、分割、计量、分拣、组装、价格贴付、标签贴付和商品检验等简单作业的总称。绿色流通加工主要包括两方面的措施:一是变消费者分散加工为专业集中加工,以规模作业的方式提高资源利用率,减少环境污染,如餐饮服务业对食品进行集中加工,以减少家庭分散烹调所带来的能源和空气污染;二是集中处理消费品加工过程中产生的边角废料,以减少消费者分散加工所造成的废弃物污染,如流通部门对蔬菜进行集中加工,可减少居民分散加工造成的垃圾丢放问题。

- 废弃物物流的管理

从环境的角度来看,大量生产、大量流通、大量消费的结果必然会导致大量的废弃物产生,尽管已经采取了许多措施加速废弃物的处理并控制废弃物物流,但从总体上来看,大量废弃物的出现仍然对社会造成了严重的消极影响,会引发社会资源的枯竭及自然环

境的恶化。因此,21世纪的物流活动必须利于有效利用资源和维护地球环境。

废弃物物流指将经济活动中失去原有使用价值的物品,根据实际需要进行搜集、分类、加工、包装、搬运和存储,并分送到专门处理场所时形成的物品实体流动。废弃物物流是指,无视对象物的价值或对象物没有再利用价值时,仅从环境保护出发,将其进行焚化、化学处理或运到特定地点堆放、掩埋。降低废弃物物流,需要实现资源的再使用(回收处理后再使用)、再利用(处理后转化为新的原材料使用),为此应建立一个包括生产、流通和消费的废弃物回收利用系统。要达到上述目标,企业不仅要考虑自身的物流效率,还必须与供应链上其他的关联者协同起来,从整个供应链的视野组织物流,最终在整个社会中建立包括供应商、生产商、批发商、零售商和消费者在内的循环物流系统。

16.1.3 绿色物流的实施战略

1. 树立绿色物流理念

政府要加强宣传环保的重要性和紧迫性,唤醒企业、社会组织和公众的危机意识,为绿色物流的实施营造良好的舆论氛围和社会环境。物流企业要打破"环保不经济、绿色等于消费"的传统观念,应着眼于企业和社会的长远利益,树立集体协作、节约环保的团队精神,将节约资源、减少废物、避免污染等作为企业的长远发展目标。

2. 推行绿色物流经营

物流企业要从保护环境的角度制定其绿色经营管理策略,以推动绿色物流的进一步发展。

(1)选择绿色运输。通过有效利用车辆,减少车辆运行,提高配送效率。如:合理规划网点及配送中心、优化配送路线、提高共同配送及往返载货率;改变运输方式,由公路运输转向铁路运输或海上运输;使用绿色工具,降低废气排放量等。

(2)提倡绿色包装。包装不仅是商品卫士,而且也是商品进入市场的通行证。绿色包装要醒目环保,还应符合4R要求,即少耗材(Reduction)、可再用(Reuse)、可回收(Reclaim)和可再循环(Recycle)。

(3)开展绿色流通加工。由分散加工转向专业集中加工,以规模作业方式提高资源利用率、减少环境污染;集中处理流通加工中产生的边角废料,减少废弃物污染等。

(4)搜集和管理绿色信息。物流不仅是商品空间的转移,也包括相关信息的搜集、整理、储存和利用。绿色物流要求搜集、整理、储存的都是各种绿色信息,并及时运用于物流中,促进物流的进一步绿色化。

3. 开发绿色物流技术

推行绿色物流的关键不仅依赖于绿色物流观念的树立、绿色物流经营的推行,更离不开绿色物流技术的应用和开发。没有先进物流技术的发展,就没有现代物流的立身之地;同样,没有先进绿色物流技术的发展,就没有绿色物流的立身之地。国内的物流技术与绿色要求有较大的差距,如物流机械化方面、物流自动化方面、物流的信息化及网络化,与发达国家的物流技术相比,大概有 10—20 年的差距。要大力开发绿色物流技术,否则绿色物流就无从谈起。

4. 制定绿色物流法规

绿色物流是当今经济可持续发展的一个重要组成部分,它对社会、经济的不断发展和人类生活质量的不断提高具有重要意义。正因为如此,绿色物流的实施不仅是企业的事情,而且还必须从政府约束的角度,对现有的物流体制强化管理。

一些发达国家的政府非常重视制定政策法规,在宏观上对绿色物流进行管理和控制,尤其是要控制物流活动的污染发生源。物流活动的污染发生源主要表现在:运输工具的废气排放污染空气,流通加工的废水排放污染水质,一次性包装的丢弃污染环境,等等。因此,他们制定了诸如污染发生源、限制交通量、控制交通流等的相关政策和法规。

5. 加强对绿色物流人才的培养

作为新生事物,绿色物流对营运筹划人员和各专业人员的素质要求较高,因此,要实现绿色物流的目标,培养和造就一批熟悉绿色理论和实务的物流人才是当务之急。

16.2 逆向物流

16.2.1 逆向物流的定义

从整个供应链的角度看,一条完备的供应链不仅应包含正向物流的运作,而且应包括逆向物流的运作。与正向物流相比,逆向物流似乎一直都处于后台,很多企业都认为逆向物流是一件很不光彩的事,不愿意给予逆向物流更多的关注。但在近些年,自然资源的日渐枯竭、人们环境保护意识的加强,以及各国有关环境保护立法的加强,都迫使企业不得不开始重视逆向物流。逆向物流运作开始从后台逐步走到幕前。西尔斯负责物流的执行副总裁曾这样说:"逆向物流也许是企业在降低成本中的最后一块处女地了。"

关于逆向物流的定义,国内外学者提出了各自的看法。综合概括起来,逆向物流指为了恢复价值或合理处置,通过有计划地实施和控制,使原材料、在制品、最终产品、包装材料、废弃物等,以及相关信息从供应链下游的客户一端回到上游的起始端的有效实际流动过程。

16.2.2 逆向物流的特点

逆向物流作为企业价值链中特殊的一环,与正向物流相比,既有共同点,也有各自不同的特点。二者的共同点在于都具有包装、装卸、运输、储存、加工等物流功能。但是,逆向物流与正向物流相比又具有其鲜明的特点。

1. 分散性

逆向物流产生的地点、时间、质量和数量是难以预见的。废弃物物流可能产生于生产领域、流通领域或生活消费领域,涉及任何领域、任何部门、任何个人,在社会的每个角落都在日夜不停地发生。正是这种多元性使其具有分散性。正向物流则不然,按量、准时和指定发货点是其基本要求。这是由于逆向物流发生的原因通常与产品质量或数量的异常有关。

2. 缓慢性

逆向物流在开始的时候数量少、种类多,只有在不断汇集的情况下,才能形成较大的流动规模。废旧物资的产生也往往不能立即满足人们的某些需要,它需要经过加工、改制等环节,甚至只能作为原料回收使用,这一系列过程的时间是较长的。同时,废旧物资的搜集和整理也是一个较复杂的过程。这一切都决定了逆向物流缓慢性这一特点。

3. 混杂性

回收的产品在进入逆向物流系统时往往难以划分,因为不同种类、不同状况的废旧物资常常是混杂在一起的。当回收产品经过检查、分类后,逆向物流的混杂性会逐渐衰退。

4. 多变性

由于逆向物流的分散性及消费者对退货、产品召回等回收政策的滥用,有的企业很难控制产品的回收时间与空间,这就导致逆向物流的多变性,主要表现在三个方面:①逆向物流具有极大的不确定性;②逆向物流的处理系统与方式复杂多样;③逆向物流技术具有一定的特殊性。

16.2.3 逆向物流运行的内容

逆向物流可分成三部分:退货产生的回收物流、有回收价值的再生资源物流、无回收价值的废弃物物流。

1. 回收物流

由于产品质量问题、物流过程中造成的货损,以及客户由于消费倾向造成的合理退货,均属于回收物流。

退货的过程是:产品送回供应商,进行修理和再销售,或者把产品作报废处理,回收其中的有用部分,包装物一般可以再循环使用。退货产品大多并未丧失使用价值,可以采取综合开发方式继续实现它的使用价值,如开辟新的市场。退货产品也可以用于募捐,发挥其应有的作用。退货产品一般纳入本企业的生产经营计划统筹管理,也可以由相关企业联合设立退货基地,或者承包给第三方物流进行外部商业化运作。

2. 再生资源物流

对有回收价值的物品和资源的回收加工活动是再生资源物流。所有非一次性资源均有再生价值,特别是废金属、废纸和废玻璃器具。由于再生资源数量大、种类多、来源地广泛,再生资源主要由专业化的商业组织进行回收处理。其过程是:

(1) 集中回收废旧物品和物资;

(2) 分类处理,去除有害物品,再包装;

(3) 加工回收有价值的资源;

(4) 再生资源重新进入市场。

绝大部分再生资源的成本空间很大,有条件进行商品化运作,由此产生专门处理再生资源的部门。

3. 废弃物物流

废弃物物流是将完全无价值的废料进行搜集与分类包装,送到专门场所处理的物品实体流动。废弃物品处理方式有以下三种:

(1) 废弃物掩埋。废弃物集中到政府规划的区域内进行分类、消毒处理后掩埋。经长期监测完全无害后,可以改建为工业区域或其他公共设施。

(2) 焚烧。对有机物含量高、易污染环境的废弃物集中起来焚毁。在目前的技术条件下,使用垃圾发电比较经济。在确定垃圾发电成本与一般商业发电成本的差额后,由政府对垃圾发电厂商进行补贴,这样可以鼓励垃圾处理行业的发展。

(3) 净化处理加工。对废水、废物进行净化处理,可以减少对环境的危害,尤其是对废水的净化处理,已经成为废弃物物流的流动加工产业。废弃物物流的合理化必须从能源、资源和生态环境保护三个战略高度综合筹划,形成一个将废弃物的所有发生源包括在内的广泛的物流系统。

本章小结

绿色物流指在物流过程中抑制物流对环境造成危害的同时,实现对物流环境的净化,使物流资源得到最充分的利用。绿色物流的最终目标是实现可持续发展。本章依次介绍了绿色物流的产生、主要内容、实施战略,以及逆向物流的定义、特点及运行内容,其中,绿色物流管理的主要内容和逆向物流的运行内容是本章的重点。

 **复习思考**

1. 简述绿色物流管理的主要内容。
2. 简述逆向物流的特点。
3. 简述逆向物流的运行内容。

案例讨论

沃尔玛的退货管理

沃尔玛于20世纪60年代创建,在20世纪90年代一跃成为美国第一大零售商。在短短几十年的时间里,沃尔玛的连锁店几乎已遍布全世界,并以其优质快捷的服务、惊人的销售利润、先进的管理系统而闻名全球。沃尔玛的快速成长与其卓越的物流管理思想及其实践密切相关。

逆向物流的退货

沃尔玛十分重视其物流运输和配送中心建设,在物流方面投入了大量的资金。在物流运营过程中,沃尔玛逐步建立起一个"无缝点对点"的物流系统。所谓"无缝",即整个供应链连接非常顺畅。沃尔玛的供应链是指产品从工厂到商店货架的整个物流系统,这种产品的物流应当尽可能平滑。从1990年开始,美国一些大型连锁零售商为了提高退货处理效率,按照专门化和集约化的原则,仿照正向物流管理中的商品调配中心的形式,采用逆向思维,累计在全美分区域设立了近百个规模不等的"集中退货中心"以集中处理退货业务。这成为逆向物流管理的开始。2010年,美国通过集中退货中心处理的退货已占总数的60%以上,集约化处理已成为逆向物流管理的主导方式。集中退货中心的管理既提高了返品的流通效率,又降低了逆向物流耗费的成本,加速了返品资金的回收。此外,集中处理退货还可以大大减轻零售店和生产厂家的工作量,充分利用零售店卖场空间,同时也有利于搜集、掌握与退货相关的商业动态。

逆向物流中的配送

沃尔玛施行统一的物流业务指导原则,不管物流的项目是大还是小,必须把所有的物流过程集中到一个伞形结构之下,并保证供应链上每个环节的顺畅。这样,沃尔玛的运输、配送及对订单与购买的处理等所有的过程,都是一个完整网络中的一部分。完善合理的供应链大大降低了物流成本,加快了物流速度。

逆向物流中的循环

沃尔玛物流的循环与配送中心是联系在一起的,配送中心是供应商和市场的桥梁,供货商直接将货物送到配送中心,从而降低了供应商的成本。沃尔玛的物流过程始终注重确保商店所得到的产品与发货单上完全一致,精确的物流过程使每家连锁店接受配送中心的送货时只需卸货,不用再检查商品,从而有效降低了成本。

海格物流试水沃尔玛逆向物流

零售退货与零售采购有着惊人的相似,同样是不按规律变化的货物和提/退货地点,同样是零散货物的拼车与集装,并且利用 Milkrun 信息系统,能够迅速而精确地测算出最优的装车方案和运输路线,能够以除法的方式最大限度地节约物流成本——这也是逆向物流成本的重中之重。海格物流惊喜于这种发现,将原本运用于零售采购中的 Milkrun 技术运用到逆向物流中,被称为"逆 Milkrun"。在充分测试其可行性后,海格向 1 700 余家沃尔玛供应商推荐这一方案。一旦实施,利用物流方案创造价值、追求利润最大化的神话将再次出现。

逆向物流的零售链接

供应商与沃尔玛的计算机系统互相连接,供应商可以了解其商品的销售情况,并对未来生产进行预测来决定生产策略,从而丰富了供应商的市场信息,减少了不必要的博弈成本。

资料来源:中国就业培训技术指导中心.物流师(国家职业资格一级)(第 2 版)[M].北京:中国劳动社会保障出版社,2013.

案例分析题:结合案例谈谈沃尔玛在逆向物流方面的成功经验。

第十七章 供应链管理

知识目标

了解供应链的定义；

了解供应链管理的定义和基本特征；

熟悉供应链的结构模型和主要类型；

熟悉供应链管理的目标和方法。

技能目标

掌握运用供应链管理的方法进行供应链管理。

引导案例

戴尔公司的供应链管理

戴尔计算机公司（Dell）于1984年创立，是目前全球领先的计算机系统直销商。戴尔能够有如此成就，离不开其日渐完善的供应链管理模式与销售模式。

戴尔的供应链管理策略主要包括以下六点：

一是零库存。零库存能够最大限度地降低成本，其关键是按订单生产，因此要求准确把握客户的需求。戴尔在全球有6座工厂，它将原本下给200多家供货商的订单集中交给其中的50家，但条件是它们在戴尔工厂旁边盖仓库、就近供货，不愿配合的就从供应链中剔除。戴尔的零件库存时间很短，接到订单后，再通知供货商送零件，从进料到组装完出货只要4个小时，从而达到了零库存，降低了库存成本，无需为库存积压而蒙受损失。

二是强化供应链上的信息流通速度和透明度。供应商必须很清楚戴尔未来的出货计划,以免库存过多自己赔本、库存不够被戴尔撤换。对戴尔来说,它必须随时掌握整条供应链上的库存情形,确保每一家公司的运作都正常,这涉及双向的信息流通和信任。它必须确保这一整条神经运转得好好的,一旦一小段出现问题,整条神经就会瘫痪。在供应链的运作上,换供应商的成本很高。戴尔高度运用信息技术,连接客户、管理生产线和联络供货商,并要求供应商配合。

三是找到最短的到达客户路径。客户对戴尔直接提出需求,这种最短的途径就是直销。直销可以直接获得客户的需求,最"懂"市场。戴尔因采取直销方式,其库存量低于同业竞争对手,可使成本下降并迅速回馈给消费者。

四是低成本。戴尔采用的直销模式、生产方法和对供应链的管理有助于降低成本,包括戴尔对办公地点的选择和对新技术的研发,也是着眼于以不降低质量为前提的降低成本。这些削减的成本最后会反映到客户身上,他们买产品的价格就会趋于更加合理。从这个意义上来说,戴尔喜欢进入技术标准化,但是"利润不合理(很高)"的行业,通过戴尔的这种"低成本"运作,获取在这个行业中的领先优势,迫使竞争对手调整自己的管理模式和策略,降低价格。

五是客户关系管理。客户关系管理是戴尔重点关注的服务。在客户方面,戴尔整合了客户关系管理的软件,让客户的下单状况透明,使得工厂和后续供应商可以配合得更好,预估得更准确。

六是接单生产的模式。电子商务的出现及网络的普及使得戴尔采取直接接单再生产的流程,这种模式越过经销商直接和消费者打交道,可以更确切地了解客户的需求。一旦货从戴尔的工厂送出,就等于已经卖掉,因此没有存货在店面的货架上,这就实现了零库存,从而大大提高了供应链的效率。客户从下单到出货,存货周转天数只要4天,交货时间提升到只要8个小时。

戴尔目前供应链的运转状况可以说是业界最成功的,不管是与上下游厂商的整合,还是与客户之间的营销方式都称得上独创的先例,从研发、设计、生产到营销完美地串联起来,使其在日益激烈的市场竞争中占据了一席之地。

资料来源:马士华.供应链管理(第3版)[M].北京:机械工业出版社,2010.

思考

戴尔的供应链管理对于我国制造企业的启示。

17.1 供应链概述

17.1.1 供应链的定义

供应链是围绕核心企业,通过对商流、信息流、物流、资金流的控制,从采购原材料开始到制成中间产品及最终产品,最后由销售网络把产品送到消费者手中的一个由供应商、制造商、分销商、零售商直到最终用户所连成的整体功能网链结构。

中华人民共和国国家标准《物流术语》对供应链的定义为:生产和流通过程中,涉及(将产品或服务提供给最终客户)活动的上游与下游企业所形成的网络结构。

17.1.2 供应链的结构模型

供应链的网链结构模型如图17-1所示。

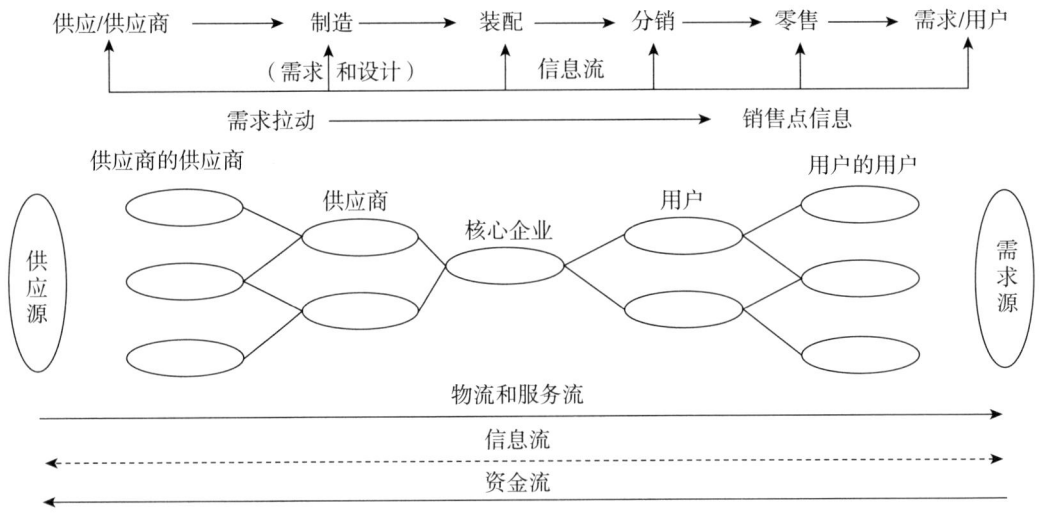

图 17-1 供应链的网链结构模型

从图17-1中可以看出,供应链由所有加盟的节点企业组成,其中一般有一个核心企业(可以是产品制造企业,也可以是大型零售企业)。节点企业在需求信息的驱动下,通过供应链的职能分工与合作(生产、分销、零售等),以资金流、物流、服务流为媒介,实现整个供应链的不断增值。

17.1.3 供应链的主要类型

根据不同的划分标准,可以将供应链分为以下几种主要类型。

1. 稳定的供应链和动态的供应链

根据供应链存在的稳定性,可以将供应链划分为稳定的供应链和动态的供应链。基于相对稳定、单一的市场需求而组成的供应链稳定性较强,而基于变化相对频繁、复杂的需求而组成的供应链动态性较高。

2. 平衡的供应链和倾斜的供应链

根据供应链容量与客户需求的关系,可以将供应链划分为平衡的供应链和倾斜的供应链。一条供应链具有一定的、相对稳定的设备容量和生产能力(所有节点企业能力的综合,包括供应商、制造商、运输商、分销商、零售商等),但客户需求处于不断变化的过程中,当供应链的容量能满足客户需求时,供应链处于平衡状态;平衡的供应链可以实现各主要职能(采购/低采购成本、生产/规模效益、分销/低运输成本、市场/产品多样化和财务/资金运转快)之间的均衡。而当市场变化加剧,造成供应链成本、库存和浪费的增加时,企业就不是在最优状态下运作的,此时供应链处于倾斜状态。

3. 有效性供应链和反应性供应链

根据供应链的功能模式(物理功能和市场中介功能),可以将供应链划分为有效性供应链和反应性供应链。有效性供应链主要体现供应链的物理功能,即以最低的成本将原材料转化成零部件、半成品、产品,以及在供应链中的运输等;反应性供应链主要体现供应链的市场中介的功能,即把产品分配到能够满足客户需求的市场,对未预知的需求做出快速反应等。

有效性供应链和反应性供应链的比较如表 17-1 所示。

表 17-1 有效性供应链和反应性供应链的比较

比较项目	有效性供应链	反应性供应链
基本目标	以最低的成本供应可预测的需求	尽可能快地对不可预测的需求做出反应
制造的核心	保持高的设备平均利用率	配置富余的缓冲库存
库存策略	实现高周转,保持整个供应链中库存最小化	配置零部件和成品的缓冲库存
提前期	在不增加成本的前提下,尽可能缩短提前期	大量投资以缩短提前期
选择供应商的标准	主要根据成本和质量	主要根据速度、柔性和质量
产品设计策略	最大化绩效和最小化成本	用模型设计以尽可能地减少产品差别

17.1.4 供应链的特征

1. 复杂性

供应链节点企业组成的跨度(层次)不同,有生产、加工、服务等类型;有上游、下游、核心层,即供应链是一个包含多个、多类型和多国度的节点企业网链。在这种网链结构上,各节点企业相互依赖,各工序环环相扣,构成了一个不可分割的有机系统。

2. 动态性

为了使企业战略适应市场需求变化的需要,节点企业需要不断地进行更新,这就使得供应链具有明显的动态性。

3. 多层次性

供应网链上涉及的各节点企业往往分布在不同行业、区域或阶段,且各节点企业又自成体系地承担着在供应链中不同的工序。同时,该节点企业为完成该工序又可能构筑一条相应的分支供应链,从而形成了多层次、多维度、多功能、多目标的立体网链。

4. 竞合性

供应链是由多个企业组成的虚拟组织,这些具有独立经济利益的单个企业是供应链运作的主体。一方面,供应链上的各企业单纯追求自身利益的最大化,往往使得个体目标与供应链整体目标发生冲突,从而出现单个企业的行为与整体目标相违背的情形。其结果势必造成供应链整体效率下降。另一方面,在由各企业组成的供应链上,任何企业要实现利润最大化,必须以整条供应链的价值增值为基础,换句话说,单个企业的赢利,是以各合作伙伴的"共赢"为基础的。因此,企业间的竞争将向着有利于实现供应链整体目标的方向发展。

5. 面向客户需求

供应链的形成、存在、重构,都是基于最终客户需求而发生的,并且在供应链的运作过程中,客户的需求拉动是供应链中的信息流、服务流、资金流运作的驱动源。

6. 交叉性

供应链上各节点企业可以既是这个供应链的成员,同时又是另一个供应链的成员。众多的供应链形成交叉结构,增加了协调管理的难度。

17.2 供应链管理概述

17.2.1 供应链管理的定义

供应链管理指在满足一定的客户服务水平的条件下,为了使整个供应链系统成本达到最小而把供应商、制造商、仓库、配送中心和渠道商等有效地组织在一起进行的产品制造、转运、分销及销售的管理方法。中华人民共和国国家标准《物流术语》对供应链管理的定义是:对供应链涉及的全部活动进行计划、组织、协调与控制。

供应链管理主要涉及四个领域:供应、生产计划、物流、需求。供应链管理以同步化、集成化生产计划为指导,以各种技术为支持,尤其以 Internet/Intranet 为依托,围绕供应、生产计划、物流、需求来实施。供应链管理活动主要包括计划、合作及控制从供应商到客户的物料和信息。

17.2.2 供应链管理的基本特征

供应链管理的基本特征包括以下四点:

1. 供应链管理是对物流的一体化管理

供应链管理的实质是通过物流将企业内部各部门及供应链各节点企业连接起来,改变交易双方利益对立的传统观念,在整个供应链范围内建立起共同利益的协作伙伴关系。

2. 以客户为中心

供应链管理以客户满意为最高目标。其本质是满足客户需求。它通过降低供应链成本的战略,实现对客户的快速反应,以此提高客户满意度,获取竞争优势。

3. 集成化管理

供应链管理应用网络技术和信息技术,重新组织和安排业务流程,实现集成化管理。离开信息及网络技术的支持,供应链管理就会丧失其应有的价值。可见,信息已经成为供应链管理的核心要素。

4. 跨企业的贸易伙伴之间密切合作、共享利益、共担风险

在供应链管理中,企业之间建立起新型的客户关系,通过与供应链参与各方进行跨部门、跨职能和跨企业的合作,建立共同利益的合作伙伴关系,发展企业之间稳定的、良好的、共存共荣的互助合作关系。

17.2.3 供应链管理的目标

供应链管理的目标是通过协调总成本最小化、总库存最低化、客户服务最优化、物流质量最优化及总周期时间最短化等目标之间的冲突,实现供应链绩效最大化。

1. 总成本最小化

采购成本、库存成本、运输成本、制造成本及供应链物流的其他成本费用都是相互联系的。因此,总成本最小化目标并不是指运输成本或库存成本,或其他任何单项活动的成本最小,而是整个供应链运作与管理所有成本的总和最小。为了实现有效的供应链管理,必须将供应链各成员企业作为一个有机整体来考虑,并使实体供应物流、制造装配物流与实体分销物流之间达到高度均衡。

2. 总库存最低化

供应链管理的目标之一就是要实现零库存,使整个供应链的库存控制在最低。总库存最低化目标的达成,有赖于实现对整个供应链的库存水平与库存变化的最优控制,而不只是单个成员企业库存水平的最低。

3. 客户服务最优化

因为企业提供的客户服务水平直接影响到其市场份额及物流总成本,并且最终影响到整体利润,所以,供应链管理的实施目标之一,就是通过上下游企业协调一致的运作,保证达到客户满意的服务水平,吸引并留住客户,最终实现企业价值的最大化。

4. 物流质量最优化

供应链企业间服务质量的好坏直接关系到供应链的存亡。因此,达到与保持服务质量的高水平,也是供应链管理的重要目标。而这一目标的实现,必须从原材料、零部件供应的零缺陷开始,直至供应链管理全过程、全方位质量的最优化。

5. 总周期时间最短化

当今的市场竞争不再是单个企业之间的竞争,而是供应链与供应链之间的竞争。从某种意义上,就是供应链之间时间的竞争。这就要求供应链企业间必须实现快速有效的反应,最大限度地缩短从客户发出订购单到获取满意交货的总周期。

从传统的管理思想而言,上述目标之间容易呈现出互斥性,无法同时达到最优。这就必须要运用集成化管理思想,从系统的观点出发,改进服务,缩短时间,提高品质与减少库存,从而降低成本。

17.2.4 供应链管理的方法

1. 供应链采购管理

供应链采购,准确地说是一种供应链机制下的采购模式。在供应链机制下,采购不再由采购者操作,而是由供应商操作,成为供应商管理库存(Vendor Managed Inventory,VMI)。VMI 是一种战略贸易伙伴之间的合作性策略,其以系统的、集成的管理思想进行采购与库存管理,使供应链系统能够同步优化运行。

- VMI 采购的产生背景

(1) 供应链管理中的"牛鞭效应"。供应链中信息流从最终客户端向原始供应商端传递时,无法有效地实现信息的共享,使得信息扭曲而逐级放大,导致需求信息出现越来越大的波动,此信息扭曲的放大作用在图形上很像一根甩起的牛鞭,因此被形象地称为"牛鞭效应"。利用传统的采购模式会增加供应链体系中的整体库存,给供应链节点企业带来了不必要的成本负担。因此,为了避免由需求与供给不确定性造成的"牛鞭效应",应改进传统的采购模式,利用信息共享、契约机制和业务集成等策略改善供应链模式下的库存水平,增强供应链体系的竞争力。这就是 VMI 采购产生的基础与目标。

(2) 供应链管理中"牛鞭效应"的启示。"牛鞭效应"产生的原因归纳起来有四个方面:需求预测修正、订货批量决策、价格波动和短缺博弈。通过上述原因可了解在供应链管理中库存波动,即供应链中不确定性存在的渊源。而不确定性来自供应商、制造商、分销商和客户等所有成员,并沿着供应链逐级传播。

显然,在供应链管理环境下,仍采用传统的采购模式已不适合,因为它不可能解决诸如需求放大现象这样一些新的增加库存的问题。因此,致力于探讨新的适应供应链管理的采购管理新模式,对供应链管理思想能否很好地实施起着关键作用。VMI 采购模式被认为是供应链上的库存管理策略,因为在实践活动中,采购是库存发生的前提,库存会制约采购。

- VMI 采购的特点

(1) VMI 采购是基于友好合作的环境进行的,传统采购则是基于利益互斥、对抗性竞争的环境进行的,由于采购环境的根本不同,导致二者在观念上、操作上的不同,从而有了各自的优点和缺点。VMI 采购的环境是供应链采购的一个根本特征,也是它最大的优点。

(2) VMI 采购是由供应商管理库存。供应商管理库存,可以根据需求变动情况,适时地调整生产计划和送货计划,既可以避免盲目生产造成的浪费,也可以避免库存积压所造成的浪费及风险。同时,客户可以致力于核心业务,发挥核心竞争力,提高工作效率。

(3) VMI 采购是由供应商负责连续小批量、多频次的送货。采用连续小批量、多频次的送货机制,可以大大降低库存,实现零库存。供应商可以根据需求的变化,随时调整生产计划,实现按需生产,从而节省了原材料费用和加工费用。同时,可以紧跟市场需求的变化,能够灵活适应市场变化,避免库存风险。

(4) VMI 采购活动中供需双方是一种战略联盟的合作关系。在 VMI 采购中,供需双方是一种友好合作的战略伙伴关系,互相协调、互相配合、互相支持,有利于各个方面工作的顺利开展,提高工作效率,最终实现双赢。

(5) VMI 采购过程实现了企业之间的信息共享。在 VMI 采购过程中,供应商能随时掌握客户的需求信息,掌握企业需求变化的情况,能够根据企业需求和需求变化情况,主动调整自己的生产计划和送货计划。供应链中各个企业可以通过计算机网络进行信息沟通。信息共享首先要求每个企业内部的业务数据要信息化、电子化。因此,VMI 采购的基础就是要实现企业的信息化及企业间的信息共享,构建起企业管理信息系统。

- VMI 采购的实施方法

(1) 建立客户情报信息系统。要有效地管理采购与库存,供应商必须能够获得客户的有关信息。通过建立客户的信息库,供应商能够掌握需求变化的有关情况,把由分销商进行的需求预测与分析功能集成到供应商的系统中来。

(2) 建立销售网络管理系统。供应商要很好地管理采购与库存,必须建立完善的销售网络管理系统,保证产品需求信息和物流的畅通。为此,必须保证产品条码的可读性和唯一性,解决产品分类与编码的标准化问题,解决商品存储运输过程中的识别问题。

(3) 建立供应商与销售商的合作框架协议。供应商和销售商一起通过协商,确定处理订单的业务流程及控制库存的有关参数(如再订货点、最低库存水平等)、库存信息的传递方式等。

(4) 组织机构的变革。VMI 采购策略改变了供应商的组织模式,在订货部门产生了一个新的职能,负责客户库存的控制、库存补给和服务水平。

2. 联合库存管理

- 联合库存管理的基本思想

在传统的供应链活动过程模型中,供应链活动过程是从供应商、制造商到分销商,各个供应链节点企业都有自己的库存。供应商作为独立的企业,其库存为独立需求库存。制造商的材料、半成品库存为相关需求库存,而产品库存为独立需求库存。分销商为了应付客户需求的不确定性也需要库存,其库存也为独立需求库存。其结果是出现库存浪费的现象,增大了整个供应链的库存成本,并削弱了整个供应链的竞争力。

为了解决上述库存成本过大的问题,出现了联合库存管理的思想。联合库存管理(Jointly Managed Inventory,JMI)是解决供应链系统中由于各节点企业的相互独立库存运作模式导致的需求放大问题,提高供应链的同步化程度的一种有效方法。JMI 强调供应链中各个节点同时参与,共同制订库存计划,使供应链过程中的每个库存管理者都从相互之间的协调性考虑,保持供应链各个节点之间的库存管理着对需求的预期保持一致,从而消除了需求变异和放大的现象。任何相邻节点需求的确定都是供需双方协调的结果,库存管理不再是各自为政的独立运作过程,而是供需连接的纽带和协调中心。

- JMI 的优点

(1)为实现供应链的同步化运作提供了条件和保证;

(2)减少了供应链中需求扭曲的现象,降低了库存的不确定性,提高了供应链的稳定性;

(3)减少了各个供应链重复建设仓库的成本支出,有利于进行集约化的库存管理;

(4)库存作为供需双方信息交流和协调的纽带,可以反映出供应链管理中的缺陷,为改进供应链管理水平提供依据。

- JMI 的实施策略

(1)建立供应链协调管理机制。为了发挥 JMI 的作用,供应链双方应从合作的精神出发,建立供应链协调管理机制,构筑合作沟通的渠道;明确各自的目标和责任,为 JMI 提供有效的机制。没有一个协调的管理机制,就不可能进行有效的联合库存管理。建立供应链协调管理机制,要从以下几个方面着手:①建立供应链共同愿景;②建立联合库存的协调控制方法;③建立利益的分配、激励机制。

(2)建立信息沟通渠道。为了提高整个供应链需求信息的一致性和稳定性,减少由于多重预测导致的需求信息扭曲,应增加供应链各方对需求信息获得的及时性和透明性。整个供应链通过构建库存管理网络系统,使所有的供应链信息与供应商的管理信息同步,提高供应链各方的协作效率,降低成本,提高质量。为此,应建立一种信息沟通的渠道或系统,以保证需求信息在供应链中的畅通和准确性。

(3)发挥第三方物流系统的作用。实现联合库存可借助第三方物流具体实施。把库存管理的部分功能代理给第三方物流企业,使企业更加集中于自己的核心业务,进而增加供应链的敏捷性和协调性,提高服务水平和运作效率。

3. 连续库存补充计划

连续库存补充计划也称为自动补货模式(Continuous Replenishment Program, CRP),是利用及时准确的销售时点信息确定已销售的商品数量,根据零售商或批发商的库存信息和预先规定的库存补充程序确定发货补充数量与配送时间的计划方法。

CRP 的决策由客户(存货所在地)负责,即存货的决策权及所有权与存货的物流位置一致。仅从决策主体的角度来看,CRP 与传统的推式库存补货模式并没有什么不同,但 CRP 是基于事实上的需求数据即时补货,而推式库存补货是基于预测需求数据超前补货。

CRP 主要适用于没有 IT 系统或基础设施来有效管理其库存的下游企业,以及实力雄厚、市场信息量大、有较高的直接存储交货水平的上游厂商。

4. 分销资源计划

分销资源计划(Distribution Resource Planning, DRP)是管理企业分销网络的系统,其目的是使企业具有对订单和供货的快速反应以及持续补充库存的能力。

通过互联网将供应商和经销商有机地联系在一起,DRP 为企业的业务经营及与贸易伙伴的合作提供了一种全新的模式。供应商和经销商之间可以实时地提交订单、查询产品供应和库存状况,并获得市场、销售信息及客户支持,实现了供应商和经销商之间端到端的供应链管理,有效地缩短了供销链。

新的模式借助互联网的延伸性及便利性,使商务过程不再受时间、地点和人员的限制,企业的工作效率和业务范围都得到了提高。企业也可以在兼容互联网时代现有业务模式和现有基础设施的情况下,迅速构建 B2B 电子商务的平台,扩展现有的业务范围,提升销售能力,实现零风险库存,大大降低分销成本,提高周转效率,确保获得领先一步的竞争优势。

5. 快速反应

快速反应(Quick Response, QR)是供应链管理的主要方法之一,它并不单纯是某种技术,而是一种全新的业务方式,是一种由技术支持的业务管理思想,即在供应链中为了实现共同的目标,至少在两个环节之间进行紧密合作,这种合作的实施降低了成本,提高了企业的效益与核心竞争力。

- QR 的含义

QR 是美国纺织服装业发展起来的一种供应链管理方法。它是美国零售商、服装制造商和纺织品供应商开发的整体业务概念,目的是减少原材料到销售点的时间和整个供应链上的库存,最大限度地提高供应链管理的运作效率。

QR 指在供应链中,为了实现共同的目标,零售商和制造商建立战略伙伴关系,利用 EDI 等信息技术,进行销售时点的信息交换、订货补充等其他经营信息的交换,以及订货补充等其他经营信息的交换。

- 实施 QR 成功的条件

(1) 改变传统的经营方式、经营意识和组织结构。① 企业不能局限于仅依靠本企业的力量提高经营效率的传统经营意识,而要树立通过与供应链各方建立合作伙伴关系,努力利用各方资源提高经营效率的现代经营意识。② 在垂直型 QR 系统内部,通过 POS 数据等销售信息和成本信息的相互公开与交换,来提高各个企业的经营效率。③ 必须改变传统的事务作业方式,通过利用信息技术实现事务作业的无纸化和自动化。④ 零售商在垂直型 QR 系统中起主导作用,零售店铺是垂直型 QR 系统的起始点。⑤ 明确垂直型 QR 系统内各个企业之间的分工协作范围和形式,消除重复作业,建立有效的分工协作框架。

(2) 与供应链各方建立战略伙伴关系。首先,要积极寻找和发现战略合作伙伴;然后,在合作伙伴之间建立分工和协作关系。合作的目标为削减库存,避免缺货现象的发生,降低商品风险,避免大幅度降价现象的发生,以及减少作业人员和简化事务性作业等。

(3) 改变传统的对企业商业信息保密的做法。要与合作伙伴之间交流和共享信息,并在此基础上,要求各方在一起发现问题、分析问题和解决问题。

(4) 缩短生产周期和降低商品库存。缩短商品的生产周期,降低零售商的库存水平,提高客户服务水平,在商品实际需要将要发生时,采用方式组织生产,减少供应商自身的库存水平。

(5) 开发和应用现代信息处理技术。现代信息技术主要有条码技术、POS 系统、EOS(电子订货系统)、EDI 技术、VMI、EFT(电子资金转账)和 CRP 等。

- QR 的发展

随着技术的发展,QR 策略和技术今非昔比。最初,供应链上的每一个业务实体都单独发挥作用。但是,随着市场竞争的加剧,业主及经营者逐渐开始考虑评估和重构其经营的方式,从而导致对供应链和信息流的重组。20 世纪 80 年代,人们优化供应链的焦点是技术解决方案,现在已转变为重组经营方式及与贸易伙伴的密切合作方面。

目前,欧美 QR 的发展已跨入第三个阶段,即联合计划、预测与补货(Collaborative Planning, Forecasting and Replenishment, CPFR)阶段。CPFR 是一种建立在贸易伙伴之间密切合作和标准业务流程基础上的经营理念。

CPFR 研究的重点是供应商、制造商、批发商、承运商及零售商之间协调一致的伙伴关系,以保证供应链整体计划、目标和策略的先进性。通过实施 CPFR 可以达到如下目标:

(1) 减少新产品开发的前导时间;

(2) 通过供应商与零售商的联合,保证 24 小时供货,因此,可补货产品的缺货现象将大大减少,甚至消除;

(3) 提高库存周转率;

(4) 通过敏捷制造技术,企业产品的 20%—30%将根据客户的特定需求而制造。

QR 策略在过去的 10 年中取得了巨大的成功。它作为一种全新的供应链管理理念,使供应商和零售商能为客户提供更好的服务,同时也减少了整个供应链上的非增值成本。随着时代的发展,QR 必将向更高的阶段发展,为供应链上的贸易伙伴——供应商、分销商、零售商和最终客户带来更大的价值。

本章小结

供应链管理指在满足一定的客户服务水平的条件下,为了使整个供应链系统成本达到最小而把供应商、制造商、仓库、配送中心和渠道商等有效地组织在一起进行的产品制造、转运、分销及销售的管理方法。本章依次介绍了供应链的定义、结构模型、主要类型,以及供应链管理的定义、基本特征、目标和主要方法。其中,供应链的结构模型和供应链管理的主要方法是本章的重点。

复习思考

1. 简述供应链的结构模型。
2. 简述有效性供应链和反应性供应链的区别。
3. 简述供应链管理的目标。
4. 简述 VMI 采购的特点和实施方法。
5. 简述实施 QR 成功的条件。

第十七章 供应链管理

 **案例讨论**

惠普公司以电子商务和供应链管理制胜

惠普公司(HP)创建于1939年,总部位于美国加利福尼亚州硅谷Palo Alto市,2002年与康柏公司合并,是全球仅次于IBM的计算机及办公设备制造商。2004年,惠普被《财富》杂志按企业规模排列为美国500强企业的第11位。惠普的产品和服务面向个人客户、大中小型企业和研究机构,其提供的产品涵盖信息技术基础设施、个人计算与接入设备、全球服务的图像与打印设备。

早在1985年,惠普就正式进入中国市场,成立了中国第一家中美合资的高科技企业——中国惠普有限公司,并在中国设立了与世界同步的工厂。在中国市场上,惠普的发展进入了全新的阶段,无论是企业规模、产品、技术,还是团队、市场地位等各个方面都得到了显著提升。随着信息技术的发展和20世纪90年代电子商务与供应链管理的日益结合,惠普及时研究、开发和应用电子采购系统,实现了庞大的本地采购,仅2002财年,惠普在华采购就已经超过50亿元。电子采购系统的逐步完善,帮助惠普节约了大量成本。事实上,惠普一直非常重视成本结构优化,其在残酷的市场竞争中一直屹立不倒,控制成本是绝招之一。在惠普的账册上可以看到,2002财年的成本节约了8 300万美元;每次电子竞拍的平均节约费用为10%,最多为43%;在过剩库存的费用节约方面实现了300%的提升;在购买效率方面提升了30%;在每个订单完成时间方面降低了50%;年库存周转从11次提升到了24次。在系统利用方面,惠普的150余家商务伙伴、400余家客户都使用了KeyChain电子商务解决方案。成本的缩减意味着利润的增加,惠普取得如此好的业绩,所依赖的是先进的电子商务与供应链管理体系和供应商的紧密配合。

其成本的降低不仅体现在劳动力成本上,而且贯穿了产品价值链的全过程,包括从产品设计、材料选择、加工工艺、生产规模,到生产力的提高、电子化系统的应用、业务模式的创新、库存控制、供应链全过程的设计及控制、开源节流、优化资金运作等所有环节。在所有的运作中,有一个最大的功臣,就是惠普针对协作建立的KeyChain电子商务解决方案。惠普开发和采用这一方案的意图很明显,就是要加强供应链管理的核心竞争力,通过业界领先的流程和自动化系统,产生数亿美元的价值。显然,KeyChain电子商务解决方案并没有让惠普失望,通过这一方案进行的电子采购和电子供应链管理及制造外包,使采购成本下降了17%,库存周转率提高了60%,客户订单运作的周期缩短了一半。由于KeyChain电子商务解决方案催化了电子采购,使电子采购系统进一步完善,供应链系统更加完善,物流成本进一步降低,物流效率进一步提高。

惠普的 KeyChain 电子商务解决方案包括五个核心组件:①电子资源、竞拍与处理——针对寻找供应商、短缺以及过剩资源通过互联网拍卖购买或者销售;②信息与分析——扩展分析企业合作伙伴,优化战略采购;③购买与销售——在互联网上向多家合作伙伴购买原材料和销售产品;④采购订单与预测协作——运用在线分析预测和谈判协作,洽谈买卖并签订订单;⑤库存协作——应用互联网进行库存与供应协作。

惠普使用 KeyChain 电子商务解决方案的业务功能与效益分析如下:

(1) 电子资源、竞拍与处理分析。业务功能:在线请求信息、在线建议与不同项目的报价,以在线竞标为基础的销售来规范渠道,期货竞拍,面向开放市场的在线竞拍销售。业务收益:在使用电子资源方面实现了 10%—40% 的成本节约,避免了很多材料的浪费;利用动态价格变化确定采购时机,每年节约数百万美元;在产品短缺期间保证业务流与客户满意度。

(2) 信息与分析。业务功能:费用与价格监测,账单分析,采购风险管理。业务收益:降低成本与风险——利用企业采购能力,管理合同文件,进行风险管理,减少损失,通过提升对供应链的保障能力提高营业额。

(3) 购买与销售。业务功能:价格保护,控制供应商,业务累积和折扣,全球数量汇总与报告。业务收益:通过价格保护,合作伙伴能够灵活购买惠普的产品;惠普各个业务集团能够利用惠普全球资源优势,在整个供应链中确保快速支付。

(4) 采购订单与预测协作。业务功能:实时信息接入,自动改变流程,自动观测每天的订单状况,自动改变业务流大小,将沟通文件化,超出库存的报警,无需重新调整请求。业务收益:自动交互流程,减少周转时间,降低风险,使双方的沟通实时、无阻;对订单的实时监控,与管理系统完美结合。

(5) 库存协作。业务功能:自动管理库存,灵活的供应链配置,动态库存保证,任何库存关系与业务模式的自动化。业务收益:更有效地管理外包运作与库存,向供应商提供统一界面的信息同步沟通,通过实时的采购、更高的运作效率降低成本。

惠普以电子商务和供应链管理制胜,使公司与其合作伙伴从全球性供应链管理中得到了巨大的收益。

资料来源:物流管理案例惠普:供应链管理制胜.中大网校,http://www.wangxiao.cn/wl/65811562586.html,2014.4.

案例分析题:惠普是如何利用电子商务开展供应链管理的?

参 考 文 献

[1] 郭湖斌.现代物流管理基础[M].北京:化学工业出版社,2011.

[2] 李联卫.物流管理案例及解析(第3版)[M].北京:化学工业出版社,2015.

[3] 李亦亮.现代物流管理基础[M].合肥:安徽大学出版社,2009.

[4] 马丁·克里斯托弗(Martin Christopher)著,何明珂译.物流与供应链管理(第3版)[M].北京:电子工业出版社,2012.

[5] 马士华.供应链管理(第3版)[M].北京:机械工业出版社,2010.

[6] 马士华.企业物流管理[M].北京:中国人民大学出版社,2011.

[7] 田凤权.物流管理案例分析[M].北京:电子工业出版社,2010.

[8] 田宇.物流管理[M].广州:中山大学出版社,2010.

[9] 王磊.物流基础[M].北京:中国铁道出版社,2009.

[10] 韦克俭.现代物流管理基础[M].北京:电子工业出版社,2012.

[11] 许应楠.电子商务与现代物流[M].北京:人民邮电出版社,2015.

[12] 张述敬.物流成本管理[M].北京:中国书籍出版社,2015.

[13] 中国就业培训技术指导中心.物流师(国家职业资格二级)(第2版)[M].北京:中国劳动社会保障出版社,2013.

[14] 中国就业培训技术指导中心.物流师(国家职业资格一级)(第2版)[M].北京:中国劳动社会保障出版社,2013.

[15] 中国就业培训技术指导中心.物流师(基础知识)(第2版)[M].北京:中国劳动社会保障出版社,2013.

北京大学出版社教师反馈及教辅申请表

北京大学出版社本着"教材优先、学术为本"的出版宗旨,竭诚为广大高等院校师生服务。为更有针对性地提供服务,请您认真填写以下表格并经系主任签字盖章后反馈给我们,我们将按照您填写的联系方式免费向您提供相应教辅资料,以及在本书内容更新后及时与您联系邮寄样书等事宜。

书名		书号	978-7-301-	作者	
您的姓名				职称职务	
校/院/系					
您所讲授的课程名称					
每学期学生人数		_____人	_____年级	学时	
您准备何时用此书授课					
您的联系地址					
邮政编码			联系电话(必填)		
E-mail(必填)			QQ		
您对本书的建议:				系主任签字 盖章	

我们的联系方式:

北京大学出版社经济与管理图书事业部

北京市海淀区成府路 205 号,100871

联 系 人:徐 冰

电　　话:010-62767312/62757146

传　　真:010-62556201

电子邮件:em@pup.cn　　em_pup@126.com

Q　　Q:5520 63295

微　　信:北大经管书苑(pupembook)

新浪微博:@北京大学出版社经管图书

网　　址:http://www.pup.cn